세계를 움직인

경제학 명저 88

네이 마사히로 엮음 / 이 균 옮김

한국경제신문사

• • •
역자의 말

『이제 경제학의 시대는 끝났다.』

오늘날 이런 말이 등장할 정도로, 경제학은 그 어느 때보다도 거센 시련을 겪고 있다. 영국의 산업혁명 이후 세계경제의 발전에 감동을 받은 많은 사람들이 경제학이라는 학문에 매료되거나 선망의 학문으로 생각하면서, 사회과학 가운데 참으로 과학다운 과학은 경제학밖에 없다고 믿어 왔다. 그러나 지금은 곤혹스러움을 감출 수 없는 경우가 적지 않다. 나아가 경제학이라는 학문의 장래에 절망마저 느끼고 있는 사람도 많을 것이다.

현대 경제학의 분석도구는 우리 주변에서 전개되고 있는, 이루 헤아릴 수 없이 복잡한 경제현상을 확실히 이해하고 적절하게 대처하기에는 너무나 빈약하며, 그 효력 또한 실망스러울 정도로 미미하다고 생각할지도 모른다.

그렇지만 우리의 생활은 정치·경제·사회·문화 등과 불가분의 관계에 있고, 그 가운데서도 경제라는 측면과는 더욱 단단한 고리를 맺고 있음은 주지의 사실이다.

그런데도 사람들은 일반적으로 『경제문제는 어렵다』고 한숨부터 짓는다. 나아가 『경제학이 과연 경제문제를 해결할 수 있는가?』라는 의문을 제기한다. 최근 우리나라를 비롯해서 세계 여러 나라에서 전개되고 있는 경제상황을 직시해 보면 그런 한숨과 의문은 당연하다 하지 않을 수 없다.

이렇듯 「경제학의 위기」라는 말이 이상하게 느껴지지 않을 정도로 오늘날 경제학은 커다란 혼미의 시기를 맞이하고 있다.

이런 점은 경제학자의 책임이 크다고 생각한다. 경제문제를 전문적으로 조사·분석할 수 있는 계통 선 학문의 모양을 갖춘 것이 경제학이지만, 알고 보면 아무것도 아닌 것처럼 느껴지는 경제이론도 경우에 따라서는 너무나 난해하다. 따라서 경제학자들은 일반인들이 이해하기 어려운 용어놀이에 쾌감을 느끼는 경향이 짙다는 냉소적 비판도 솔직히 인정하지 않으면 안 된다.

경제학은 사회과학의 범주에 속한다. 경제·사회의 여러 현상은 어느 한 가지 원인에 좌우되는 것이 결코 아니기 때문에 위기의 파악과 처방이란 쉬운 일이 아니다. 때문에 이 학문이 안고 있는 이론체계에 관한 대내외적인 비판과 대결이 이론체계 자체의 혁신을 강요하고 있는 것 또한 사실이다.

어쨌든 이러한 것을 고려해 볼 때 현대경제학이 직면하고 있는 창조적 파괴의 과정으로부터, 우리는 지금까지 경제학이 어떻게 생성·발전해왔는가를 알 필요가 있다고 본다. 그러므로 경제학의 위기를 극복하기 위한 이론체계의 변혁은 단순한 형식논리적인 이론의 검토로는 불충분하다는 것을 의미하며, 거기에 과학혁명이라는 과학사에 의해 해명되지 않으면 안 되는 이론체계 틀의 전환이라는 동적인 국면을 분석할 필요성이 강조되는 것이다.

이런 의미에서 경제학을 이미 배웠다 할지라도 다시 배우고자 하거나 현재 배우고 있는 사람들은 심오한 경제학의 학문을 좀더 쉽게 이해하기 위해 「언제, 어디서 장애물을 넘어야 하는가」라는 심리적 준비가 반드시 필요할 것이다. 따라서 당황하지 않고 경제학의 올바른 길로 접어들기 위해서는 훌륭한 지침서가 있어야 한다는 점은 아무리 강조해도 지나치지 않을 것이다. 그 지침서에 따라 하나씩 하나씩 차분하게 장애물을 넘다보면 경제학도 결코 어려운 학문이 아니라는 사실을 곧 알게 될 것이다. 그 좋은 지침서가 바로 이 책이 아닐까 생각한다.

이 책은 중상주의 시대의 윌리엄 페티(William Petty)에서부터 오늘의 조지프 E. 스티글리츠(Joseph E. Stiglitz)에 이르기까지, 그들의 대표적인 저서라 할 수 있는 《정치산술(Political Arithmetick)》에서부터 《미시경제학(Economics)》에 이르는 88권의 엄선된 경제학 저서를 시대별로 열거하고 있다. 각 저서마다 그 시대의 역사적 배경과 경제사상을 바탕으로 전개한 이론의 핵심을 간결히 요약했다. 아울러 각 저자의 이력을 포함한 학문적 배경까지 소상히 소개함으로써, 독자들이 각 경제학 저서를 이해하는 데 도움이 될 수 있도록 배려했다. 이렇듯 편집자인 네이 마사히로(根井雅弘) 교수를 비롯한 일본의 경제학자 25명이 심혈을 기울인 흔적을, 독자들은 역력히 찾아볼 수 있을 것이다.

아쉬움이 있다면 여기서 소개하는 경제학 저서 가운데 상당수가 우리말로 번역되지 않은 점이다. 이는 우리의 출판사정으로 돌릴 수밖에 없다.

이 책을 번역하면서 전문용어의 해석과 원어 표기 등에 관해 홍익대학교의 임창희 교수, 박원암 교수, 김종석 교수와 정태영 교수의 도움을 많이 받았다. 그들에게 이 자리를 빌어 깊은 감사를 드린다.

더불어 이 책을 번역 출판하는데 정성을 다해준 한국경제신문사 출판부 관계자 여러분께도 깊은 감사를 드린다.

끝으로 경제학에 관심 있는 분들과 경제학을 배우고 있는 학생들에게 감히 일독을 권하는 바이다.

1998년 7월

이 균

머리말

이 책은 경제학을 배우고 있는 사람들, 또는 이전에 배운 적은 있지만 지금 다시 도전하고자 하는 사람들을 대상으로 경제학의 진정한 재미를 전하고자 쓰여진 것이다.

경제학은 현재 고도로 제도화되어 있다. 경제학 사정에 정통한 사람은 잘 알고 있겠지만, 경제학에는 초급·중급·고급 등 각 단계마다 정평 있는 교과서가 몇 권씩 있어서 대부분의 학생들은 그 가운데 한 권을 기본서로 선택하여 숙독하는 방법을 취하고 있다. 이와 같은 사정은 이전에 교토대학교 경제연구소 소장인 사와 다카미츠(佐和隆光)가 주로 미국의 경제학계를 염두에 두고 쓴 명저 《경제학이란 무엇인가(經濟學とは何だろうか)》에 잘 나타나 있다. 그리고 최근 들어 미국의 경제학 현상이 일본의 경제학 교육에 미치는 영향은 점점 더 커지고 있다.

확실히 미국식 교육방법은 일반인들에게도 경제학의 기본적인 개념을 가르치는 데 커다란 성과를 올렸다. 그러나 그에 따라 잃어버린

것도 적지 않은 것 같다. 말할 필요도 없이 교과서란 대상이 무엇이든 간에, 가능한 한 간결하고 명쾌하게 설명하는 것을 모토로 쓰여져 있다. 모든 학문을 효율적으로 배워야 하는 현대의 학생들에게 교과서는 매우 편리한 것이다. 그러나 그와 같은 방법으로 경제학의 고전적 명저가 다루어진다면 오해를 불러일으킬 소지가 있을 뿐더러, 나아가 오히려 해가 된다고 하지 않을 수 없다.

예를 들면 널리 알려진 애덤 스미스(Adam Smith)는 어느 교과서를 보아도, 《국부론(An Inquiry into the Nature and Causes of the Wealth of Nations)》에서 「자유방임(Lassez-faire)」이라는 예정조화설을 설명한 경제학자로 등장하고 있다. 그러나 실제 애덤 스미스의 저서를 읽은 사람은 알겠지만, 그는 결코 자유방임주의자가 아니다. 그것은 《국부론》에 앞서 쓰여진 《도덕감정론(The Theory of Moral Sentiments)》을 함께 읽어본다면 분명히 알 수 있을 것이다.

또 지금은 고교생도 알고 있는 존 메이너드 케인스(John Maynard Keynes)는 불황시대에 적자재정의 효용을 설명한 경제학자로 등장한다. 그러나 실제의 케인스는 평생 「화폐」와 결부된 이론과 정책을 주장했던 경제학자였다. 애덤 스미스＝자유방임주의자, 케인스＝적자재정주의자라는 교과서적인 이해방법으로는 경제학의 역사에 이름을 남긴 경제학자들이 얼마나 「위대한지」 그 이유를 결코 알 수 없을 것이다.

아무래도 일반인들은 경제학의 고전적 명저를 읽기가 쉽지 않을 것이다. 어떤 분야라도 앞 사람들의 안내는 필요한 것이기 때문이다. 여기에서 우리는 17세기 말의 윌리엄 페티(William Petty)에서부터 20세기 말의 N. 그레고리 맨큐(N. Gregory Mankiw)에 이르는 기나긴 경제학사 가운데서 88권의 명저를 엄선하여 현대에서 본 그 명저의 역사적 의의와 경제학에서의 위치 등을 살펴볼 것이다. 물론 독자에 따라 관심분야도 다를 것이다. 이 책은 그러한 독자들을 위해 어디에서부터 읽더라도 상관없도록 구성되어 있다.

예를 들면 자유주의의 흐름에 관심이 있다면 애덤 스미스→존 스튜어트 밀(John Stuart Mill)→알프레드 마셜(Alfred Marshall)→프랭크 하이네먼 나이트(Frank Hyneman Knight)→프리드리히 아우구스트 폰 하이에크(Friedrich August von Hayek)→밀턴 프리드먼(Milton Friedman)의 순으로 읽을 수 있을 것이다. 또는 재야 경제학자에 관심이 있으면 장 샤를 레오나르 시스몽디(Jean Charles Léonard Sismondi)→소스타인 번드 베블런(Thorstein Bunde Veblen)→존 케네스 갤브레이스(John Kenneth Galbraith)→카를 군나르 뮈르달(Karl Gunnar Myrdal)의 순으로 읽을 수도 있을 것이다.

수많은 경제학 명저 가운데에서 88권을 고르기란 매우 어려운 일이었다. 가능하면 독자가 비교적 쉽게 구할 수 있는 책을 원칙으로 삼아 번역서가 있는 고전적 명저에 한정하도록 했다. 따라서 번역이 안 된 책, 예를 들면 오이겐 뵘바베르크(Eugen von Böhm-Bawerk)의 《자본 및 자본이자(Kapital und Kapitalzins)》, 또는 번역서가 있어도 그 경제학자의 대표작으로 볼 수 없는 책, 예를 들면 같은 뵘바베르크의 《경제적 재가치의 기초이론(Grundzüge der Theorie des wirtschaftlichen Güterwerts)》은 모두 제외했다.

또한 협의의 경제이론에만 기울어짐이 없도록, 예를 들면 역사학파의 계보[프리드리히 리스트(Friedrich List)→구스타프 슈몰러(Gustav Schmoller)→막스 베버(Max Weber)]와, 제도학파의 계보[베블런→존 로저스 코먼스(John Rogers Commons)→갤브레이스], 그리고 이론가라고는 하지만 역사와 사회학에도 관심을 가지고 있던 사람들의 명저, 예를 들면 존 리처드 힉스(John Richard Hicks)의 《경제사의 이론(A Theory of Economic History)》과 요제프 알로이스

슈페터(Joseph Alois Schumpeter)의《자본주의·사회주의·민주주의
(Capitalism, Socialism and Democracy)》도 수록해놓았다. 욕심을
부려 경제학의 인접영역으로 확장하고도 싶었으나, 경제학 책이라는
점을 자각하여 88권으로 좁혔다.

경제학의 역사는, 어느 의미에서 본다면 동일한 사상이 모양을 바
꾸어 몇 번씩 재등장해왔다고 말할 수 있다. 갤브레이스가『이전 경
제사상은 결코 죽은 것이 아니다』라고 말했듯이, 확실히 경제학사를
살펴보면 케인스에 의해 부정되었던「세(Say)의 법칙」이 공급측면의
경제학(supply-side economics)의 이름 아래 부활했다거나, 격심한
인플레 뒤에는 반드시라고 말해도 좋을 정도로 화폐수량설의 변종이
영향을 갖는 등, 그 예가 부지기수이다. 아마도 경제사상에는 강인한
생명력이 있는 것 같다. 케인스의 유명한 격언 가운데『늦든 빠르든
좋든 나쁘든, 위험한 것은 기득권이 아니라 사상이다』라는 말이 있듯
이, 우리는 위험할지도 모르는 사상에 빠지지 않기 위해서라도 일류
경제학자의 일류 저서를 통해 경제에 대한 안목을 기르는 노력을 게
을리해서는 안 된다고 생각한다.

이 책이 그와 같은 향학열에 불타는 독자 여러분에게 많은 도움이
되었으면 하는 바람이다.

차 례

정치산술

−윌리엄 페티(Sir William Petty, Political Arithmetick, 1690)−

　페티(1623~89년)는 영국에서 태어나 최소한의 교육을 받은 뒤, 13세 때 상선의 승무원으로 일하기 시작해 한때 왕실해군에 입대하기도 했다. 그 뒤 네덜란드에서 의학을 전공하고 귀국 후 옥스퍼드 대학에서 해부학을 가르쳤다. 1652년 아일랜드로 건너가서는 의사의 경력에서 벗어나 연구활동과 그 실천에 몸을 던졌다.

　1659년 런던으로 돌아온 페티는 왕립협회(Royal Society)를 창립하기에 이른다. 이 협회의 실증적인 분위기 속에서 그의 정치산술이라는 새로운 과학이 탄생되었다.

　페티의 지적 호기심은 다방면에 걸쳐 있지만, 그의 저서 가운데 생전에 그 자신의 이름으로 발표된 것은 많지 않다. 경제학과 관련된 저서 가운데 《조세공납론(Treatises of Taxes and Contributions)》(1667년)은 익명으로 발간되었다. 또 1672년 저술한 《아일랜드의 정치적 해부(The Political Anatomy of Ireland)》는 그의 사망 뒤에 발표되었다. 여기에서 언급하려는 《정치산술》(1676년)이 정식으로 출간된 것도 1690년, 즉 그가 사망한 뒤의 일이다.

알레산드로 론칼리아(Alessandro Roncaglia, 1947~)에 따르면 페티가 경제학 창설에 기여한 점을 세 가지 측면, 즉 방법론, 개념틀, 그리고 분석에서 살펴볼 수 있다고 한다. 이들 세 측면은 상호 연관되어 있기 때문에, 페티의 경제학은 이들의 총체로서 평가되어야 할 것이다. 그 중에서 사회과학의 역사상 수량적 방법의 선구를 이룬 것으로 일컬어지고 있는 《정치산술》은 주로 방법론에 관련된다.

페티는 방법으로서의 《정치산술》에 관해 다음과 같이 설명하고 있다.

『내가 이것(영국의 이익과 손해에 관한 분석과 정책 제언)을 행할 때 채택한 방법은 현재 그다지 흔한 것은 아니다. 따라서 나는 비교급과 최상급 용어만을 사용한다거나 사변적인 논의를 하는 대신에… 내가 말하고자 하는 바를 수, 중량 또는 척도를 사용해 표현하고, 감각에 호소하는 논의만을 사용했다. 또한 자연 속에서 실제로 볼 수 있는 기초를 가지고 있는 여러 가지 원인만을 고찰하는 절차를 취했기 때문에 개개인의 변덕스런 마음, 의견, 좋아함(선호), 걱정에 좌우되는 여러 원인은 다른 사람들이 고찰하도록 맡기는 것이다.』

너무나도 유명한 페티의 방법론 선언으로서, 《정치산술》은 통상 경제통계학의 기원을 이루는 것으로 평가된다. 그러나 방법으로서의 《정치산술》은 그것으로 끝나지 않는다. 바꿔 말하면 현실의 단순한 객관적 기술 때문에 수·중량·척도가 문제되는 것이 아니다. 원래 《정치산술》의 주제는 네덜란드와 프랑스라는 2대 강국에 비해 영국의 국력이 뒤떨어진다는 비관론을 논박하는 데 있었다. 그리고 그는 그 방법으로써 수량을 기초로 실증적 분석을 실시했다. 그리고 이 방법에 근거하여 현실사회에 내재되어 있는 논리 또는 구조, 또는 현실사회가 안고 있는 자연의 법칙을 묘사해낼 것을 목표로 삼았던 것이다.

페티는 이와 같은 인간사회의 과학에 대해 「정치적 해부」라는 말을 즐겨 사용하고 있다. 이에 관해서는 그가 의학도였다는 사실과 관계있다고 여겨지지만, 그와 더불어 그가 프랜시스 베이컨(Francis Bacon)*의 영향 아래 있었다는 것도 중요한 관련이 있다.

즉 추상적인 사변으로부터 벗어나 「실험」에 기초해 개개의 사례를 비교·검토하고, 그로부터 자연의 일반법칙을 도출한다는 귀납적 방법에 관한 베이컨의 영향이다. 또 하나는 「자연체(body natural)」와 「정치체(body politick)」를 동일하게 보는 방법이다. 인체에 고유한 내적 논리가 작동하고 있듯이, 사회현상 속에 편성되어 있는 내적 구조를 체계적으로 묘사해내고자 하는 것이다. 사회를 그러한 「전체론적 자연」으로 보는 견해는 그 뒤 고전학파 경제학으로 계승되어 정교하게 다듬어진다. 페티는 이러한 분석 틀을 이용해 영국·네덜란드·프랑스 3개 국의 국력을 비교해 그 원인과 전망을 해명하려고 하였다. 그의 업적이 사회적 부 내지 국부의 원인과 본성에 관한 사회과학, 즉 경제학의 선구인 까닭이 여기에 있다.

덧붙여 말하자면 이 《정치산술》에는 뒤에 「페티의 법칙」으로 알려지는 내용이 분명히 나타나 있다. 즉 산업구조가 경제발전에 따라 변하는 이유는, 농업보다는 공업이, 공업보다는 상업이 1인당 이득이 크기 때문이라고 하는 경험법칙에 의해서다. 이 경험법칙은 200년 후 콜린 G. 클라크(Colin G. Clark)에 의해 재확인되었다.

＊＊＊

프랜시스 베이컨(Francis Bacon, 1561~1626년)

르네상스 시대 영국의 사상가이며 철학자다. 르네 데카르트(René Descartes)와 함께 근대철학의 시조로 일컬어진다. 베이컨은 자신의 중요 저서인 《노붐 오르가눔 (Novum Organum)》에서 스콜라적 3단논법에 의거한 추상적 사변을 비판하고 근대적 인 과학적 방법을 확립하였다.

상업시론

－리처드 캉티용(Richard Cantillon, Essai sur le nature du commerce en général, 1755)－

윌리엄 스탠리 제번스(William Stanley Jevons)가 경제학의 국적을 논한 바와 같이 《상업시론》은 아일랜드 출신의 은행가 캉티용이 프랑스어로 쓴 저서다. 《상업시론》은 저자가 사망한 지 21년 뒤에 익명으로 출판되었지만, 그 이전부터 초고(草稿) 형태로 지식인들 사이에서 알려져 있었으며 다양한 경제사상의 근원으로 자리잡고 있었다.

캉티용의 생애에는 분명하지 않은 부분이 많다. 태어난 해조차 1680~90년 사이라고밖에 알려져 있지 않다. 프랑스로 건너간 시기도 불분명하지만, 1709년 프랑스 국적을 취득한 것만은 확실하다. 낭트 칙령 폐지 이후 프랑스가 대량으로 받아들인 가톨릭의 아일랜드계 이민을 위한 은행에서 일하다가, 1717년 독립해 개인은행을 설립했다. 1718년에는 당시 프랑스 금융계를 지배하고 있던 존 로(John Law)에게 재능을 인정받아 로의 시스템*이 일으킨 미시시피 버블에

편승해 큰 돈을 번다. 그러나 로의 금융확장정책에 반감을 느꼈던 캉티용은 로의 시스템이 붕괴된 뒤 융자를 둘러싸고 고객으로부터 소송을 당하게 되자, 파리를 벗어나 암스테르담으로 떠났다. 그리고 1734년 런던에서 방화살인사건의 피해자로서 갑작스럽게 죽음을 맞이했다.

《상업시론》은 캉티용이 소송사건을 준비하기 위해 1730~32년 사이에 집필한 로의 비판이라고 일컬어진다. 실제로 《상업시론》 제3부에서는 화폐의 명목가치의 자의적 변경과 「화폐가 풍부하게 있다는 가공의 상상(想像)」의 폐해를 강조하고 있다. 그렇지만 《상업시론》의 가치는 정책적 제언으로 끝나지 않고, 그 근거를 군주와 지주, 그리고 그 종속자(급여생활자와 기업가)라는 두 계급으로 구성되는 경제 전체의 메커니즘으로 설명하고자 하는 점에 있다.

《상업시론》은 『토지는 모든 토산품과 상품의 소재이며, 노동은 그 형식이다』라고 선언하며, 생산물의 「내재가치」를 그 생산에 필요한 토지와 노동의 가치에 비례한다고 정의했다. 더구나 노동자의 생존에는 식량(농산물)이 필요하므로, 노동의 가치는 토지의 가치로 환원될 수 있다고 주장했다. 이 가치론과 거기에서 도출되는 지주의 지출에 관한 중시는 중농주의의 선구자라는 평가에 어울린다.

한편 《상업시론》은 중상주의적인 측면도 강하다. 캉티용은 존 로크(John Locke)의 이름을 들어 화폐수량설*을 원칙적으로 인정하면서 그 프로세스로서 『현금의 증가는 그것에 비례하여 한 나라의 소비 증대를 일으키고, 그것이 점차 가격 상승을 낳는다』라고, 소득 증가의 승수효과에 기초해 연속적 영향설*을 주장했다.

이러한 관점에서 무역차액의 흑자가 장려되고 있지만, 화폐의 유입은 최종적으로 가격을 높여 정화([역주] 금본위국에서의 금화나 은본위국에서의 은화처럼 표시하는 가격과 같은 가치가 있는 화폐, 實貨)의 자동조절기능을 작동시킨다는 관점도 있어, 화폐유통량에 관한 정부의 신중한 통제 필요성이 주장되고 있다.

내재가치론과 지주의 중시라는 점에서 《상업시론》이 중농주의 색채를 띠고 있다는 것에는 의심의 여지가 없다. 그러나 현실적으로는 변동하는 시장가격이 문제이며, 기업가 활동이 시장동향의 기점이 되어 있다는 것도 간과해서는 안 된다.

경제학의 역사에서 기업가 기능의 개념화에 처음으로 성공한 것은 캉티용이다. 「일정한 급여 취득자」에게 「불확실한 생계」를 영위하는 기업가를 대치시킨 것에서 알 수 있듯이, 《상업시론》은 기업가의 본질을 불확실성 아래에서의 의사결정으로 구하고 있다. 캉티용에 따르면, 기업가의 자격은 자기자본의 유무가 아니라 불확실한 이윤기회를 선택할 것인가의 여부에 달려 있다. 시장가격과 생산비 또는 구입가격과의 차액이야말로 기업가 이윤을 구성한다. 기업가는 수요동향을 정확히 알 수가 없으며 시장가격의 변동을 예측할 수도 없다.

이와 같이 캉티용은 시장경제, 특히 불균형 상태에 수반되는 불확실성의 존재를 예리하게 꿰뚫어보고, 거기에서 이윤을 얻는 경제주체로서 기업가를 정의한 것이다. 이와 같은 캉티용의 기업가 개념은 프랑스적 경제학 전통의 하나로서 다음 세대로 확실하게 계승되었다.

나아가 변동하는 시장가격 아래에서 이윤기회를 추구하는 기업가는 그 행동에 의거해 시장균형을 실현하는 존재이기도 하다. 「내재가치」와 「시장가격」과의 괴리를 인식하고 있었던 캉티용은 후자의 결정원리에 관해 『확실한 것은, 팔기 위해 내놓은 산물 또는 상품의 양과, 그것에 알맞은 수요, 즉 매수인의 숫자에 의해 시장의 실제가격이 결정되는… 근거다』라고 설명했다. 그러나 실제로 상품을 공급하는 주체는 기업가이기 때문에, 시장가격은 매수인과 기업가의 흥정에 따라 결정되게 된다. 따라서 균형이 이루어진다는 것은 기업가가 국내에서 그들의 고객, 즉 그들의 소비와 조화를 이루는 것이다. 이와 같은 《상업시론》의 시장가격론은 기업(가) 수의 조절에 따른 장기적 균형 프로세스를 묘사한 것이라고 해석할 수 있다.

이와 같이 《상업시론》은 중상주의와 중농주의에 영향을 미쳤을 뿐만 아니라, 애덤 스미스(Adam Smith)의 자연가격론과 장 밥티시트 세(Jean Baptiste Say)의 기업가론으로 연결되는 것이다.

***

로의 시스템

스코틀랜드 출신의 재정가 로(1671~1729년)가 프랑스에서 실시한 통화·은행정책이다. 은행·무역회사·국가재정을 통합하는 시스템에 의거해 재정적자를 해소하고자 했다. 1716년 로가 설립한 개인은행은, 1718년 왕립은행으로 바뀌면서 신용증대의 조건을 정비했다. 로의 시스템은 이 은행이 발행한 은행권을 독점적 무역회사가 인수해 국가에 대여하고, 정부는 그것을 채무상환에 충당하는 한편, 무역회사는 같은 금액의 증자를 이용해 상환금으로써 유출된 은행권을 흡수한다는 것이었다. 이 시스템은 한때 열광적인 붐을 일으켰으나, 은행권의 과잉 발행으로 인한 인플레이션과 주가 폭락을 초래해 1720년 종언을 고했다.

화폐수량설 / 연속적 영향설

물가수준이 유통화폐량의 증감에 비례해 변동한다고 주장하는 화폐수량설에 대해, 프리드리히 아우구스트 폰 하이에크(Friedrich August von Hayek)가 명명한 연속적 영향설은 화폐량의 증가가 이자율과 수요의 변화를 통해 산출량에 영향을 미친다고 생각하는 것이다. 이것은 경제가 불완전 고용상태에 있기 때문이며, 생산이 완전 고용수준에 도달하면 화폐량 증대로 인한 수요 증가는 물가수준을 인상하게 된다. 따라서 화폐수량설이 화폐공급량 변화의 장기적인 귀결을 문제로 삼고 있는 데 비해, 연속적 영향설은 단기적인 영향을 분석한 것이라고 할 수 있다.

경제표

– 프랑수아 케네(François Quesnay, Tableau Économique, 1758~9) –

케네(1694~1774년)는 프랑스혁명 전인 18세기 중반 경제학자로 활약했다. 이른바 「중농학파」의 창시자 중 한 사람이다. 원래 그는 의학도였지만, 루이 15세(Louis XV)의 총애를 받았던 퐁파두르(Pompadour) 부인의 시의(侍醫)로서 베르사유의 「중(中) 2층의 회합」에 참석하면서 경제학자로서 제2의 인생을 시작한다. 이 때가 1749년으로 그의 나이 이미 55세였기 때문에 「경제학자」 케네는 그의 인생 만년에 속한다.

《경제표》는 1758년부터 이듬해 1759년에 걸쳐 3판이 출판되었다. 현재까지 제1, 2판은 초고 내지 교정쇄 이외에는 발견되지 않고 있으며, 제3판 원문은 출판된 지 약 200년이 지난 1965년에야 이르러 마르그리트 쿠친스키(Marguerite Kuczynski)에 의해 확인되었다.

세 번에 걸친 《경제표》 개정판의 구성은 각각 약간의 차이를 보이고 있다. 그러나 전체적으로는 이른바 「지그재그」로 일컬어지고 있는 「원표(原表)」및 이에 관한 설명(제3판만이 「원표」로부터 독립), 그리고 「국민 연수입 배분의 여러 변화에 관한 주(注)」(제1판) 내지 「슈리공 왕국 경제요점」(제2, 3판)으로 구성된다.

우리가 오늘날 케네의 「경제표」에 관해 논하는 경우, 이들 「원표」에 추가해 빅트르 리케티 드 미라보(Victor Riqueti de Mirabeau)의 《농업철학(Philosophie rurale)》(1763년) 가운데 실린 「약표(略表)」, 그리고 케네의 논문 〈경제표의 분석(Analyse de la formule arithmé tique du Tableau Économique)〉(1766년) 가운데 실린 공식이 나란히 논의의 대상이 된다. 「약표」는 「원표」의 점차적 프로세스(이것이 표에서 지그재그의 형태를 취한다)를 생략해 케네가 말하는 「수입」(순생산물*을 말한다)의 지출 결과만을 나타낸 것이다. 한편 「공식」에는 지출 내역을 기술해, 우리가 오늘날 투입산출표로 이미지가 떠오르는 여러 생산 과정 간의 재화 교환이 명시되어 있다. 여기에서는 이들 여러 「표」도 함께 살펴보기로 하자.

「경제표」는 지주·생산계급·비생산계급 사이에 해마다 이루어지는 생산물 배분 시스템을 표현한 것이다. 이러한 배분의 결과는 이듬해 배분의 전제가 되는 재생산을 위한 조건을 동시에 정비했다.

이와 같은 「표」는 훗날 「단순재생산」, 「확대재생산」*이라 일컬어지는 도식이 의도하는 것의 원형(arche type)을 구성하고 있다. 케네는 이것을 (오늘날의 우리가 보면) 일정한 특수 조건을 전제로 하여 논하고 있다.

그 첫번째 조건은, 생산계급이 농업 등 제1차산품 산출부문일 것, 두번째는 농업을 중심으로 한 부문이 완전히 발달한, 말하자면 이상적인 왕국을 상정하고 있는 것이다. 그를 포함한 경제학자들이 「중농주의자」라고 일컬어지는 까닭이다.

후자의 이상적인 왕국이란 케네가 말하는「자연적 질서」에 맞는 경제 시스템이 달성된 대국을 말하며, 그 곳에서는 농업부문의 생산물에 관해「좋은 가격」이 이루어지면서 최대한의 번영을 구가하고 있다. 그는 이「자연적 질서」에 맞는 시스템을 참조해 현실을 이 질서로부터의 편차로 파악하고 있다. 그리고 그러한 편차를 가져오는 사회적 질서의 문제를 부각시키는 것이다.

그 즈음 케네가 가장 문제로 생각했던 것은 당시 프랑스의「콜베르주의(Colbertisme)」에 기초한 중상주의적 경제운영이었다. 이 경제운영을 통해 피폐한 프랑스 농업을 재건하고, 농업의 대규모화를 도모하는 것이「자연적 질서」를 달성하는 것이며, 이것이야말로 국익에 따르는 길이라고 생각했던 것이다. 이러한 논의의 배경으로, 앞에서 거론한 조건 가운데 전자가 투영되어 있다는 것은 두말 할 필요도 없다.

이와 같은 케네의「경제표」는, 재생산 시스템을 구축함과 아울러 이 재생산과정에 관련되어 있는 두 부문, 즉 농업과 공업 간에 순생산물의 생산 여하에 관한 비대칭성을 보고 농업의 대규모화·근대화야말로 프랑스 경제재건의 열쇠로 판단한다는 측면, 그리고 그러한 의미에서「정치경제학」적인 의도를 표현하기 위한 궁리라는 측면도 나란히 갖고 있는 것이다.

「경제표」의 도식은 후대의 경제학자들에게 직·간접적으로 다양한 영향을 미쳤다. 그것은 카를 마르크스(Karl Marx)의《자본론(Das Kapital)》제2권에서「재생산표식」론을 비롯해 와실리 레온티에프(Wassily Leonitief)의「산업연관표」, 나아가 피에로 스라파(Piero Sraffa)의《상품에 의한 상품의 생산(Production of Commodities by Means of Commodities)》에까지 미친다. 요제프 슘페터(Joseph Schumpeter)와 같이 케네의「경제표」를「일반균형론」의 원형으로 보는 견해도 있지만 —— 슘페터는 《경제분석의 역사(History of Economic Analysis)》에서 『경제균형 본질의 명시적인 관념을 전하기 위해 만들어낸 사상 최초의 방법임에 틀림없다』라고 설명하고 있다 —— 일반적으로 「경제표」는 경제학의 정통적인 역사 속에서는 오히려 이단에 속하는 「재생산론」 계보의 출발점에 있다고 간주된다.

*** * ***

순생산물

생산적 농업을 중심으로 하는 매년마다의 재생산에서 총생산물 중 원전불(原前拂)의 상각비와 연전불(年前拂)의 합계를 공제한 잉여다. 케네는 이 순생산물이 농업부문에서만 생산되어, 결국 지대로 지주에게 귀속된다고 주장했다. 그리고 그 지출로 경제표의 배분 프로세스가 개시된다.

단순재생산 / 확대재생산

시스템으로서의 경제가 매년 같은 규모로 재생산되는 경우를 단순재생산이라고 하며, 그 활동수준이 상승하는 경우를 확대재생산이라고 한다. 후자의 경우 경제는 성장하게 된다.

도덕감정론

– 애덤 스미스(Adam Smith, The Theory of Moral Sentiments,
1759) –

애덤 스미스는 1723년 스코틀랜드의 커콜디(Kirkcaldy)에서 태어났다. 글래스고 대학에서 학창생활을 보낸 뒤, 옥스퍼드 대학으로 유학한다. 그 뒤 고향으로 돌아와 바로 모교인 글래스고 대학의 교수로 취임하는 한편, 연구에 전념해 1759년에는 사회철학에 관한 사색의 성과라고 할 수 있는 《도덕감정론》을 세상에 내놓게 된다.

그 뒤 약 3년 동안의 프랑스 여행에서 계몽시대의 유명한 사상가들과 개인적으로 친교를 맺었다. 스코틀랜드로 돌아온 뒤 몇 년 동안 커콜디에서 연구에 몰두해 《국부론》을 집필했다. 이 책은 1776년 출판되어 그를 세계적인 유명인사로 만들었다.

그는 여생의 대부분을 《도덕감정론》과 《국부론》의 새로운 판[新版] 준비를 위해 소비하였다. 또 이 시기에 법학에 관한 책도 정리하려 했지만, 그 작업을 채 완성하지 못하고 1790년 사망하였다. 그는

생전에 《도덕감정론》과 《국부론》 두 권의 저서를 출간하고, 사후에
《철학논문집》을 유고로 남겼을 뿐이다. 역사에 이름을 남긴 사상가로
서는 저서가 매우 적은 편이라고 해야 할 것이다.

『생활의 길을 안내하는 것은 이성이 아니라 관습이다』라는 말은,
애덤 스미스의 전 생애를 통해 가장 절친한 친구이자 그를 잘 이해했
던 데이비드 흄(David Hume)이 한 것이다. 애덤 스미스는 흄의 예
리한 통찰력의 타당성을 경험론적 철학의 깊이에서 논증하기 위해
《도덕감정론》을 집필했다 해도 과언이 아니다. 물론 관습이라는 것이
「객관적」 진리를 보여준다거나, 「보편적」 정의를 구체화시킨다는 뜻
은 아니다. 내용의 요점은, 사람들의 일상성이 파탄나지 않을 정도의
안정성을 관습이 부여한다는 데 있다.

일반적으로 18세기는 계몽=이성의 시대라고 하여, 오로지 이성적
인식의 영역에 초점을 맞춘 분석이 이루어졌다고 생각하는 경향이 있
다. 그러나 다른 한편에서는 감정이 모든 정신적 기능의 불가결하며
근원적인 추진력이라는 것을 입증하고자 하는 노력도 이루어지고 있
었다.

예를 들면 흄은, 사람들이 인간의 최고 능력으로 높이 사고 있는
이성이, 사실은 우리의 정신적인 측면에서는 전적으로 종속적인 역할
밖에 수행하지 않는다고 주장했다. 애덤 스미스도 이러한 흄의 감정
중시 견해를 계승해 감정을 충동적·맹목적인 힘으로 간주하는 18세
기적 사상 상황을 비판함과 아울러, 감정을 모든 정신적 기능의 근원
적이며 불가결한 추진력이라고 생각하는 감정이론을 재건하려고 시도
했다.

공감적 사회형성론이라 할 수 있는 애덤 스미스의 사회철학은 이성
에 의한 자기보존을 기본 논점으로 하는 토머스 홉스(Thomas Hob-
bes)와 로크로 대표되는 영국 사회계약론의 비판적 극복을 사상과제

로 삼고 있다. 또 그것은 사회 존립의 기둥인 정의의 성립근거를 관행적인 인간의 감정적 상호교섭 속에서 확인하려고 한 것이다.

그는 인간 간에 주고받는 감정적 교섭을 공감(sympathy)이라는 개념을 사용해 분석하고, 피해자의 분개＝복수감정에 대한「관찰자」의 공감적 의분에서 정의의 감정적 기초를 구했다. 그리고 이 관찰자의 입장이 사회화·일반화된 것이 항쟁과 대립을 극복하기 위한 사회내재적 계기인「공평한 관찰자」라고 했다. 또 이 사람들의 사회적 협동행위의 산물인「공평한 관찰자」가 정의와 양심의 기초가 된다고 생각했다.

이와 같이 애덤 스미스의 공감적 사회형성론의 이론적 특성은, 모든 개인의 윤리적 가치판단과 법적 판단의 기원을 집단 내부 관찰자의 승인과 부인의 감정에서 구하고, 이 관찰자의 승인과 부인의 감정이 개인에 대해 미치는 영향에 정의 또는 양심의 기원을 환원하고자 한 데 있다.

그 결과 특정 사회집단에서의 일상생활자는 무의식적으로 그 집단 내부의 상호적 공감행위에 의해 형성된 사회적 규범에 따라 판단하고 행동함으로써 자기의 이기심을 극복할 수 있게 된다. 그런 의미에서 애덤 스미스적인 이기심은 제도화되어 사회적으로 제어된 것이기 때문에, 결코 홉스가 말하는 이기심처럼 전쟁을 야기하지는 않는다.

그러나 다른 한편으로 애덤 스미스는 정의와 양심의 기원을 집단 내부 관찰자의 감정적인 승인과 부인이 개인에 대해 미치는 영향에 둔다. 그의 논의에 따르면, 모든 개인은 필연적으로 그가 속해 있는 집단에 고유한 판단과 행위의 모델을 갖지 않을 수 없다.

그런 까닭에「정사(正邪)의 원리」의 감정론적 기초매김이라는 이론적 작업의 결과 도출된「공평한 관찰자의 입장」은 어디까지나 상대적인 지위에 머물지 않을 수 없다. 동시에「공평한 관찰자」의「공평성」은 특정한 판단과 행위의 모델(특정한 관습적 의의) 속에서「공평성」의 의미를 내보이는 것이 곤란해진다. 요컨대 애덤 스미스의 공감적 사회형태론은 법·관습·여론 등의 이론적 관계에 매달리는 편향을 도려낼 수 없다는 이론적 곤란을 그 내부에 안고 있는 것이다.

그는 이러한 곤란을 극복하기 위해《도덕감정론》의 개정에 착수하면서 양심의 선험적 성격을 강조하게 되지만, 이러한 이론적 수정은 양심과 정의의 경험적 성격을 입증하고자 한 그의 당초 주장과 모순된다.

경제원리

–제임스 스튜어트(Sir James Steuart, An Inquiry into the Principles
of Political Economy, London, 1767)–

스튜어트(1713~80년)는 법조계의 귀족 집안에서 태어났다. 《스코틀랜드법 개요》(1681년)를 펴내어 스코틀랜드법의 체계화에 기여한 스테어 자작(子爵)이 그의 외증조부이고, 에든버러 시장으로 근무한 제임스 스튜어트가 그의 증조부이다. 그는 에든버러 대학을 졸업하고 변호사자격을 취득한 뒤, 반체제운동인 자코바이트(Jacobite)의 반란(1745년)에 가담해 그 이후 18년 간에 걸쳐 대륙에서 망명생활을 하게 되었다. 이러한 이유로 아버지와 할아버지와 같이 공직에 나아갈 수는 없게 되었으나, 대신에 대륙의 여러 나라를 시찰하는 기회와 사색의 시간을 갖게 되어 《경제원리》라는 학문적 성과를 후세에 남기게 되었다.

사상과 이론면에서 스튜어트는 B. 몽테스큐(B. Montesquieu)와 흄 등의 영향을 받았다. 그러나 이들 선구자와 달리 그는 《경제원리》를 통해 경제학을 하나의 독립된 학문으로서 체계화시키려는 의도를 명확히 표명했다는 점에서 차이를 보여준다. 그것이 성공했는지의 여부는 오늘날에도 평가를 달리하고 있다. 경제학의 역사에서 《경제원리》는 묻혀져버린 저서가 되어버렸다. 마르크스가 스튜어트를 「부르주아 경제학의 완결된 체계를 만들어낸 최초의 영국인」으로 간주하고, 또 애덤 스미스, 데이비드 리카도(David Ricardo)와 더불어 고전경제학을 확립한 트리오 중 한 사람으로 평가한 것을 예외로 하고 말이다.

《경제원리》가 나온 지 얼마 지나지 않아 출판된 애덤 스미스의 《국부론》은 영국에서 그 때까지 지배적이었던 경제정책의 시스템과 그것을 지원하는 시론적 경제론을, 중상주의*의 이름으로 포괄해 강하게 논박했다. 이것은, 《국부론》이 영국의 안팎에서 수용됨에 따라 《경제원리》를 뒤늦게 발표된 중상주의 책으로 보는 견해를 낳았다. 더욱이 애덤 스미스를 계승한 고전학파 경제학과 마르크스 경제학이 자본주의 분석의 요체로서 지주·자본가·노동자의 세 계급으로 구성되는 자본축적과 분배의 메커니즘 틀을 갖고 있었던 점도, 그것을 채택하지 않은 《경제원리》를 자본주의 이전의 경제론으로 보는 암묵적인 양해를 만들어냈다. 따라서 《경제원리》를 《국부론》과 병행하는 최초의 경제학 저서로 볼 것인가의 문제는 애덤 스미스의 중상주의론의 타당성과, 그와 관련된 《국부론》의 경제적 자유주의와 그 경제이론적 위치를 다시 한번 살펴보고, 덧붙여 자본주의 경제와 시장경제를 대상으로 한 경제학의 목적과 요건 및 그 제약을 처음으로 되돌아가 재검토해야 하는 과제를 포함하고 있다.

《경제원리》를 관통하는 중심사상은 자유와 세련이다. 《경제원리》에 따르면 근대(현대)사회가 봉건사회와 역사적으로 구분되는 것은, 거기에 자유의 체제가 전반적으로 형성되는 계기를 갖고 있다는 데

있다. 즉 근대사회에서 자유롭고 창조적인 노동(근로)의 보편적 정치
(定置)와 그 교환을 통한 대등한 상호의존관계의 성립이, 사회의 전
구성원 사이에 평등하고 자유로운 관계를 수립시킬 수 있다는 것이
다. 그리고 이 근로 시스템이 가져다 준 풍부하고 다채로운 물질적
성과를 누리게 되면서 인간의 기호 수준과 생활양식이 향상되고, 조
용하고 자립된 인간관계가 발전하는 것이야말로 근대사회가 가져다주
는 긍정적인 가치로서의 세련임에 틀림없다. 스튜어트가 경제학을 구
상할 수 있었던 것은, 주로 이와 같이 근대사회를 정당화하는 자유와
세련이 그 경제적 시스템에서 유래한다고 간주했기 때문이다. 「사회
이론」으로서의 경제학은 여기에 성립근거를 갖는다.

《경제원리》에서는 이상과 같은 근대적 경제 시스템이 두 가지의 의
미상 특성을 갖고 있는 것으로 파악한다. 균형과 불균형, 경쟁과 조
정, 이익과 전통(경제적 합리성과 사회적 합리성), 진보와 순환, 내
셔널리즘과 트랜스내셔널리즘(국민경제와 범유럽 근로사회), 통치와
경제(지배·종속관계와 상호의존관계), 그리고 「물건」과 화폐로서
말이다.

균형과 불균형에 관해서는 《경제원리》의 제1편부터 제5편에 걸쳐
농업인구와 공업인구, 생산인구와 소비인구, 도시와 농촌, 공급과 유
효수요, 화폐공급(신용)과 화폐수요, 조세와 경제적 잉여 등 각종 수
준에서 두 항의 균형관계 형성과 그 불균형의 가능성이 순차적으로
여러 경제적 요건을 부가시키면서 좀더 복잡한 시스템 속에서 해석된
다. 나아가 경제주체의 활동조건으로서의 자유경쟁을 기본으로 하면
서 각종 경쟁관계가 가져오는 마찰과 압력에 관한 조정의 불가피성
또한 《경제원리》가 특히 강조하는 점이다. 조정에는 정책적 수단에
의거한 것도 있으며, 규범과 관행과 일반적 기호 등 사회적인 제도에
의거한 것도 있다. 앞에서 언급한 세련이라는 단어로 상징되는 사회

전체의 진보 관념은 그 내부에서의 부자계급과 하층 노동계급과의 화
폐 유통을 개재시켜, 계속적인 상승과 하강의 계급적 대류=교체관
계, 말하자면 순환의 관념과 결합하고 있다.

《경제원리》가 제시했던 근대사회는 자동적인 진보와 확대를 약속
하는 것이 아니라 양면성을 안고 있기 때문에, 현명하고도 신중한 보
완과 수정을 필요로 하는 세계였다.

✳ ✳ ✳

중상주의(mercantilism)

중상주의 —— 정확히는 상업주의 —— 라는 용어는, 애덤 스미스가 자신의 이론과
사상을 정당화하기 위해 비난대상으로 만들어낸 방법적 개념이다. 그에 따르면 중상주
의는 그 이전부터 그의 시대에 이르기까지 오랜 기간 동안 지배적이었던 경제정책과
그것을 이론적으로 지지하는 경제사상이라는 두 부분으로 구성된다. 후자의 경제사상
은 화폐를 부로 여기는 잘못된 관념과 그것에 기초한 무역흑자 지상주의 —— 나아가
근린궁핍화 정책과 식민지주의 —— 를 주창하게 되었다. 애덤 스미스의 중상주의 규정
이 일반인들에게 수용됨에 따라 그것은 실태적 관념으로 간주됨과 아울러, 한편으로
독일 역사학파에 의해 다른 형태의 규정도 받아들이게끔 되었다. 오늘날에는 중상주의
에 대한 통일적 이해는 없이 오히려 고전학파의 경제적 자유주의와 대립하는 것으로
간주되어, 간섭주의적인 경제정책(사상)의 대명사로써 편의적으로 사용되고 있다.

6

국부론

– 애덤 스미스(Adam Smith, An Inquiry into the Nature and Causes
of the Wealth of Nations, 1776) –

애덤 스미스가 《국부론》에서 던진 문제를 가장 추상적으로 표현한다면, 「문명화된 근대사회의 역사적 특질은 무엇인가」라는 것이었다. 젊은 시절 장 자크 루소(Jean Jacques Rousseau)의 《인간불평등기원론(Discours sur l'origine de l'inégalité parmi les hommes)》을 읽고 근대문명 비판을 공부했던 애덤 스미스는 문명사회가 앓고 있는 병에 관해 충분히 알고 있었다. 그렇지만 「미개와 문명」의 문제를 둘러싸고, 애덤 스미스는 루소와 예리한 대조를 나타낸다. 그는 루소와 같이 미개사회를 일방적으로 예찬하지 않는다. 그것은 그가 알게 된 미개인이, 루소가 상상하는 부유하고 자유로운 미개인과는 달리 빈곤하고 참혹한 존재였기 때문이다.

이리하여 그는 「왜 문명사회에서는 계급적 불평등(분배의 불평등)이 존재함에도 불구하고, 하층계급의 사람들조차 풍요를 누릴 수 있는가」를 생각하게 된다. 그 결과 그는 사회 구석구석에까지 미치는 「풍요로움」을 만들어내는 문명사회의 사회적 생산력 증대의 비밀이 사유재산제에 의해 보증되고 있는 교환=분업 시스템의 전면 전개에 있다는 것을 깨닫게 된다(생산력론). 따라서 빈곤의 문제는 계급적 불평등의 문제가 아니라 사회적 생산력의 문제가 되는 것이다.

《국부론》의 머리말을 보면 「국부」란 「매년 국민의 노동이 생산하고 매년 국민이 소비하는」 일체의 「생활필수품 및 편의품」이며, 그 수준은 「분업」을 통해 높일 수 있는 「노동의 생산력」과 「인구에서 차지하는 생산자 인구의 비율」로 결정된다는 구절이 나온다. 이것은 이상과 같은 애덤 스미스의 사회인식 위에 성립한 것이다.

또한 이러한 「국부」관은 중농주의자의 견해를 답습해 발전시킨 것이기도 하지만, 애덤 스미스가 「국부」를 화폐라는 소비할 수 없는 부가 아니라 매년 노동을 통해 재생산되는 소비재라고 정의한 것은 하층계급의 빈곤 극복이라는 과제 아래 「국부」의 문제를 논하고자 하는 《국부론》의 문제의식으로부터 출발한 것으로, 그에게는 자연스런 것이었다.

또한 애덤 스미스는 사회적 생산력 증대의 원인인 교환=분업 시스템을 인간 예지의 소산, 즉 인위적인 제도로서가 아니라 「보이지 않는 손」에 의한 사람들의 활동 결과로서, 의도할 수 없는 것으로 이해한다. 한 마디로 말하자면 이코노미의 세계를 자생적인 질서로 이해한 것이다. 이러한 경제적 질서의 자율성에 대한 이해는 《정치논문집》에서 흄의 「상업활동이 수반하는 질서형성기능」에 대한 통찰과 결합해 「자본의 문명화 작용」의 발견으로 그를 이끈다.

또한 애덤 스미스는 생산력 증대의 원인인 교환=분업 시스템이 사회적으로 빈틈없이 확립되어 상품생산이 전면 개화된 사회를 「상업사회」라고 부른다. 그리고 그는 이 「상업사회」를 그 내부에 제도화할 수 있는가의 여부에 따라 다양한 생산사회의 생산력 수준이 결정된다고 생각했다.

이리하여 그는「초기·미개 사회」에서 생산력 수준이 낮은 원인을 그 내부에 대한「상업사회」의 비제도화에서 찾음과 아울러, 문명사회에서 생산력이 비약적으로 상승하는 원인을「상업사회」의 자본주의적 제도화에서 찾게 되었다. 더구나 계급적 불평등에도 불구하고 국민 전체가「풍요로와질」수 있는 가능성을「상업사회」의 자본주의적 제도화에서 찾았던 애덤 스미스는 그 제도화를 방해하는 요인으로 중상주의적 정책을 비난했다.

그에 따르면 중상주의 정책은 모든 국민을 필연적으로 번영시키거나 쇠퇴시키거나 하는 매년의「생산과 소비 균형」대신에 특정계급의 이익에만 관계하는「무역 균형」을 추구하는 것이며, 또한 빈자와 극빈자의 이익과 소비자의 이익을 소홀히 하고, 대신 부자와 생산자의 이익만을 옹호하는 것이기도 했다.

이와 같은 중상주의적 정책은, 국민 전체의 풍요로운 삶을 추구하는 애덤 스미스 처지에서는 반드시 타도해야 할 대상이었다. 그리하여 애덤 스미스는 중상주의에 대신하는 것으로서 경제적 자유주의를 주장하며「평등·자유·정의」라는 원칙에 기초해 모든 사람들이 각양각색으로 자신의 이익을 추구하는 것을 허용하는 사회야말로 국민의 풍요로움이 실현될 수 있는 사회라고 강조한다. 이 사고방식이「작은 정부」,「야경국가론」,「자유방임」이라는 용어로 표현되고 있는 애덤 스미스 경제사상의 핵심이다.

그렇지만 자본주의적 생산관계를 그대로 시인하고, 빈곤의 문제는 생산력의 문제라고 하는 그의 문제제기 방법만으로는 생산력의 발전에도 불구하고 새로운 빈곤이 발생한다는 점을 해명하기에는 역부족이다. 또 실제의 경제활동이란 구체적인 역사적 현실 가운데 영위되고 있는 것이기 때문에, 그것을 추상이론을 통해 일률적으로 재단하는 데에는 일종의 위험이 따른다.

때문에 19세기 초의 경제성장이 극히 일부 사람들을 풍요하게 했을 뿐 다른 한편에서 수많은 사람들의 생활을 파괴해 빈곤에 빠지게 했을 때, 또 경제적 자유주의에서 귀결되는 「자유무역론」과 「영업자유론」이 영국의 국익을 이론적으로 대변한다는 역사적 역할을 담당하게 되었을 때, 애덤 스미스 경제사상의 한계가 드러나는 것이다.

인구론

– 토머스 로버트 맬서스(Thomas Robert Malthus, An Essay on the
Principle of Population, 1798) –

맬서스는 1766년 런던 남쪽에 위치한 서리에서 일곱 형제 중 여섯 번째인 차남으로 태어났다. 비국교도 학교에서 공부한 뒤 케임브리지 대학 지저스 칼리지에 진학해 수학학위시험의 1급 합격자로서 1788년 졸업했다. 이듬해 영국국교회의 성직자로 부임했다. 1798년 《인구론》 초판을 출판하면서 인구론 및 경제학 저자로 인정받아, 1805년 동인도 칼리지의 교수로 초빙되었다. 그 이후 역사학과 경제학 강의를 하는 한편, 연구를 계속해 많은 저서와 논문을 십필했다. 교수로 취임하기 전인 1804년 38세 나이에 결혼해 1남2녀를 얻었으며, 1834년 68세로 사망했다.

18세기 말 영국에서는 1789년 발발한 프랑스혁명의 영향 아래 유토피아적 사상이 맹위를 떨쳤다. 초판 《인구론》은 현존의 사회질서, 사유재산제도, 결혼제도를 부정하는 아나키스트(anarchist)인 윌리엄

고드윈(William Godwin)과 인간사회의 진보에 의거한 완성을 예상하는 M. 콩도르세(Mariquis de Condorcte)의 주장을 인구의 원리와 경험주의에 근거해 비판했다. 그 대신 경험적 사실 위에 사회에 관한 사상을 세워보려고 노력했다.

맬서스에 따르면 인구의 증식능력은 기하급수적이며, 그것은 신체의 성질에 따라 정해진다. 그러나 식량은 기껏해야 산술평균적으로 증가할 뿐이며, 그것도 토지의 성질에 따라 정해진다. 말하자면 인구는 별다른 방해요소가 없다면 25년마다 1, 2, 4, 8, 16, 36…의 기하급수적으로 증가할 수 있지만, 식량은 최대로 계산해도 25년마다 1, 2, 3, 4, 5, 6으로 증가하는 데 그칠 것이다. 인구에 따라 식량을 증산할 수 없기 때문에 인구를 식량에 맞추어 억압하지 않으면 안 된다. 사망의 증가(적극적 방해), 또는 출생의 감소(예방적 방해)가 필연적으로 일어나는데, 만혼을 이용해 출생률을 낮추는 후자가 바람직하다. 결국 인구원리로 인해, 누구든지 풍요롭게 생활하고 일찍 결혼하고 바라는 대로 아이를 갖는 것은 불가능하다.

이 결론은 신체와 토지의 성질이라는 자연법칙에 따라 얻어지는 것이므로 어떠한 사회체제를 택하더라도 피할 수 없다. 단, 사회체제마다 이 어려움이 나타나는 방법은 상이하며, 늘어나기도 하고 줄어들기도 한다. 사유재산·계급제도·결혼제도 등은 얼핏 보아 불합리하게 여겨질지도 모르지만, 생산 증가에 대한 자극을 주고, 생계를 책임지며, 자식의 부양의무를 부모에게 부담시킴으로써 식량 증산과 인구 억제를 달성하기 위한 필연적인 체제인 것이다.

《인구론》 초판에 실려 있는 인구와 사회질서의 관계에 대한 내용은 이상과 같다. 인구 원리란 식량의 한계를 넘어 증식하는 인구 경향으로, 구체적으로는 인구의 타성적 운동으로 나타난다. 인구는 일단 중감운동이 시작되면 당장에는 대처할 수 없어 정지 또는 역전이 불가능하다. 게다가 상당히 타성적 운동을 한다. 이 때문에 인구와 식량의 균형은 항상 변동하며, 이것이 인구파동*이라는 현상이 된다. 인구파동은 인간사회에 나타나는 자연법칙의 구체적인 양식이다.

그런데 인구(수요)와 식량(공급)의 불균형이 바로 회복되지 않는 것은 무슨 까닭인가? 맬서스에 따르면 식량과 공산품 간에는 중대한 차이가 있다. 공산품은 수요에 따라 바로 공급이 변화하지만, 식량 생산은 경직되어 있어 아주 완만하게 증산될 수 있을 뿐이다.* 그 이유는 첫째, 비옥한 토지가 많지 않다는 것이다. 둘째, 당시 영국에서는 상공업만을 장려하고 있었기 때문에 식량 수요가 증가해 가격이 상승해도, 그에 앞서 생산 비용인 임금이 상승해 수요의 증가가 생산량의 증가를 가져오지 못했다. 바꾸어 말하면 생산 비용에 선행해 가격이 상승하면 식량이라도 증산효과는 있다는 것이다. 이것은 뒤의 《경제학원리(Principles of Political Economy)》로 대표되는 맬서스의 유효수요론으로 이어지는 중요한 논점이다. 이상과 같이 인구파동론은 맬서스에게 인구학에서 경제학으로 연구를 진행하는 통로가 된다. 《인구론》은 결코 인구에 한정된 저서가 아니라, 동시에 경제분석에 관한 책이기도 하다.

《인구론》은 1803년 대폭 증보된 제2판이 나왔으며, 생전 최종판인 1826년의 제6판까지 개정이 계속되었다. 초판의 구성은 공준(제1장)→3명제의 제언과 논증(제2장)→3명제의 역사적 검증(제3~7장)→논자에 대한 비판(제8~17장)→신학(제18, 19장)으로 되어 있다. 이것은 유클리드(Euclid)의 《원론(Stoikheia)》을 모델로 쓰여진 아이작 뉴턴(Isaac Newton)의 《프린키피아(Philosophiae naturalis principia mathematica)》 구성과 마찬가지로, 공준(내지 공리)→명제→논증→검증→비판→신학이라는 방법으로 구성되어 있다. 이 연역적 구성방법은 제2판 이후에는 파기되었다. 왜냐하면 《인구론》의 주제가 사회에서의 자연주의 관철이라는 측면에서 개별적 제도개혁을 통한 완화의 실현성 탐구로 중점을 옮겼기 때문이다.

『젊은 천재의 작품이다』라고 존 메이너드 케인스(John Maynard Keynes)가 칭찬한 이 저서를 독자도 숙독해보는 것이 어떨까?

*** * ***

인구파동

인구의 타성적 증감운동을 말한다. 현대인구학에서 말하는 모멘텀(momentum)을 포함한다. 출생률과 사망률이 변동해도 인구의 증감에 나타나는 데까지는 상당한 시간이 걸린다. 예를 들면 현대 일본의 출생률은 1974년 이래 인구의 치환수준을 계속 밑돌고 있지만, 2011년까지 인구는 증가해간다. 이것이 모멘텀의 작용이다. 맬서스가 말하는 인구파동은 임금의 급등이든가 전쟁과 전염병이라는 돌발사건을 통해서도 발생할 수 있다. 역사적으로 살펴보면 몇 번의 인구증가 파동이 있었으며, 농업혁명이 가져온 인구파동과 산업혁명 이후의 인구파동이 인정되고 있다. 그러나 맬서스는 그와 같은 인구파동은 알지 못했기 때문에 인구파동에 포함하지 않는 것이 적절할 것이다. 제1차 베이비 붐이 제2차 베이비 붐을 낳는 현상은 에코 효과라고 일컬어지지만, 이것도 맬서스는 고려하지 않았다.

식량생산의 비탄력성

인구와 농업(광의로는 인구와 경제성장)의 관계에 관해서는 크게 두 가지 관점이 있다. 첫째, 식량 증산은 매우 어렵기 때문에 기술 개량과 이전(移轉)이라는 우발적인 요인에 따라 식량이 증산된 경우에만 인구가 성장할 수 있다는 것으로 맬서스적 접근방법이다. 둘째, 인구성장에 따라 식량생산이 필요해지면 적합한 기술이 채용되어 인구성장에 맞추어 식량이 증산된다는 견해다. 1965년 출판된 에스터 보저럽(Ester Boserup, 1910~)의 《인구압력과 농업》이 유명하다.

경제학개론

－장 밥티스트 세(Jean-Baptiste Say, Traité d'économie politique, 1803, 2e éd., 1814)－

세(1767~1832년)는 19세기 전반의 프랑스를 대표하는 경제학자다. 《경제학개론》은 지금까지도 애덤 스미스의 《국부론》을 본떠 써내려간 대륙판이라는 평가에서 벗어나지 못하고 있으나, 이 책은 세의 중요 저서로 영국 고전학파적 세계에서 레옹 발라(Léon Walras)적 세계로 이행하는 분기점을 명료하게 나타내고 있다.

세는 1767년 프랑스 제2의 도시인 리옹에서 태어났다. 부친의 사업 실패로 파리의 은행에 근무하게 된 세는 29세 때 런던으로 건너갔다. 거기에서 그는 애덤 스미스의 《국부론》을 접한다. 귀국 후 생명보험회사에 근무하는 한편, 경제학 연구에 몰두했다. 프랑스혁명기에는 자유주의적인 저널리스트로서 활약해 이데올로그(idéologues)*의 일익을 담당했다. 나폴레옹(Napoléon) 정부에서 재정위원으로 임명된 세는 재직 중인 1803년 《경제학개론》을 출판하지만, 자유주의적인 논조가 문제되어 사임한 뒤 섬유공장을 경영했다. 그는 나폴레옹이 실각된 뒤에 학계로 복귀해《경제학문답》(1815년) 등 많은 책을 발표하는 한편, 콜레주 드 프랑스(collége de France) 등에 경제학강좌를 개설해 경제학의 보급에 노력했다. 이러한 세의 적극적인 활동으로 학파가 형성되어 자유주의 경제학 세력은 프랑스의 경제학계를 오랫동안 지배하게 된다.

세는《경제학개론》에서 보호주의적인 색채가 강하게 남아 있는 프랑스 경제현상에 대해 자유주의시장의 자기조절기능을 논증하려고 했다고 말할 수 있다. 일반적으로 영국 고전학파에 프랑스적 전통——주관가치설과 기업가 개념——을 가미한 것으로 평가되는 경향이 있지만, 오히려《경제학개론》의 특징은 시장균형의 논리로 일관되고 있다는 점에 있다.

먼저《경제학개론》의 서론에서 전개된 경제학의 정의를 보자.

세는 경제학과 정치학을 구별해야 할 필요성을 역설한 뒤에 연구대상으로서 부의 생산·분배·소비를 들고 있다. 이러한 경제학의 3분법은 뒤에 일반화되었지만, 여기에서 특징적인 것은 교환이 포함되어 있지 않다는 점이다. 『생산이 생산비와 생산물의 교환인 것처럼 소비는 생산물과 (그 효용의) 향유를 바꾸는 교환이다』라는 말에서 알 수 있듯이 세는 생산과 분배를 요소시장에서의 교환, 소비를 소비재시장에서의 교환으로 파악하고 있다.

나아가 세는 각 시장에서의 가격결정을 동일한 논리, 즉 수요공급법칙으로 설명하고자 했다. 영국 고전학파의 「자연가격」 개념을 부정한 세는 소비재만이 아니라 생산요소의 가격도 수급균형에 따라 결정된다고 주장한다. 그에 따르면 소비재의 가격이 생산비에 따라 규제된다 해도 그 생산비를 구성하는 요소가격은 소비재와 마찬가지로 수급법칙에 따르는 것이었다. 그리고 요소 수요가 소비재 수요로부터 파생한다고 할 때, 두 개의 시장은 연동하게 된다는 것이다.

이 두 개의 시장에 관한 대칭적인(symmetrical) 인식을 가능하게 한 것은 생산적 서비스론이다. 《경제학개론》에서는 자본·토지·인더스트리(industry)*라는 생산적 서비스(생산요소)가 동등한 자격으로 생산에 공헌한다고 생각한다. 이 경제주체를 기능에 따라 분류하는 자세는, 《경제학개론》이 기업가기능(생산에서의 의사결정·자본조달·정보수집·위험부담·혁신)의 분석에 성공한 원인이기도 하다. 세가 고전학파의 3계급 분배론을 벗어나 「사회의 모든 소득은 동일한 방법으로 분배된다」라는, 단일 원리에 의거한 생산적 서비스의 가격분석으로서 분배론을 파악한 것은 이와 같은 기능주의적 사회 파악에 기초하고 있는 것이다.

이렇게 보면 세의 효용가치론도 독자적인 의미를 내포하고 있다. 종래 생산비설과 효용가치론의 병존이 문제시되어 왔지만, 《경제학개론》의 과제는 수요와 공급이 어떻게 일정한 가격을 성립시키는 것인가를 해명하는 데 있었다. 세는 생산비를 공급 측면의 규제요인으로 파악해 균형을 이룰 때 가격＝생산비가 성립한다고 생각했다. 또 그는 수요사이드 분석의 출발점에 효용을 두었다. 「생산물을 생산하는 데 필요한 비용이, 소비자가 그것에 지불하는 데 동의하는 가격을 결정하는 것은 아니다. 그것을 결정하는 것은 단지 그 효용뿐이다」라는 문장을 보면 세의 효용가치론이 가격결정의 한쪽 요인인 소비자 행동을 분석하는 수단으로써 기능하고 있다는 사실을 알 수 있을 것이다.

따라서 뒤에 「세의 법칙」이라 일컬어지게 된 「판로의 법칙」*은 수급균형의 한 가지 표현으로 생각할 수 있다. 생산적 서비스의 가격은 한편으로 소득을 형성하며 다른 한편으로 생산비를 구성하기 때문에, 가격이 생산비와 일치하는 균형상태에서는 소득이 전부 소비되는 한(저축=투자) 총수요액은 총공급액과 같게 되는 것이다. 여기에서 흥미로운 것은, 레옹 발라(Léon Walras)의 「생산 균형」이 상기시키는 바와 같이, 균형을 이루게 되면 기업가의 역할이 소멸한다고 생각된다는 점이다. 이와 같이 시장가격의 분석에 전념한 《경제학개론》은 슘페터의 표현대로 발라로 가는 길을 열어놓았다고 할 수 있을 것이다.

* * *

이데올로그

데스튀트 드 트라시(Antoine Louis Claude Destuttè de Tracy)와 카바니스(P.J.G. Cabanis)로 대표되는 이데올로그는 관념의 감각적 기원을 탐구하는 새로운 철학의 창설에 출발점을 두고 있다. 그러나 계몽주의의 전통을 이어가는 이 학파는 인문과학에 그치지 않고 사회과학 분야에도 진출해 사회·정치제도에 관한 자유주의적인 개혁을 주장했으며, 프랑스혁명 뒤에는 실제로 교육제도의 확립에 주력했다. 권위주의적인 경향을 강화했던 나폴레옹은 그들의 이와 같은 운동을 좋아하지 않았다. 그래서 「공론가(空論家)」라는 모멸적인 의미에서 이데올로그라는 명칭을 사용했다. 세가 이데올로그의 일원으로 활동할 무렵 쓴 저서로는 경제학의 지식에 의해 계몽된 개인의 자유로운 경제활동을 보장하는 사회·정치제도를 전망한 《올비》(1800년)를 들 수 있다.

인더스트리(industry)

세의 인더스트리는 이론·응용·실천이라는 인간활동을 가리키며, 그 담당자는 각각 학자·기업가·노동자다.

판로의 법칙

맬서스에게 보낸 편지 가운데 『생산만이 생산물에 대한 판로를 개척한다』라고 간결하게 표현된 「판로의 법칙」은 일반적 과잉생산을 부정하는 논리 「세의 법칙」으로서, 케인스로부터 호된 비판을 받았다.

경제학 및 과세의 원리

- 데이비드 리카도(David Ricardo, On the Principles of Political Economy and Taxation, 1817, 2nd ed., 1819, 3rd ed., 1821) -

리카도(1772~1823년)는 런던에서 증권업자의 아들로 태어나 증권업으로 성공을 거두었다. 그러나 애덤 스미스의 《국부론》을 읽고 경제학에 흥미를 느껴 경제문제 논쟁에 참가하게 되었으며, 뒤에는 하원의원이 되었다. 곡물의 수입제한 강화에 반대한 1815년의 논문 〈곡물의 저가격이 자본이윤에 미치는 영향에 관한 논문〉(통상 《이윤론》이라고 약칭되고 있다)을 확대 발전시켰으며, 1817년에는 주요 저서라 할 수 있는 《경제학 및 과세의 원리》—— 이하 《원리》라고 함 ——를 저술했다.

리카도가 《이윤론》 이전부터 품고 있었던 기본적인 아이디어는, 주어진 기술 아래에서는 농업생산이 확대되면 수확체감이 작용해 농산물 가격이 상승하기 때문에 화폐임금률이 상승하고 이윤율은 하락한다는 것이었다. 초기에 리카도는 애덤 스미스의 가격이론*을 수용했지만, 이 이론에서는 임금률이 상승하면 가격도 반드시 상승하므로 이윤율의 저하를 이론적으로 설명할 수 없었다. 《이윤론》에서는 애덤 스미스의 가격이론을 과오로 인식하기에 이르렀다. 그러나 그것에 대신하는 가격이론을 갖지 못했기 때문에 곡물을 가치척도로 삼아 곡물량의 비율로 농업이윤을 표시하고, 농업이윤율이 다른 산업의 이윤율을 규정한다고 하여 일반적 이윤을 나타냈다.

그러나 이 설명은 맬서스의 비판을 불러일으켰고, 리카도는 제임스 밀(James Mill)의 강력한 권고로 《원리》를 집필하기 시작하면서 애덤 스미스의 이론에 대신하는 가격이론을 확립할 필요성을 강요받게 되었다. 리카도는 가격의 비가 생산에 필요한 노동량의 비와 같다는 투하노동가치론*이, 자본 노동비율이 산업 간에 같은 경우에는 이윤이 존재하는 자본주의 사회에도 타당하다는 것을 고생 끝에 발견하고, 그것을 가격이론으로 채용함에 따라 자신의 기본적 아이디어를 이론적으로 전개할 수 있게 되었다.

《원리》에서 리카도의 과제는 경제성장과정에서 자본가·노동자·지주 사이의 소득의 「분배를 규정하는 여러 가지 법칙을 확정하는 것」이었다. 그를 위해 투하노동가치론의 성립을 전제로 하여 일정한 생산성 아래에서 생산되는 화폐=금을 불변의 가치척도*로 한다. 외국무역이 없는 경우 주어진 기술 아래에서 경제가 성장하고 인구가 증가하면 농업생산이 확대되지만, 농업에서는 수확체감이 작용해 한계생산성이 저하한다. 농산물가격은 한계생산조건 아래에서의 투하노동량으로 결정되므로 상승한다.

그 결과 한계보다 좋은 조건 아래에서는 초과수익이 발생한다. 이 초과수익은 자본가들의 경쟁 결과, 모두 지대가 된다(차액지대). 일정한 노동량의 생산물 가치는 한계조건 아래에서는 생산성의 저하에 반비례해 가격이 상승하므로 일정해진다. 더 좋은 조건 아래에서도 가격의 상승분은 모두 지대가 되므로 지대를 공제한 나머지 가치액은 일정해진다. 공업에서는 생산성이 일정하기 때문에 일정량의 노동에서 얻을 수 있는 생산물의 양은 일정하며 가격도 일정하다. 따라서 그 가치액은 일정해진다. 이것이 임금과 이윤 사이에서 나누어지기 때문에 화폐임금률이 상승하면 이윤율은 저하한다.

실질임금률은 생존수준에서 장기적으로 일정하다고 하는 해석(생존임금설)이 정설이다. 그러나 리카도는 자본주의 사회를 자본가가 주도하는 사회로 보고, 장기적으로는 그때그때의 필수품가격 아래에서 자본가의 노동력수요 증가율과 같은 노동력인구의 증가율을 가져오는 실질임금률과 같이, 화폐임금률이 결정된다는 애덤 스미스의 사고를 인정한 것으로 보인다. 그리고 주어진 기술 아래에서는 경제성장과정에서 실질임금률은 저하하지만, 필수품 가격상승의 영향이 우세하기 때문에 화폐임금률은 상승한다고 생각했다. 이 화폐임금률 상승의 결과 이윤율이 하락해 최종적으로는 자본가가 자본축적의욕을 상실해버릴 정도로 낮은 수준이 되어 실질임금률도 인구증가가 불가능한 수준으로 낮아진다. 이것을 리카도는 정상상태라고 했다. 이러한 경제성장과정에서 실질임금률과 이윤율은 낮아지지만, 지대는 농업에서의 한계생산성 저하로 인해 가치 면에서나 물적인 면에서 증가해간다.

리카도는 정상상태의 도래를 늦추려면 필수품 생산의 기술 진보와 저가격의 필수품 수입이 필요하다고 생각했다. 외국무역에 관해서는, 무역이 자국뿐만 아니라 무역상대국에게도 이익을 가져온다는 비교생산비설이 유명하다. 리카도는 《원리》의 제7장까지 전개한 기본이론을 과세 문제에 적용해 과세의 전가와 귀착을 분석했다. 또 1821년 출판된 제3판에서는 기계의 도입이 노동자계급에게 불리한 영향을 미칠 수 있는 가능성을 분석한 장을 추가했다.

리카도의 《원리》는 경제성장과정에서 계급 간의 소득분배동향을 이론적으로 명확히 한 것으로, 매우 체계적으로 전개되어 있다. 그 이론은 제임스 밀, 존 램지 매컬럭(John Ramsay McCullock), 존 스튜어트 밀(John Stuart Mill) 등에게 수용되었으며, 마르크스 등에게 큰 영향을 미쳤다. 세의 법칙을 전제로 하고 있었기 때문에 뒤에 케인스에게 비판을 받았지만, 스라파가 리카도를 재평가하고 리카도의 사고를 발전시켜 투하노동가치론이 성립하지 않는 경우의 생산가격이론을 전개한 결과, 리카도의 이론은 현대의 포스트 케인지언에게도 커다란 영향을 미치고 있다.

스미스의 가격이론

애덤 스미스는, 가격은 생산물 1단위당의 임금·이윤·지대를 합한 것이지만, 임금·이윤·지대 사이에는 직접적인 관계가 없어, 이들 가운데 한 가지가 상승하면 가격은 상승한다고 생각했다. 이 가격이론을 가산이론 또는 구성이론이라고 한다.

투하노동가치론 / 불변의 가치척도

리카도는, 투하노동가치론은 상대가격을 설명하는 이론이며, 노동이 가치를 낳는다는 사고는 명시적이지 않다고 생각했다. 그것은 이윤율이 제로일 경우, 또는 자본노동비율이 산업 간에 균등한 경우에 성립한다. 리카도는 자본노동비율이 불균등한 경우에는 화폐임금률의 상승이 가격 저하를 초래하는 「기묘한 현상」이 일어나는 것을 발견했는데, 이것을 애덤 스미스의 가격이론에 관한 과오를 증명하는 반대 예로 중시했다.

불변의 가치척도는 그 자체에 가치변화의 원인을 포함하지 않는 생산물로서, 가치의 척도가 되는 것이다. 투하노동가치론이 성립하는 경우, 수확불변 아래에서 생산되는 금에는 가치변화의 원인이 없으며, 이 금으로 측정된 가격의 변화는 측정되는 쪽의 생산물의 노동생산 변화를 순수하게 나타나게 된다. 리카도는 화폐가치의 변화에 따른 농산물가격의 상승과 한계생산성 저하의 결과로 인한 농산물가격의 상승을 구별하여, 후자의 효과를 엄밀하게 분석하기 위해 금을 불변의 가치척도로 했다.

경제학신원리

− 시몽 드 시스몽디(Jean-Charles-Léonard Simonde de Sismondi,
Nouveaux principes d'économie politique, ou de la richesse dans
ses rapports avec la population, 2 vols., 1819, 2ᵉ éd., 1827) −

시스몽디(1773~1842년)는 제네바에서 태어났으나, 프랑스로부터 파급된 혁명으로 어쩔 수 없이 가족과 함께 이탈리아의 토스카나 지방으로 망명하게 되었다. 아버지가 성직자이며, 귀족 권위의 상징인 「200명 위원회」의 멤버였기 때문이다. 혁명으로 재산을 잃고 조국을 떠나 투옥까지 당했던 시스몽디였지만, 오히려 그는 혁명에 호의적이었다. 그는 옥중에서 보낸 편지에서 『명예・정의・덕・행복은 자유 가운데에서만 존재하며, 반혁명은 혁명보다 100배나 나쁘다』라고 쓰고 있다.

시스몽디의 처녀작 《토스카나 농업개관》(1801년)은 이 망명의 땅에서 접한 풍요한 농업, 아름다운 광경을 읊은 저서다. 2년 뒤에 출판된 《상업의 부》에서도 여전히 시스몽디는 「애덤 스미스의 충실한 제자」였다. 이 저서를 출판한 뒤 그는 한동안 경제학 관련 책을 쓰지 않았지만, 1818년 간행된《에든버러 백과전서》가운데「경제학」이라는 항목을 집필하는 과정에서 경제학에「새로운 발전을 부여할」필요성을 느끼고,「애덤 스미스의 체계에 대한 수정의 중요성과 진실성」을「확신」하게 되었다.《에든버러 백과전서》에서는 충분하게 전개할 수 없었던 새로운 경제학 원리＝애덤 스미스 이론의 수정을 체계화한 것이《경제학신원리》(초판 1819년, 2판 1827년)다. 제2판의 서문에서 그는, 1825년 공황은 자신의 주장이 옳았음을 증명한 것이라고 설명하고 있다.

통설에 따르면《경제학신원리》에서 전개되고 있는 그의 공황론은 전형적인 과소소비설의 오류이라고 한다. 그러나 이와 같은 평가는 일방적이다. 그는 이 책의 제2편에서 생산량의 증대가 재생산과정의 불균형을 낳는 것은 아니며, 소비 확대와 확대재생산이 생산과 소비의 균형을 유지시킬 수 있다고 말하고 있다. 그러나 다른 한편으로 현재의 생산력수준이 충분히 높고 생산량이 수요에 대해 이미 포화상태에 있다는 현상인식을 갖고 더 큰 소비 확대를 추구하지 않는 것은 사람들이 일정한 욕구를 만족시키면 그 이후는 휴식을 찾기 때문이라고도 설명하고 있다.

시스몽디는 『세 종류의 부(고정자본, 유동자본, 소득＝소비 펀드)가 똑같이 소비 쪽으로 진행하는 데에 주의하는 것은 매우 중요하다』고 설명하고, 모든 사회적 부(자본재와 소비제)는 최종적으로 소비(개인 소비)로 흘러들어간다는 재생산과정 모델을 가정하고 있다. 이 논리의 배후에는 애덤 스미스의 소득의 삼위일체설*이 있다. 말하자면 시스몽디는 인간 욕구의 한계를 전제로 하면서, 애덤 스미스의 소득이론의 연장선상에서 판로설을 비판하고 있는 것이다.

나아가 시스몽디는 이들 수요측(소비)의 제한을 설명하고 있을 뿐만 아니라, 이 책의 제4편에서 공급측(생산)의 사정에 관해서도 지적하고 있다. 즉 그에 따르면 상업의 도입(상품생산사회의 성립)으로 인해 생산자와 소비자가 분리되어「욕구와 그것을 만족할 수 있는 것과의 사이에…생산과 소비 사이의 여러 가지 비례는 이제 상호관계가 사라졌다.」그 결과 생산자는 시장가격을 이용해 수요의 크기를 파악할 수 있으며, 생산량의 조정은 차기 이후가 된다. 그러나 생산확대는 쉬워도 그 축소는 어렵기 때문에 시장을 둘러싼 생산자 간의 경쟁은 필연적으로 격화된다. 게다가 수요량을 사전에 알 수 없는 생산자는 그 생산량을 사용가능한 자본량에 비례시키는 경향이 강해, 점점 다량의 (과잉) 자본을 생산에 투입해 생산과잉이 촉진된다. 또한 시스몽디는 확정이자부 채권 등이 자본환원으로 얻을 수 있는 자본액을「상상적 자본」이라 부르고, 그 환상적인 가공성을 예리하게 지적했다. 그러나 이것도 자본과잉의 상태를 격화시키게 된다. 이와 관련해 그가 현실의 재생산과정으로부터 유리된 가공의 금융자산 축적을 경계하고 있는 점도 주목된다.

　시스몽디는 전반적 과잉생산공황을 회피하기 위해 정부에 의한 생산 억제와 평등한 분배를 요청했다. 한정된 시장을 둘러싼 생산자(여러 자본) 간의 경쟁으로 인해 필연적으로 공황이 일어나는 이상, 그것을 피한다는 것은 시장 그 자체로서는 불가능하다. 왜냐하면 분배의 평등화는 개인소비를 증대시키고, 그 결과 총수요를 증대시키기 때문이다.

　그런데 그는 《경제학신원리》 제2판에 수록된 보론(補論)에서「사치품을 차례차례로 손에 넣음에 따라 그 하나하나로부터 느껴지는 쾌락의 정도는 감소해간다」라는 한계효용체감의 법칙을 덧붙이고 있다. 그는 애덤 스미스 경제학을 기초에 두면서도 현실적으로 발생하고 있는 공황에 대한 대응책으로써 경제에 대한 정부의 개입을 주장한다. 그러한 점에서 애덤 스미스를「수정」한 시스몽디의 《경제학신

원리》는 자본주의 경제체제 그 자체를 비판하는 마르크스로 전개된
다. 그러나 시스몽디 공황론의 중요한 기둥이자 프랑스 경제학의 전
통이라고도 일컬어지는「욕구」문제는, 그 속에서 한계효용이론의 싹
을 키워 드디어 발라에 의해 열매를 맺는다. 그렇다면 이 책은 고전
학파 경제학에서 마르크스로, 그리고 프랑스 경제학에서 효용이론으
로의 교차점에 위치한다고 말할 수 있을 것이다.

*** * ***

소득의 삼위일체설

이윤(이자)·지대·임금이라는 세 가지 소득이 각각 자본·토지·노동으로부터 발
생한다는 사고다.

경제학원리

– 토머스 로버트 맬서스(Thomas Robert Malthus, Principles of Political Economy, 1820, 2nd ed., 1836) –

　맬서스는 동인도 대학에서 오랫동안 애덤 스미스의 《국부론》을 교재로 경제학 강의를 했으며, 그 《국부론》에 주해와 논고를 첨가한 신판을 출판하고 싶어했다. 그러나 이 계획은 1814년 제임스 맥길 뷰캐넌(James Mcgill Buchanan)에게 선수를 빼앗겼기 때문에 단념하지 않을 수 없었다. 맬서스는 그 대신 1817년 출판한 《인구론(An Essay on the Principle of Population)》 제5판에 경제학을 다룬 한 권을 덧붙이려고 했다. 그러나 이 계획도 결국은 단념하게 된다. 같은 해 리카도가 쓴 《경제학원리》가 출판되는데, 맬서스는 이것이 애덤 스미스 경제학의 정통으로부터 크게 벗어난 것이라고 생각했다. 그리하여 이런 비판의 의도를 담은 한 권의 책을 1820년에 출판했다. 이 책이 바로 《경제학원리》다. 맬서스와 리카도는 1811년부터 친한 친구로 지내며, 편지와 방문을 거듭하면서 경제학의 다양한 주제에 관해 토론을 계속했기 때문에 두 사람의 《경제학원리》는 그 총결산이었다고 할 수 있을 것이다.

이 책을 관통하는 경제이론의 주요 논점은 제7장 「부의 증진의 직접원인에 관하여」에 기술되어 있으며, 나폴레옹전쟁 후 영국을 엄습한 불황의 원인 및 대처를 둘러싼 수요 경제학, 말하자면 불황과 유효수요의 경제학이라는 데 그 특징이 있다.

먼저, 맬서스는 공급능력을 높이는 것이 반드시 수요를 높이는 것은 아니라고 주장한다. 양자는 각각 독립해 별개의 요인에 따라 결정되며, 생산능력에 알맞은 수요가 보장되려면 생산물의 적절한 분배가 필요하다. 《인구론》 제5판에서 주장하는 바와 같이, 단지 먹을 것이 생산되는 것만으로는 인구가 증가하지 않는다. 적절하게(즉 하층계급의 소유가 되도록) 분배가 되어야 비로소 인구증가를 가져오는 것과 같은 이치다. 맬서스가 관찰한 것은 생산능력을 갖고 있으면서도 생산에 대한 자극, 곧 유효수요가 부족해 생산능력의 일부밖에 가동하지 않는 상황이다. 이것은 생산능력이 충분한데도 인구에 대한 자극＝노동수요가 부족하기 때문에 생산능력의 일부밖에 발휘되지 않는 상황과 비슷하다. 흥미로운 것은, 맬서스가 이상과 같은 유추를 넘어 자본축적의 법칙과 인구증가의 법칙을 「완전히 동일한 종류의 것」으로 파악하는 점이다. 그 근거는 자본도 인구도 모두 「수요와 공급의 일반적 대법칙」*에 따른다는 점에서 찾을 수 있다.

예를 들면 자본의 공급과잉 여부는 이윤의 통상적인 비율 정도에 따라 나타난다. 이것은 인구의 공급과잉 여부를 임금의 통상적인 비율 정도로 나타내는 것과 같다. 나폴레옹전쟁 후 불황 때에는 이윤이 낮고 저축을 해도 자본에 대한 수요가 부족했기 때문에 유휴자본이 늘어나 일부는 해외로 유출되었다. 이것은 임금이 낮고 결혼을 해도 노동수요가 부족하기 때문에 실업자가 많아져 일부는 이민을 떠나는 것과 마찬가지로, 수요와 공급의 법칙에 기초해 일어난 현상이다. 불황의 과정을 살펴보면, 풍작으로 가격이 3분의 2나 하락하는 바람에 농업자본이 회수되지 않아 제조업에 대한 수요도 축소되었다. 게다가 전쟁이 끝남에 따라 정부지출도 급격히 감소했는데, 전시 중에 자극된 인구는 타성적으로 계속 증가했다. 이 같은 수요 충격으로 의해 자본도 인구도 함께 공급과잉이 되었다. 때문에 불황대책은 자본과 인구에 대한 유효수요를 높이게 된다.

그러면 유효수요를 높여 생산능력을 발휘시키는 것은 구체적으로 무엇인가? 맬서스는 다음 세 가지를 들고 있다. 첫째, 예를 들어 1만 에이커의 토지 소유자 한 사람의 소비지출보다 1,000에이커의 토지 소유자 10명의 소비지출 쪽이 분명히 클 것이므로, 대토지 소유를 적절하게 나누는 것은 유효수요를 높이는 결과가 된다. 둘째, 국내외의 무역 신장은 시장을 확대해 유효수요를 높이게 된다. 셋째, 비생산적 소비의 확대는 공급을 늘리지 않고 소비를 늘림으로써 유효수요를 높이게 된다. 이 가운데 비교적 쉽게 실행할 수 있는 것은 세번째 대책으로 공공사업도 그 가운데 포함된다. 《인구론》 제2판에서 재무부의 견해*에 동의한 맬서스는, 조세를 이용한 도로건설 등의 공공사업은 고용에 충당되는 금액을 늘리는 것은 아니지만 공급총량을 줄이는 바람직한 효과는 있다고 생각했다. 그러나 그것은 노동수요의 부족을 은폐하기 때문에, 인구의 적응을 늦추지 않도록 저임금으로 고용해야 한다. 《인구론》 제5판에서 주장하는 바와 같이 자연적인 인구파동* 이야말로 바람직한 것이다.

또한 맬서스는 화폐경제론자*이며, 인플레이션이 경제를 활성화시킨다는 사실을 잘 알고 있었다. 그러나 불황대책으로 화폐유통량의 증대를 꾀하는 데는 반대했다. 그것은 정의(正義)와는 서로 일치하지 않는 부의 이전이었기 때문이다. 맬서스는 이 책의 「서문」에서 현재는 경제학의 체계를 발표하기에 부적당하다고 설명했지만, 그것은 첫머리에 설명한 출판 경위로도 이해할 수 있을 것이다. 말하자면 이 책은 체계적인 경제이론서라기보다도 각론의 집합체로 생각하는 편이 좋다. 이 책은 쉬운 내용이 아니다. 따라서 독자 여러분들은 여기에서 소개한, 가장 중요한 제7장을 먼저 읽고, 여력이 있으면 다른 부분에 도전하는 게 바람직할 것이다.

* * *

맬서스의 수급이론

가로축에 수량을, 세로축에 가격을 놓는다. 맬서스의 수급이론에서는 공급을 양(量)으로 생각할 수 있기 때문에 공급곡선은 수직선이 되며, 수요곡선은 오른쪽 아래로 기우는 곡선으로 나타난다. 교차점에서 주어지는 가격이 수요강도를 나타낸다.

재무부의 견해

정부의 투자자금 조달은 같은 금액만큼 민간투자자금의 공급 감소를 가져온다는 견해다. 영국 하원에서 행한 재무부 장관의 예산연설에서 나타난 것으로, 케인스 등이 반대했다. 맬서스의 시대에도 해외로 유출되는 저축으로 조달하면 국내 민간투자자금은 감소하지 않기 때문에 공공사업은 고용의 순증가를 가져올 것이지만, 맬서스는 거기까지는 고려하지 않았다.

자연적 인구파동

인구와 먹을 것은 같은 속도로 증가하지 않는다. 외부의 충격으로 인한 교란이 없는, 자연적인 증가과정에서도 필연적으로 수반되는 인구파동을 말한다.

화폐경제이론

맬서스는 고전학파에 속하며, 고전학파는 실물경제이론을 주장했다. 그러나 맬서스는 1811년의 논문 〈지폐의 감가〉와 이 책에서 화폐경제이론을 전개하고 있다. 지폐 증발로 인한 활황이라는 「마술적 효과」와 지폐 수축으로 인한 디플레이션의 침체화에 관해 논하고 있지만, 유통화폐량 조작을 통한 경제 개입에 대한 생각은 없었다. 맬서스 또한 고전학파의 경제적 자유주의를 공유하고 있었으며, 케인스가 《인물평전》에서 설명한 것과 같은 확장주의 정신은 갖고 있지 않았다.

부의 이론의 수학적 원리에 관한 연구

– 앙투안 오귀스틴 쿠르노(Antoine Augustin Cournot, Recherches
sur les principes mathématiques de la théorie des richesses,
1838) –

쿠르노(1801~77년)는 프랑스의 그레이에서 태어나 파리의 고등사
범학교에서 수학과 물리학 교육을 받았다. 그 뒤 유명한 대수학자 시
메옹 데니스 푸아송(Siméon Denis Poisson)의 추천으로 그는 리옹에
신설된 대학의 해석학·역학교수로 근무하기 시작해 프랑스 각지의
아카데미 교장·교육관 등의 요직을 역임한 수학자이자, 철학자, 그
리고 경제학자다.

위에서 소개했듯이 쿠르노의 업적은 현재 우리가 말하는 수학, 철
학, 그리고 경제학의 여러 영역에 아주 광범위하게 걸쳐 있다. 실제
로 그의 저서 중에는 계몽적인 것을 제외하면 수학으로는 《우연 및
확률의 이론》과 《대수와 기하의 대응관계》가 있으며, 철학으로는 《인
식의 근거와 철학적 비판의 성질》과 《유물론, 생기론, 합리론》 등이
있다.

본국 프랑스에서는 경제학자보다도 오히려 수학자·철학자로서 유명하다고 말해도 좋을 정도다. 그리고 이러한 그의 이력은, 쿠르노가 경제학의 영역에서 행한 대표적인 일, 즉《부의 이론의 수학적 원리에 관한 연구》를 이해하는 데 결정적으로 중요하다.

쿠르노가 이 책을 통해 경제학 사상 처음으로 체계화시킨 내용은 크게 두 가지로 나눌 수 있다. 거의 대부분의 독자들은 경제학에 대한 쿠르노의 업적을 이미 어디에선가 들어보았을 것이다. 각각을 간단히 설명해보자.

쿠르노의 업적 중 하나는 현재 「수요곡선」으로 알려져 있는 상품의 수요량과 그 가격의 관계를 처음으로 수학적인 「(연속되는) 함수관계 (functional relationship)」 $q=D(p)$로 명확히 정식화했다는 것이다 (q는 상품의 수요량, p는 가격이다). 아마 많은 독자들은 당연한 이야기를 일부러 대단하게 설명하고 있다고 생각할지도 모른다.

그러나 여기에는 이미 결정적인 「추상」이 포함되어 있다는 사실에 주의해야 한다. 왜냐하면 수요관계가 「연속함수」라는 뜻은 가격의 변동이 「미미」하다면 수요의 변동도 「미미」한 상태에 그칠 것이라는 것을 의미한다. 즉 바로 「뉴턴」적인 인식이 경제이론에 완전히 침투해 있음을 의미하는 것이다. 말할 필요도 없이 발라와 제번스는 뒤에 소비자의 효용최대화 가설을 사용해 쿠르노가 정식화(定式化)한 「수요곡선」 이론을 발전시킴으로써 현재의 소비자 수요에 관한 이론의 제일보를 내딛었다.

쿠르노의 또 다른 업적은 현재 「시장형태」이론으로 알려져 있는 것, 좀더 구체적으로는 현재 우리가 알고 있는 독점경제(獨占經濟), 복점경제(複占經濟), 완전경쟁경제(完全競爭經濟)에서의 생산자행동이론과 그것에 수반하는 개념을 처음으로 정확히 정식화했다는 것이다. 여기에서 독점경제란 한 사람의 생산자가 자신의 이윤을 최대한 올릴 수 있도록 시장에 독점적으로 상품을 공급하고 있는 경제를 말한다. 복점경제란 두 사람의 생산자가 각각 상대방의 생산량을 추측하면서 자신의 이윤을 최대한 올릴 수 있도록 상품을 공급하고 있는 경제를 말한다. 그리고 완전경쟁경제란 수많은 생산자들이 각각 가격지배력을 완전히 가지지 않은 채, 자신의 이윤을 최대한 올릴 수 있도록 상품을 공급하고 있는 경제를 말한다.

모든 미시경제학의 교과서에 쓰여 있는 개념, 즉 독점경제에서 생산자의 균형조건 $p(1-1/e)=MC$와, 완전경쟁경제에서 생산자의 균형조건 $P=MC$, 복점경제에서 균형조건(쿠르노 균형)*, 또한 거기에 수반하는 수요의 가격탄력성(e)과 한계비용(MC)이라는 개념은 모두 쿠르노가 처음으로 도입한 것이다.

그러나 중요한 것은 쿠르노가 이와 같은 틀을 경제학에 도입함으로써 비로소 경제이론을 「대수이론(algebric theories)」으로 확립하는 태도가 등장했다는 사실이다.

여기에서 대수이론이란 존 와트킨스(John Watkins)가 시사한 것을 프리드리히 아우구스트 폰 하이에크(Friedrich August von Hayek)가 명명한 것으로, 예를 들면 해석역학과 같이 그 속에 구체적인 통계량과 수치를 일절 포함하고 있지 않은 이론상태를 말한다. 케네스 J. 애로(Kenneth J. Arrow)＝제라르 드브뢰(Gerard Debreu)의 일반균형이론이든 또는 그것에 기초한 거시경제이론이든 간에, 현재 지배적인 경제이론은 모두 그 속에 구체적인 통계량과 수치를 포함하지 않는 대수이론이라고 말할 수 있다. 그리고 쿠르노가 이론에 이와 같은 태도를 도입할 수 있었던 것은, 쿠르노 자신이 수학자이며 철학자로서 계몽시대에 일어난 「뉴턴주의」와 「사회수학(mathématique sociale)」에 깊이 몰입했기 때문이다.

그러나 아이러니컬하게도 이 같은 「사회수학」의 정신*은, 이 책이 당시 일반인들로부터 완전히 무시당하는 최대 요인이 되었다. 쿠르노가 이 저서를 발표할 즈음에는 「사회수학」의 정신이 완전히 쇠퇴해버렸기 때문이다. 이 책이 진정한 평가를 받은 것은 수십 년이 흐른 뒤, 같은 생각을 공유한 발라와 제번스에 의해서였다.

*** * ***

쿠르노 균형

잘 알려져 있듯이 복점이론에서 각각의 생산자가 스스로 예측한 상대방의 생산량에 대해 최적의 생산량을 결정하는 쿠르노 균형은, 게임이론에서 모든 참가자는 다른 참가자가 채택하는 전략에 대해 최적의 반응을 한다는 내시(Nash)균형의 형태로 되어 있다. 정수의 세계에서는 1과 2 사이에는 연속성이 있지만, 경제학의 세계에서는 커다란 단절이 존재하고 있는 것이다.

사회수학의 정신

다소 의외로 생각할지도 모르지만, 예를 들어 몽테스큐의 《법의 정신(L'Esprit de lois)》은 완전히 사회수학의 정신이 만들어낸 산물이다. 실제 몽테스큐는 사법·입법·행정의 3권분립 이념을 뉴턴 물리학의 사회에 대한 응용으로 풀어내고 있다. 바꾸어 말해 세 세력의 물리학적 균형으로 본 것이다. 이와 같이 사회수학의 정신은 우리가 의식하고 있는 범위를 훨씬 넘어 다양한 영역에 깊이 침투해 있다.

경제학의 국민적 체계

– 프리드리히 리스트(Friedrich List, Das nationale System der politis-
chen Oekonomie, 1841) –

　　나폴레옹전쟁 뒤 대륙봉쇄가 해제된 독일에서는 영국의 공산품이 시장에 쏟아져 들어오면서 독일 국내 생산과정 중에 있던 여러 공업이 타격을 받았다. 당시 튀빙겐 대학 교수였던 리스트(1789~1846년)는 독일상공업동맹의 지도자로서 이 사태에 대처하기 위해 독일연방 간 관세 폐지와 독일 내 여러 연방 전역에서의 보호관세를 역설했다.

　　그는 운동에 적극적으로 참여하던 중 교수직을 박탈당하고 미국으로 이주하게 된다. 그 동안에도 그는 자신의 이론을 꾸준히 발전시켜 나갔다. 귀국한 뒤에는 그 전에 실시했던 운동의 연장선상에서 성립한 독일관세동맹*(1834년)에 의거해 보호주의적 경제발전에 이론적 근거를 부여하는 《경제학의 국민적 체계》를 세상에 내놓았다.

　　이 《경제학의 국민적 체계》에서 온대제국이 미개상태에서 목축, 농업, 농공업 단계를 거쳐 최고 발전단계인 농공상업의 단계에 이른다

는 유명한 경제발전 5단계설에 의한 역사 파악이 전개되었다. 미개단
계에서 농업단계로 발전하려면 자유무역이 필요하지만, 농업단계에서
농공상업단계로 발전하는 데는 보호무역이 필요하다고 한다. 현실적
으로는 같은 시점에서 상이한 단계의 여러 국가가 병존한다. 때문에
만약 그 가운데 모든 나라가 「학파」―― 애덤 스미스 및 그 추종자
―― 가 말하는 바와 같이 자유무역을 행한다면, 공업적으로 가장 앞
선 나라(영국)의 저렴한 공산품이 다른 여러 나라에 무한정 유입되게
마련이다. 그리고 그 압박 때문에 여러 나라의 시장에서는 자국에서
생산된 공산품의 판매가 어려워져, 결국에는 산업을 발전시키는 것이
불가능하게 된다. 따라서 후발 자본주의국가가 공업화를 이룩하려면
최고의 발전단계에 이를 때까지는 자국공업 육성을 위해 보호무역정
책을 취하지 않으면 안 된다.

　이러한 리스트의 주장은 한편으로 애덤 스미스의 「학파」에 대한 비
판을, 다른 한편으로는 궁극적 목표로써 그 수용을 포함한다.

　후발국에게는 공업력의 발전이 가장 중요한 과제다. 「따라서 부를
창출해내는 힘은 부 그 자체보다 더 중요하다」(방점은 리스트가 한
것이다)는 관점에서 그는 공업력 형성에 기여하는 모든 요소를 중시
했다. 즉 사회의 여러 제도와 법률, 나아가 과학적 지식과 교육의 정
착이라는 제도적·정신적 요인도 생산력 형성요소로써 중시했으며,
애덤 스미스가 비생산적이라고 지적했던 정신적 노동의 생산성마저
인정했다. 이런 의미에서 리스트는 물적인 상품의 교환가치를 다룬
애덤 스미스의 「가치이론」에 대해, 국민적 특수성이 내재된 정신적인
힘을 중요한 경제적 요인으로 간주하는 「생산력의 이론」을 제창했
다. 또 그는 국민 개개인의 발전에서의 특수성을 고려한 자신의 경제
학을 「정치경제학」이라고 칭했으며, 이에 대해 「학파」의 경제학을 발
전의 특수성을 무시한 ―― 그 결과 여러 나라를 영국에 종속시키는

쪽으로 유도한다——「세계주의 경제학」이라고 비난했다.

그렇지만 리스트는, 국가에 의한 무역 제한은 「공업력이 충분히 강화되어 외국과의 경쟁이 더 이상 두렵지 않을 때까지」만 이루어져야 하며, 최고단계인 농공상업의 단계에 도달한 국가는 다시 자유무역을 해야 한다고 주장했다. 그는 각국이 고도로 발전한 공업을 기반으로 계속 성장해나가며 그 속에서 「농업·공업·상업·해운이 균등하게 발전하고」, 국민들은 여러 가지 법적 제도와 교육의 혜택을 받아 「정상적인 국민」으로 발전을 이룩하며, 나아가 「동등한 단계의 문화와 세력」을 갖는 다수의 「정상적인 국민」들이 자유무역을 매개로 연결되는 「세계연합」을 꿈꾸었다. 이러한 그의 이상은 애덤 스미스의 세계상과 크게 다른 것이 아니었다. 다만, 거기에 이르는 과정을 둘러싼 논점의 차이만 있을 뿐이라고 말할 수 있다.

이 책은 그의 정치경제학 체계 전체로 보면 국제무역과 무역정책에 관한 부분을 다룬 저서다. 고바야시 노보루(小林昇)가 정확히 지적했듯이 그의 체계를 파악하는 데는 여러 저서, 특히 《농지제도론(Die Ackerverfassung, die Zwergwirtschaft und die Auswanderung)》(1842년)을 읽어볼 필요가 있다. 그러나 실제로는 오히려 《경제학의 국민적 체계》가 다양한 형태로 후세에 영향을 미쳤다.

《경제학의 국민적 체계》에서 애덤 스미스에 대한 비판과 수용이라는 양 측면을 파악해 학문의 종합화와 경제사회의 근대적 시민사회로서의 발전을 제기한 예로, 다카시마 젠야(高島善哉)의 《경제사회학의 근본문제(經濟社會學の根本問題)》(1941년)가 있다. 독일에서 나치스에 동조하는 학자들이 리스트의 반영국적·국민주의적 성격과 국가규제적 경제론을 강조해 리스트를 나치즘의 선구자로서 찬양하는 시도가 일본에 유입됐을 당시 다카시마는, 리스트가 경제학을 여러 가지 정신적 요소도 고려한 종합적 학문으로 전환시킴과 동시에 최종적으로는 애덤 스미스적 시민사회를 목표로 했다는 점을 높이 평가했다. 그리하여 이러한 리스트상을 모방하고 한편으로는 에드거 잘린(Edgar Salin)의 「직관적 이론」의 틀을 사용해 독자적인 「경제사회학」을 제기했다.

전후 동독의 리스트 연구가인 군터 파비운케(Gunter Fabiunke)는, 서독의 리스트 연구가 리츄루가 서독 경제에 침투하는 미국에 대해 비판한 점을 평가하면서 『리스트의 영국 비판은, 전후 미국에 의한 세계경제 지배에 대한 비판을 생각할 때 시사하는 바가 많다』라고 평했다. 또 최근 유진 벤들러(Eugen Wendler)는 리스트를 현재의 유럽통합에 관한 이념의 선구적 사상가로 평가하고 있다.

***

독일관세동맹

1834년 프로이센을 중심으로 바이에른, 뷔르템베르크, 작센 등을 포함해 발전한 독일연방 간의 관세기구를 말한다. 이 기구에 가입한 연방 간에는 관세장벽을 철폐해 자유로운 상거래를 보증함과 아울러, 비동맹제국과의 무역에 대해서는 통일된 관세를 설정했다. 뒤에 바덴, 프랑크푸르트, 하노버가 가입했으나, 오스트리아는 가입하지 않았다. 프로이센–오스트리아전쟁(1866년)에서 프로이센이 승리한 뒤, 독일관세동맹에서의 경제적 동맹관계를 기반으로 북독일연방이 성립했고, 나아가 프로이센–프랑스전쟁에서 프로이센이 승리한 뒤 독일제국으로 발전했다(1871년).

경제학원리

－존 스튜어트 밀(John Stuart Mill, The Principles of Political
Economy, 1848)－

밀(1806~74년)은 경제학자이자 역사가인 제임스 밀의 장남으로 태어나 어렸을 때부터 아버지로부터 공리주의, 고전학파 경제학 등에 관해 교육을 받았다. 청년시대의 정신적 위기를 거쳐 로망주의·역사주의·사회주의 등의 신사상을 접했으며, 뒤에 아내가 된 해리엣 테일러로부터도 영향을 받았다. 아버지와 마찬가지로 동인도회사에 근무하며 논리학·경제학·정치론·문학론·종교론 등 다수의 저서를 저술했다. 또한 하원의원으로도 활동하면서 여성해방 등의 분야에서 오피니언 리더가 되었다.

《경제학원리─그리고 사회철학에 대한 이들 원리의 약간의 응용─》(1848년)은 1849년, 1852년, 1857년, 1862년, 1865년, 1871년 등 그의 생전에 7판을 거듭해 알프레드 마셜(Alfred Marshall)의 《경제학원리(Principles of Economics)》(1890년)가 출판될 때까지 고전학파의 대표적인 교과서로서, 원전과 번역을 통해 전세계적으로 널리 읽혀졌다. 그 내용은 생산, 분배, 교환, 생산 및 분배에 미치는 진보의 영향, 정부의 영향 등 전 5편으로 구성되어 있다. 이 편별 구성은 J. B. 세의 생산·분배·소비의 3분법과 아버지 밀이 쓴 《경제학요론(Elements of Political Economy)》(1821년)에서의 이론 구성(생산, 분배, 교환, 소비)을 답습한 것이었다.

그에 따르면 생산의 법칙은 외적 자연의 여러 사실과 인성에 관한 여러 진리를 조합하고, 그것에 따라 부의 생산을 결정하며, 과거·현재의 빈부 차이와 장래의 부의 증가 근거를 설명하는 법칙이다. 이에 비해 분배의 법칙은 정부 또는 국민이 자신들의 의지로 선택한 인위적 제도에 관계하는 법칙이며, 관습이 지배하는 사회와 경쟁이 지배하는 사회에서의 법칙 차이가 국민성 차이(국민성격학)*에 깊이 관계하고 있다고 한다. 그리고 이기심, 금전적 동기, 경쟁심이라는 동기를 가진 국민은 영국과 미국밖에 없다고 설명한다. 또한 그는 이 동기에 기초해 도출된 경제학이 보편적인 경제학이라고 하는 경제학자의 과오를 지적했다. 이 생산·분배의 법칙을 기초로, 이들 법칙으로부터 도출된 것이 제3편 이하의 내용이다. 교환에 관한 부분에서는, 관습이 아니라 경쟁이 분배를 지배하는 특수한 사회에서의 가치를 다루고 있다. 사회진보의 영향에 관한 부분에서는 사회학의 창시자인 오귀스트 콩트(Auguste Comte)의 사회정학·동학의 구별에 따라 장기적 동태론을, 정부의 영향에 관한 부분에서는 아버지 밀이 소비론이라고 불렀던 정부의 소비에 관련한 조세론을 주요 내용으로 다루고 있다.

그의 이론은 리카도와 아버지 밀에 따라 경제인·인구원리·수확체감을 기초로 프랑스 경제학을 포함시킨 것이다. 그는 부를 「교환가치를 가진, 유용하며 쾌적한 것」이며, 「노동 또는 희생 없이 바라는 만큼 얻을 수 있는 것」을 제외한 것으로 정의했다. 이러한 그의 가치론은 공급이 절대적으로 제한되어 있지 않을 경우, 쉽게 손에 넣을 수 있느냐의 여부가 가치를 결정한다는 생산비(生產費)설, 수요공급이론이었다. 이 한정조건의 명문화에 따라 공급이 절대적으로 제한되어 있는 재화야말로 재화일반이라는 인식에 입각한 한계효용이론이 성립되었다.

이와 같은 근대경제학의 싹은 다른 부분에서도 찾아볼 수 있다. 예를 들면 아버지 밀을 좇아 자연, 노동, 자본을 생산요소로 하여 수확체감을 기본에 두면서도 자본에 관한 대규모 생산의 메리트를 분명히 하였다. 이 주장은 마셜의 수확체증 주장으로 이어진다. 또한 그는 임금론을 단기와 장기로 나누어 전자에서 임금기금설을 주장하고, 후자에서는 곡물을 임금재로 간주해 생산비설을 주장했다. 그러나 이 점에서 리카도를 계승했음에도 불구하고, 최저임금의 개념을 육체적 최저임금의 의미와 도덕적 임금의 의미로 나누고, 후자의 견해를 채용했다. 이 주장은 노동자의 고임금론으로 이어져, 마셜은 안락기준과 생활기준을 구별하고 노동자의 개선에서 후자가 중요하다고 주장하게 되었다.

이윤론에서는 개별 자본 이윤과 일반적 이윤으로 나누었다. 전자에 관해서는 그 기원을 절제·위험·감독의 세 가지에서 찾아 그 합계를 이윤으로 하고, 후자에 관해서는 「이윤율은 노동비용에 따라 결정된다」라는 견해를 취했다. 그리하여 지대만 상승하는 가운데 「인구증가→수확체감의 법칙→식료품 가격 상승→임금 상승→일반이윤율 저하→경제발전의 정지상태」라는, 고전경제학에 공통되는 명제에 이르렀다. 이 정지상태를 회피하기 위해 생산의 개량과 효율화의 가능성을 인정해 노동 대 자본의 대립을 피하고자 했다.

한편 밀은 부정적으로 파악될 수 있는 정지상태에서야, 비로소 인

간의 지적·도덕적 진보를 이룰 수 있다는 가능성을 깨달았다. 그에
게는 인간적 진보야말로 최대의 관심사였다.『만약 부와 인구의 무제
한적인 증가를 위해 지구가 그 즐거움의 대부분을 상실해야만 한다
면… 나는 후세 사람들을 위해 희망을 버리겠다. 그들이 어쩔 수 없
이 필요에 의해 정지된 상태로 들어가기 훨씬 이전에, 스스로 앞서
정지상태에 들어가는 것을.』자연주의자인 밀이 현대에 살고 있는 우
리에게 준 경고다.

* * *

경제학의 과학성

애덤 스미스 이후 진리의 집합인 사이언스(과학)와 행위의 규칙, 준칙인 아트(예
술)가 구별되지 않는 가운데 경제학의 과학성 및 그 성질과 방법은 밀에게 중요한 과
제였다. 그는 《논리학(System of Logic)》(1843년)과 《경제학시론집(Essays on Some
Unsettled Questions of Political Economy)》(1844년)에서 경제학의 과학성을 탐구하
고, 그 전제는 경험적 과학이지만, 진리의 조합이 어디까지나「다른 사정이 동일하다
면」이라는 조건부로 결론이 도출되는 점에서 가설적 과학이라는 결론을 얻었다.

밀의 정치사상

《경제학원리》에서 사회제도의 인위성을 지적한 밀은 올바른 사회제도란 정부의 선택
에 따라 현실화되어야 한다고 주장했다. 그 절차론으로 집필한 것이 《자유론(On
Liberty)》(1859년), 《대의정치론(Considerations on Representative Government)》
(1861년), 《여성해방(The Subjection of Women)》(1869년)이었다.

국민성격학

국민성격학(Political Ethology)은 한 국민 또는 한 시대에 속하는 성격 유형을 결정
하는 원인이론이다. 인간의 심리법칙과 이것에 영향을 주는 여러 사정에서 추리된 성
격학의 법칙과 한 국민이 처한 공간적·시간적 사정에서 그 국민의 성격을 추리하는
이론이다.

자본론

- 카를 마르크스(Karl Marx, Das Kapital. Kritik der politischen
Ökonomie. Bd. 1, 1867, Bd. 2, 1885, Bd. 3, 1894) -

　마르크스(1818~83년)의 《자본론》은 경제학사의 고전 중에서도 사람들에게 미친 영향으로 보나 그 이해와 평가에 관한 격렬한 논쟁이 계속된 점으로 보나 최대의 화제작임에 틀림없다.

　19세기 전반 서유럽에서는 사회주의, 공산주의 사상이 나타나 이것을 노동운동과 결부시키려는 혁명가들*이 각국에서 활동을 개시했다. 그들은 산업발전에 수반되는 계급대립을 해명하는 학문이 경제학이라고 생각하고 세, 애덤 스미스, 리카도로 대변되는 당시의 경세학에 대항했다. 트리어 출신의 유대계 독일인 마르크스도 그 중 한 사람이었다. 그는 1844년 집필한 《경제학·철학 초고》에서 「경제학은 사유재산이라는 사실에서부터 출발한다. 그렇지만 경제학은 우리에게 이 사실을 해명해주지 않는다」라고 쓰면서, 스스로 경제학 비판이라는 과제를 부여했다. 3월혁명이 좌절된 뒤 런던에서 망명생활을 하는 동안, 마르크스는 대영도서관에 출입하며 경제학 연구를 계속했다.

《자본론》 제1권 초판은 1867년 출간되었지만, 이 책의 완성까지는 아직도 많은 시간을 기다려야 했다. 제1권은 「제1부 자본의 생산과정」으로 되어 있지만, 그 뒤에는 「자본의 유통과정」(제2부), 「총과정의 여러 형태」(제3부), 그리고 「이론의 역사」(제4부)가 이어지게 되어 있었다. 마르크스가 1883년 사망한 뒤, 그의 친구인 프리드리히 엥겔스(Friedrich Engels)는 유고를 정리해 1885년 앞의 제2부에 대응하는 《자본론》 제2권을, 1894년 제3부에 대응하는 《자본론》 제3권을 출간했다. 이들 초고의 완성도와 엥겔스의 편집에 대한 시비 문제는 지금까지도 논의가 계속되고 있다. 마지막 제4부에 대응하는 초고는 《잉여가치학설사(Theorien über den Mehrwert)》라 일컬어지고 있다.

《자본론》 제1부에서는 상품과 화폐라는 시장경제에서의 기본적인 형태를 분석하고 나서, 계급 간 분배문제를 노동자로부터의 잉여가치* 착취로 논하고 있다. 제2부에서는 생산의 물질적 조건과 계급의 재생산이라는 경제의 실제구조에 대한 해명을 시도하고 있다. 제3부에서는 경제주체가 현실에서 부딪치게 되는 가격과 이윤·이자·지대 등의 소득 분석을 하고 있다. 바꾸어 말해 제2부, 제3부의 자본가적 경제의 실체적·형태적 분석을 암묵리에 예정하고, 그것을 노동자＝생산자의 시점에서 총괄한 것이 제1부다.

노동가치설은 노동을 지출하는 노동자계급의 처지에서 생산과 분배를 고찰한 제1부에 대응한 것이다. 따라서 노동이 아니라 자본을 지출하는 자본가적 생산자 상호간의 가격관계는 그대로 설명할 수 없는 것이 당연하다. 마르크스는 이것을, 투하노동에 따라 규정된 가치가 이윤율 균등화로 향하는 자본의 운동으로 인해 조정·재분배되어 생산가격체계가 된다고 설명했다. 오이겐 폰 뵘바베르크(Eugen von

Böhm-Bawerk)와 같은 마르크스 비판자는 여기에서 마르크스체계의 모순을 보았다. 그러나 이「가치의 생산가격으로의 전환」문제는 현재 그 구조가 명확히 밝혀졌으며, 마르크스 체계는 공통의 투입계수행렬에 의거해 결부된 가치와 생산가격의 이중적 체계로 해석되고 있다.

마르크스의 《자본론》체계를 이론 모델로 본다면, 생산력 발전에 수반하는 자본의 유기적 구성*의 급속한 상승이 이론의 중추에 있다. 그리고 이것에「절대적 궁핍화론」이라 일컬어지는「자본가적 축적의 일반법칙」과 이윤율의 경향적 저하법칙이 의존하고 있다. 자본가적 축적과정의 모든 국면에서 이것이 타당한지 그른지에 대해서는 이론적으로나 실증적으로도 의문이 있다. 그러나 1970년대의 미국에서 노동시장의 핍박에 따른 이윤압축을 피하기 위해 정책적으로 실업(상대적 과잉인구)이 이루어졌다는 사실, 그리고 버블 붕괴 뒤의 일본에서 생산설비의 과잉이 나타나 이윤율이 저하했다는 사실을 알고 있는 현대의 경제학도에게는, 시장경제의 합리성을 노래한 신고전학파보다 자본주의의 비합리성을 지적한 마르크스 쪽이 좀더 훌륭한 교사가 아닐까?

《자본론》을 통해 마르크스가 주장하려는 견해에 관해서는 마르크스 신봉자 가운데서도 견해가 갈린다. 《경제학비판(Zur Kritik der Politischen Ökonomie)》(1859년) 서문에 나오는「유물사관」과 결부시켜 자본주의에서 사회주의로의 이행의 역사적 필연성을 논증한 것이라고 주장하는 학자가 있는가 하면, 다른 한편으로는 《자본론》체계를 과학으로 파악하기 위해서는 그와 같은 질문은 불필요하다는 학자도 있다.

그러한 논의가 있음을 주지하고 나서 지적해두고 싶은 것은 《자본론》 제1권 말미에서 생산자로서의 노동자라는 관점에 입각한 자본제

(資本制) 생산의 총괄적 평가가 이루어지고 있다는 것이다. 자본제는, 그것이 가져오는 모든 희생에도 불구하고 자신 가운데 분업과 협업의 체계, 생산수단의 공동소유를 실현하고 사회적 연대를 기반으로 하는 개인에 의한 소유=생산조건을 정리한 것이다. 거기에서 가능성을 도출해내는 사회적인 생산형태를 어떻게 부를 것인가 하는 문제는 마르크스에게도, 또 우리에게도 아마 2차적인 문제일 것이다.

*** * ***

마르크스의 친구들

마찬가지의 관심에서 경제학에 대항한 사회주의자들로는 영국의 토머스 호지스킨(Thomas Hodgskin), 윌리엄 톰슨(William Thompson), 프랑스의 피에르 조제프 프루동(Pierre Joseph Proudhon), 독일의 모제스 헤스(Moses Hess), 엥겔스, 그리고 러시아의 미하일 알렉산드로비치 바쿠닌(Mikhail Aleksandrovich Bakunin), 니콜라이 가브릴로비치 체르니셰프스키(Nikolai Gavrilovich Chernyshevskii)가 있다.

잉여가치

생산적 노동이 창출한 가치와 노동자 자신에게 임금으로 지불되는 가치의 차이. 가치의 실체를 노동으로 본 경우에는 잉여노동이 그 실체가 된다. 자본가의 손을 거쳐 착취된 이 잉여가치가 이윤·이자·지대 등의 자본제 생산에 수반하는 소득의 원천이 된다.

자본의 유기적 구성

자본은 물적 생산수단을 구입하는 부문(불변자본)과 임금으로 지출되어 생산적 노동자를 고용하는 부분(가변자본)으로 나누어진다. 후자에 대한 전자의 비율을 자본의 유기적 구성이라 하며, 생산력의 발전에 수반해 그 가치는 높아지게 된다.

경제학이론

－윌리엄 스탠리 제번스(William Stanley Jevons, The Theory of
Political Economy, 1871, 2nd ed. 1879)－

제번스(1835～1982년)는 리버풀에서 태어나 런던의 유니버시티 칼리지에서 수학과 화학을 공부했으나 졸업은 하지 못했다. 그 후 시드니 조폐국에서 분석관으로 근무하면서 철도문제 등에 관한 관심에서 경제학을 공부했다. 귀국 후 다시 대학에 입학해 석사학위를 취득한 뒤, 맨체스터의 오언스 대학 교수로 부임했다. 이 대학에서 논리학·과학방법·경제학·노동문제 등 정책론에 관련된 저서를 저술했으며, 모교에서도 교수로 근무했다. 1982년 수영을 하다가 사망했다.

《경제학이론》은 서론, 쾌락·고통이론, 효용이론, 교환이론, 노동이론, 지대이론, 자본이론, 결론 등 8장으로 구성되어 있다. 경제학을 교환의 학문*이라고 정의한 그는 효용이론에서 도출된 교환이론을 중시했다.

그 이론의 전개에는 몇 가지 전제조건이 따른다. 첫째, 「시장은 이

론적으로는 모든 거래자가 공급과 수요의 모든 조건 및 그 결과로써
의 교환비율에 관해 완전한 지식을 가졌을 때만 완전하다」는 완전경
쟁시장이어야 한다. 둘째, 경제주체로서 교환의 당사자를 개인이 아
니라, 행동이 안정적이며 그 행동의 분석에 미분법을 적용할 수 있는
거래단체에 둔다. 셋째, 「만약 완전히 동일, 균질한 일정량의 보릿가
루를 팔 때 상인이 임의로 이것에 차별적 가격을 붙인다면, 사는 사
람은 물론 값싼 쪽을 택할 것이다. 따라서 동일한 공개시장에서 같은
순간에는 동종의 재화에 대해 두 가지 가격은 존재할 수 없다」는 무
차별 법칙(제2판에서의 명명). 넷째, 취급되는 교환을, 무한정하게
소분할이 가능한 재화 사이의 교환에 한정한다는 것이다.

　이들 전제조건에서 「어떠한 두 재화의 교환비율은, 교환이 완료한
뒤에 소비할 수 있는 재화의 수량에 대한 한계효용도의 비의 역수
다」라는 결론이 나왔다.

　발라는 이 교환방정식에 대해 「균형가격 결정문제의 해결에서 불가
결한…가격 함수로서의 유효수요 방정식」이 도출되지 않는다고 말했
다. 그렇지만 발라는 그 경쟁적 교환의 일반균형이론에서 경쟁적 경
제주체가 그것을 주어진 것으로 하여 행동하는 시장가격의 존재를 전
제로 하고 있는 데 비해, 제번스는 경쟁시장에서의 가격을 자유롭고
경쟁적인 교환가정에서 성립하는 교환비율로 설명함에 따라, 발라의
전제 그 자체를 도출하고자 시도했다고 말할 수 있다.

　이와 같은 교환이론 외에 제번스가 독창성을 강조한 것은 자본이론
이다. 그는 고전학파 경제학, 특히 밀의 자본개념을 비판하고 새로이
「자유자본」 개념을 사용, 이 책의 제2판에서 자본의 한계생산력 개념
을 시사했다. * 그러나 완성하지는 못했다. 이 자본이론의 내용에서
분명히 알 수 있듯이, 그 이론을 포함한 노동이론 및 지대이론은 생
산요소가격론이며, 분배이론이라고 해석할 수 있다. 그러나 오히려

교환이론의 보충적 설명에 지나지 않고 그 체계화의 방향만이 제2판에서 시사되었을 뿐이었다. 왜냐하면 체계화를 위해서는「영국학파의 방식, 또는 적어도 리카도=밀의 방식을 역전시켜 생산용역의 가격에 따라 생산물의 가격을 결정하는 대신에, 생산물의 가격에 따라 생산용역의 가격이 결정된다」라는 사고방식으로 바꾸지 않으면 안 되었기 때문이다. 그렇지만 이 방향전환은 계기의 인과율에 기초해 형성된 영국 경제학에서 매우 어려운 일로, 마셜도 고민한 문제였다.

마지막으로, 그는 자신의 경제학이「여러 가지 욕구와 생산력을 가지면서 동시에 일정한 토지 및 기타 자원을 갖추고 있는 곳에 일정한 인구가 주어진 경우」에만 성립하는, 정학(靜學)에 불과하다는 점을 자각하고 있었다.

그의 경제학을 관통하는 방법론의 모델은 뉴턴 역학이었다. 자연과학은 수학화되어 실험을 이용한 실증적 태도가 널리 보편화되면서 급속한 발전을 이룩했다. 자연과학과 마찬가지로 경제학은, 그 대상이 되는 일상의 경제생활 가운데서 사용되는 다양한 사물이 대소관계를 이루고, 그 기본개념과 대응하는 기술적 용어(technical term)*도 또한 대소관계를 갖는 이상, 수리적 성격을 갖는 것은 분명하다. 그리고 지렛대 이론이 에너지의 무한소량 개념 위에 성립하고 있는 것과 마찬가지로 부(wealth) 및 가치의 성질은 쾌락·고통의 무한소량 고찰에 의거해 설명이 가능하다. 따라서 경제학은 쾌락·고통의 미적분학으로서 다루어진 것이다.

이와 같이 경제학은 수학상의 엄밀성(rigorousness)을 추구하는 수리과학일 뿐만 아니라, 정확한 데이터를 얻기 위해 전국 규모의 통계조사 실시와 그 담당기관의 설립, 그리고 각종 통계데이터 간의 통일화로 인해, 그 엄밀성과는 구별된 정밀성(exactness)을 추구하는 실증과학이라는 것이 그의 주장이다. 실로 계량(통계) 경제학(econometrics)적인 주장이었다.

*** * ***

부의 학문으로부터 교환의 학문으로

경제학을 수리과학화하는 흐름은 리카도와 밀로 인해 반대되었지만, 맬서스는 경제문제의 본질을 「극대 · 극소문제」라고 정확히 이해하고 있었으며, 현실적으로 쿠르노와 발라로 대표되는 프랑스의 경제학자들은 수리경제학의 경향을 걷고 있었다.

고전학파 노동가치론 비판

이와 같은 경제학의 수리과학화와 아울러 제번스는 고전학파 경제학자와 마찬가지로 가치론을 필요로 했다. 노동가치론은 노동의 동질성이라는 잘못된 전제에 기초하고 있다는 이유에서 비판받았지만, 제러미 벤담(Jeremy Bentham)에 의해 연속적인 성질을 가지며 인간의 감정 가운데 최하급의 감정에 한정되기 때문에 동질성을 갖는다는 효용이론을 가치론으로서 수용했다.

전문용어의 창조

그는 수학의 플러스(＋), 영(0), 마이너스(－)에 대응하는 플러스의 효용, 영의 효용, 마이너스의 효용이라는 개념에 덧붙여 플러스의 가치, 영의 가치, 마이너스의 가치, 나아가 상품, 마이너스 상품(공해)이라는 개념이 필요하게 되자, 이들 개념에 대응하는 새로운 기술적 용어를 만들었다. 이와 같은 경제학의 수리과학화를 시도했던 그는 《경제학이론》 제2판에서 Economics라는 용어를 사용하게 되었다.

국민경제학원리

－카를 멩거(Carl Menger, Grundsätze der Volkswirtschaftslehre, 1871, 2. Aufl., 1923)－

1870년 무렵부터 아카데믹한 경제이론의 세계에서는 한계혁명(marginal revolution)이라 일컬어지는 대전환이 일어났다. 분업 하에서의 생산과 재생산의 조건에 주목한 고전학파의 시점에 대신해 최대의 욕구충족을 추구하는 소비자와 최대이윤을 추구하는 생산자가 나타나 한계적 증가분에 주목하는 분석이 이론의 전면에 등장했다.

빈의 경제학자인 멩거(1840~1921년)가 1871년 출간한 《국민경제학원리》는 같은 해에 영국의 제번스가 쓴 《경제학이론》, 그리고 몇 년 후 세상에 나온 발라의 저서와 더불어 이론혁명의 개시를 알리는 저서라 할 수 있다. *

그러나 제번스나 발라와 달리 멩거는 경제이론을 수리화해 조작적인 것으로 전개하는 데 무게를 두지 않았다. 왜냐하면 그는 복잡한 경제현상을 가능한 한 단순한 요소로 환원하고, 다시 합리적으로 재

구성해 이론적인 이해에 도달하는 것이 경제이론의 과제이며, 수식으로 표현할 수 있는 것은 아주 일부밖에 없다고 생각했기 때문이다. 그리하여 멩거가 이론체계를 구성하기 위한 「아르키메데스의 원리」로 발견한 것은, 살기 위해 욕망의 합리적인 충족을 도모할 수밖에 없는 인간의 경제행위와 그것에 수반하는 인식행동이었다. 인간의 경제는, 자신이 지배할 수 있는 재화가 욕망을 충족하기 위한 개인적 수요에 비해 부족하다는 인식으로부터 출발한다. 여기에서 재화의 한계적 한 단위의 추가에 의존하고 있는 욕구충족의 증가분, 말하자면 한계효용은 그 재화의 주관적 가치에 불과하다. 희소한 재화의 한 가지 사용방법은 다른 가능한 사용방법을 배제하는 선택이다.

따라서 재화를 합리적으로 사용하려면 다양한 종류로 나누어진 자신의 욕망 자체에 관해 어떤 종류의 욕망이 현재 어느 정도까지 충족되고 있는가를 인식하고, 그것에 기초해 재화의 배분이 어느 부분에 상대적으로 과잉되어 있으며, 또 어느 부분이 상대적으로 부족한가를 판단해야 한다. 물론 각 욕망에 대해 공통의 재화 단위당 한계효용이 균등해지는 배분이 최적의 상태라 할 수 있다. 생산과 교환은 개인의 경제 내부에서 재화의 최적배분을 달성하기 위한 조정활동이다.

멩거의 「경제인」은 이와 같이 자기 자신의 내면으로 향한 경제주체다. 이와 같은 경제주체 두 사람이 거래를 할 때, 거래되는 재화에 관한 양쪽의 한계효용은 가격(교환비율)의 상한과 하한을 결정할 뿐이다. 따라서 가격(교환비율)은 반드시 한쪽의 뜻대로 결정되지 않는다. 재화의 공급자와 수요자가 증가해간다면 가격폭은 줄어들지만, 거래가 사회 전체의 수요자와 공급자를 망라해 이상적으로 이루어지지 않는 한 가격은 항상 동요할 것이다. 멩거는 이것을 파도에 흔들리는 수면으로 비유해 가격수준은 결과이며, 중요한 것은 파도의 배후에 있는 경제주체의 행위라고 주장했다. 현실의 경제주체는 시간

속에 존재하므로 자신의 욕망에 대해서도, 외부의 환경에 대해서도 정확히 알지 못한다. 그러나 이와 같은 경우에도 경제주체는 그 나름 대로 최선을 다해 행동하고 있는 것이며, 그 결과가 가격수준과 그 변동으로 나타나는 것이다.

여기에서 볼 수 있는 경제현상의 주관주의적 해석*은 20세기에 접어들어 루트비히 폰 미제스(Ludwig von Mises)와 하이에크에 의해 재평가되면서 현대 오스트리아 학파*의 원류가 되었다. 이것은 확실히 일의적인 균형가격의 결정을 추구한 신고전학파 경제학과는 다른 사고방식이다.

초판 《국민경제학원리》는 멩거의 본래 출판계획상으로는 「제1부 총론」에 불과했다. 그러나 이 책에 대한 서평을 통해 재촉을 받아 방법론상의 탐구에 들어가면서부터 멩거는 속편의 집필이 아니라 개정판의 출판을 구상하게 된다. 그가 사망한 뒤 간행된 제2판의 번역판(일본어판)에 올려진 《일반이론경제학》이라는 표제는 이 즈음 개정판의 제목안으로 채택된 것이다. 1923년의 제2판은 아들인 카를이 편집했다. 제2판은 초판을 기초로 한 수정 외에 욕망에 관한 독자적인 장과 선택적 결정성에 관한 고찰, 경제의 두 방향에 관한 토론, 그리고 대폭 보강된 화폐론 등이 그의 유고와 기타 자료에서 편집되어 실려 있다. 확실히 여기에는 초판과 같은 정리가 결여되어 있으나, 그 대신 초판 이후 멩거가 쌓아올린 사색의 성과가 충실하게 담겨 있다.

멩거는 《사회과학의 방법에 관한 연구(Untersuchungen Über die Methode der Sozialwissenschaften und der politischen Ökonomie insbesondere)》와 그것으로 시작된 독일역사학파를 상대로 한 방법론 논쟁으로도 경제학사에서 유명하다. 멩거는 이 책에서 이론적 추상을 옹호했을 뿐만 아니라 역사학파의 무대에도 진입해 화폐와 법, 국가 등의 사회적 제도가 자신의 이익을 찾는 인간행동의 누적적 결과로

성립할 수 있는 가능성을 논했다. 하이에크는 이것을 자신의 자생적
질서론의 선구로 생각하고 있다.

* * *
멩거 3형제

경제학자 멩거의 동생 안톤 멩거(Anton Menger)는 사회주의의 신념을 가진 법학자
로, 《민법과 무산자계급》, 《노동전수권 사론》 등의 책을 썼다. 그리고 그는 형 카를
멩거와 나란히 빈 대학에서 강의 했다. 그리고 맏형인 막스 멩거(Max Menger)는 독일
인 자유파 국회의원이었다. 카를 멩거 자신도 저널리스트로 활약했으며, 개인교사를
지낸 바 있는 황태자 루돌프(Rudolf)의 자유주의적 경향에 영향을 주었다고 한다.

주관주의

경제행위를 먼저 개인 내부의 욕망 및 충족활동의 평가로 이해하려는 멩거의 주관주
의는 수동적인 주관주의라고 말할 수 있다. 외부환경에 대해 수동적인 소비자의 주관
적 효용에 대응한 경제관이기 때문이다. 그에 비해 장래에 대한 기대에 기초하는 기업
가의 주관주의를 능동적 주관주의라고 한다.

오스트리아학파

멩거는 훌륭한 제자를 얻어 학파를 형성할 수 있었다는 점에서 제번스나 발라보다
운이 좋았다. 초판 《국민경제학원리》를 출발점으로 하여 1880년대에 연이어 저서를 발
표한 프리드리히 폰 비저(Friedrich von Wieser)와 뵘바베르크가 제1세대로, 그 뒤 미
제스와 하이에크가 등장해 현대의 오스트리아학파로 이어지고 있다.

순수경제학요론

– 레옹 발라(Léon Walras, Éléments d' économie politique pure,
1874~77) –

　발라(1834~1910년)의 중요 저서인 《순수경제학요론》은 슘페터가
「이론경제학의 마그나 카르타(Magna Carta)」라고 표현했듯이, 현대
경제학의 위대한 고전이라 할 수 있다. 발라는 이 책에서 모든 경제
사상이 상호의존적인 성질을 갖고 있음을, 수학적인 모델을 이용해
처음으로 제시했다. 이 같은 모델을 일반균형이론이라고 하며, 발라
이후, 빌프레도 파레토(Vilfredo Pareto)와 존 리처드 힉스(John
Richard Hicks) 등을 거쳐 눈부시게 발전하였다. 현대에 이르러서는
이론경제학자의 공통적 재산이 되고 있다.

　로잔학파의 창시자로서 유명한 발라는 스위스인과 구분되는 점이
많았는데, 실제로 그는 프랑스인이었다. 그는 경제학에 관해 정식으
로 대학교육을 받지는 않았다. 그 대신 유년시절부터 아버지인 오귀
스트*에게 경제학의 기초를 배웠으며, 이과계의 엘리트가 모이는 이

공과학교 입학시험을 볼 때 공부한 수학, 역학, 그리고 쿠르노의 수리경제학이 그의 순수경제학 형성과정에 커다란 영향을 주었다.

이공과학교 입시에 두 번 실패한 뒤, 발라는 문학의 길로 들어가려고 했지만, 결국은 아버지의 설득으로 경제학자에 뜻을 두게 된다. 1860년 그는 아버지의 도움을 받아 P. J. 프루동(Pierre Joseph Proudhon)에 대한 비판서 《경제학과 정의(L'économie Politique et la justice)》를 완성하고, 이 때 자기가 믿는 사회개혁의 기초이론으로서 수학적 형식을 가진 순수경제학을 세울 것을 결심한다. 그 뒤 발라는 경제기자를 거쳐 협동조합운동 등에 종사하다가, 1870년 로잔 대학에서 교수 자리를 얻어 순수경제학의 설립에 본격적으로 뛰어든다. 그 성과인 《순수경제학요론》의 초판은 1874년과 1877년에 두 권의 책으로 발표되었다.

《순수경제학요론》의 서문에서 발라는, 순수경제학의 과제는 「절대적인 자유경쟁이라는 가설적인 제도 아래에서의 가격결정이론」으로 규정했다. 발라는 교환만이 이루어지는 세계를 다룬 「교환이론」에서 생산활동도 고려된 「생산의 이론」으로, 그리고 저축이 이루어지고 신 자본재가 생산되는 세계를 다룬 「자본형성 및 신용의 이론」, 유동자본과 화폐가 도입된 「유통 및 화폐의 이론」으로 차례차례 설명해갔다. 즉 단순한 세계에서부터 복잡한 세계로 단계적으로 논의를 진행해 가격결정의 대상을 점차 확대해갔다.

발라는 여기에서 모든 개인이 주어진 자원이 제한되어 있는 상황에서 효용을 극대화하고 있는 것(주체적 균형)과 모든 재화와 서비스에 관해 수요공급이 균형을 이루고 있는 것(시장균형)을 연립방정식으로 표현하고, 미지수와 방정식의 수가 같으므로 균형해*가 존재한다고 생각했다. 또 실제 시장에서 이와 같은 균형해에 도달하는 메커니즘으로서, 발라는 「모색과정」이라는 개념을 도입했다. 그리하여 증권거래소에서와 마찬가지로 경매인이 가격을 불러 그 가격의 등귀와 하락을 통해 모든 재화와 서비스가 균형을 이루어 비로소 거래가 이루어진다고 주장했다. 그러나 이런 사고방식은 생산활동이 순간적으로 완결되는 것을 전제로 하고 있으며, 이 때문에 발라 모델은 시간이 존재하지 않는 정학으로 여겨지게 되었다. 이와 같은 시간의 부재라는 특징을 비롯해, 《순수경제학요론》의 비현실적인 요소는 발라 경제학의 한계로 여겨져 왔다.

그러나 발라에 따르면 순수경제학이 취급하는 것은 어디까지나 「현실이 아니라 이념상태」이며, 순수경제학이 경제학의 모든 것은 결코 아니었다. 그의 경제학체계는 순수경제학, 사회경제학, 응용경제학의 세 가지 분야로 구성되어 있다. 진리의 원리에 기초한 순수경제학은 정의의 원리에 지배되는 사회경제학과 효용의 원리에 지배되는 응용경제학에, 그 정책기준을 제공하는, 선험적이며 가치자유로운 기초이론이다. 사회경제학은 순수경제학에서 제시된, 사회의 진보에 수반하는 지대와 지가의 상승을 근거로 토지국유화의 문제를 논한다. 한편 응용경제학에서는 일반균형이론에서 제시된 자유경쟁의 효율성을 근거로 현실사회에서 어떻게 자유경쟁제도를 조직해가는가, 즉 구체적으로는 화폐제도·독점·노동시장 등의 문제를 다루었다. 바꾸어 말해 발라에게 순수경제학은 공정과 효율의 양쪽을 실현하는 경제 시스템의 기초이론이었던 것이다.

그렇지만 발라는 사회경제학과 응용경제학에 관해서는 논문집인 《사회경제학연구(Études d'économie sociale : théorie de la répartition de la richesse sociale)》(1896년)와 《응용경제학연구(Études d'économie politique appliquée)》(1898년)를 각각 발표했을 뿐, 체계로써 완성시켰다고 말하기는 어렵다. 이것은 《순수경제학요론》이 그의 생존 중에 제4판(1900년)까지 판을 거듭하며 충실한 내용을 자랑하던 것과는 대조적이다. 그는 생애에 걸쳐 정책제언에는 열심이었지만, 경제학자로서 그의 명성을 확고부동하게 만든 것은 오로지 순수경제학이었다. 발라는 일생 동안 순수경제학이 현실의 사회문제에 대해 진실한 빛을 주리라는 바람을 계속 믿고 있었던 것이다.

*** * ***

오귀스트 발라(August Walras, 1801~66년)

발라의 아버지 오귀스트 발라는 《사회적 부의 이론에 관하여》 등의 저서를 남긴 경제학자다. 그의 희소성 가치이론과 토지국유화 주장은 발라의 경제학 형성과정에 커다란 영향을 미쳤다.

균형의 존재문제

단순한 미지수와 방정식의 수의 일치라는 발라의 사고방식에서 발전해, 어떤 조건 아래에서 경제적으로 의미 있는 균형해를 얻을 수 있는가라는 문제는 1930년대 발트에 의해 거론한 이래 요한 폰 노이만(Johann von Neumann)에서 드브뢰에 이르기까지 다양한 경제학자에 의해 논의되었다.

법과 국민경제의 근본문제

─구스타프 슈몰러(Gustav Schmoller, Ueber einige Grundfragen
des Rechts und der Volkswirthschaft, 1874/75, 2. Aufl., 1875)─

　슈몰러(1838~1917년)는 할레 대학을 시작으로 스트라스부르크 대
학(1872~)을 거쳐 1882년부터 베를린 대학에서 교수직을 역임했
다. 1872년 그의 개회연설과 함께 발족한 사회정책학회*에서 주도적
인 역할을 한 사람으로 알려져 있는 것처럼, 그는 뒤에 신역사학파*
의 우두머리로서 독일제국의 경제학계에서 부동의 지위를 얻게 된다.
　그는 1874년 베를린에서 「사회문제와 프로이센 국가」에 관해 강연
했다. 이 강연에서 그는 「계급지배」의 여러 가지 역사적 모습을 묘사
하면서 자신의 시대가 그 극복과정인 「계급투쟁」에 직면해 있다고 설
명했다. 강연은 같은 해 〈프로이센 연보〉에 게재되었는데, 그것을 기
회로 같은 잡지의 편집자인 하인리히 폰 트라이치케(Heinrich von
Treitschke)*에게 신랄한 비판을 받는다. 트라이치케에 따르면, 자연
은 피조물인 인간을 불평등하게 만들었기 때문에, 잘못된 평등의 관

념에 기초해 인위적으로 재화를 분배하려는 것은 무의미하다. 또한 그는 자유경쟁에 따라 이루어지는 재화의 분배가 불평등하더라도 그 것은 사회의 유일한 기준이며, 슈몰러의 견해는 사회적 통일과 국민 적 통합을 파괴하는 착취학설을 표방하는 사회주의로 이어진다고 주 장했다.

트라이치케의 주장에 반박하는 책이 《법과 국민경제의 근본문제》 이다. 그 첫머리에서 슈몰러는 트라이치케가 국가, 국민경제, 역사적 발전에 관해 자신과는 본질적으로 다른 견해를 갖고 있으며, 사회주 의와 사회정책학회를 엄밀히 구별하지 않는다고 하며 다음과 같이 설 명하고 있다.

국민경제 조직은 「두 계열이 상대적으로 상호 독립된 원인」 즉 「자 연적·기술적 원인」과 「여러 국민의 심리적·풍습도덕적 생활에서 유래하는 원인」이 함께 작용함으로써 발전한다. 애덤 스미스이론의 일반화를 시도한 지금까지의 경제학은 전자를 강조하면서, 그것에 의 해서만 국민경제 조직이 자연스럽게 바람직한 발전을 이룬다는 착각 을 안고 있었다. 독일 맨체스터파*는 물론, 트라이치케도 그 범주에 서 벗어나지 못하고 있다.

다른 한편 「여러 국민의 심리적·풍습도덕적 생활에 유래하는 원 인」은 「풍습도덕과 법의 문제, 윤리적 생활질서의 문제」에 관련된 다. 그러나 규제적인 구질서를 해소한 뒤에 자유로운 경제적 시민이 자율적으로 윤리적 질서를 형성한다고 한 애덤 스미스적 성격을 갖는 것이 아니라, 오히려 이전의 프리드리히 2세가 스스로 「가난한 자의 왕」이라 칭한 바와 같이, 군주제에서 관료가 주도하여 입법을 통해 근 대화를 촉진한 프로이센적 전통과 연관된다. 그렇지만 슈몰러도 산업 화가 어느 정도 성숙한 단계에서 관료가 소유자의 계급지배로 타락할 위험성을 깨닫고 있었다. 이것을 감시하면서 더불어 새로운 「사회문제」에 대처할 시책의 필요성을 제시하는 것이 사회정책학회의 임무다.

시대의 과제는 가혹한 노동에도 불구하고 노동자가 이에 알맞은 보수를 얻지 못하고, 따라서 문화로부터도 폐쇄되어 있는 상황을 「분배적 정의」—— 특성과 업적에 따라 재화가 공정하게 분배되고 취득되는 것 —— 의 원칙에 기초해 개혁하는 것이다. 슈몰러는 임금에 관해서는, 고급 숙련노동자에게는 이미 그 업적에 대해 기업순수익에서 일정한 배분이 이루어지고 있는 점을 지적했다. 동시에 기업의 지도(指導)가 자본소유자 자신에게 완전히 위임되지 않으면, 노동자의 권리 신장이 가능해질 것이라고 보고 노동조합(단, 사회주의적 성격을 띠지 않는 노동조합)의 발언권 증대, 특히 —— 노사 간의 「건전한 단체정신」에 기초하는 경우에 한해 —— 공장 내의 징계형 벌권에 대한 노동자의 참여를 제창했다. 또 제도적·정책적 시책으로 공장입법 제정, 구빈제도를 대신하는 보험제도 확립, 소유자의 불로소득 삭감을 노린 저이자율 유지, 신용의 민주화, 영리활동을 저지하지 않는 범위에서의 누진소득세와 누진상속세의 도입을 제안했다.

이러한 제안은 사회주의자의 요구와 공통되는 부분도 있지만, 슈몰러는 기존의 법적·경제적 여러 제도를 무시하며 그 전폐를 주장하는 사회주의를 거부한다. 왜냐하면 그는 부분적으로 서서히 진행되는 개혁을 목표로 하기 때문이다. 한편 트라이치케의 과오는 개선의 필요 그 자체를 부정하는 데 있다고 한다. 슈몰러에게 있어서, 역사의 진보란 앞에서 열거한 여러 제안을 실시함으로써 노동자의 소득을 좀더 「분배적 정의」에 기초하도록 시정하며, 그것과 더불어 한층 더 많은 사람들을 「좀더 고도의 문화적인 재화 쪽으로 불러들여」 계층 간의 엄격한 구별이 없는 「사회적 교호작용(社會的 交互作用)」을 실현하도록 점진적으로 진행하는 것이다.

최근 사회주의 정권의 붕괴와 민족문제의 발생을 배경으로 신고전

학파이론의 진퇴양난을 지적하는 새로운 제도주의 경제학의 제창자들
〔예를 들면 피터 크스로프스키(Peter Koslowski), B. P. 프릿다
(Birger P. Priddat)〕 사이에서는 슈몰러의 경제사상을 다시 살펴보려
는 움직임이 일고 있다. 그 때마다 《법과 국민경제의 근본문제》가 언
급되고 있다. 국민·민족의 전통의 연속성과 비사회주의적인 제도 개
혁에 착안한 슈몰러는 과연 다시 새롭게 소생할 것인가?

✳ ✳ ✳

사회정책학회(Verein für Sozialpoltik)

1872년 독일 아이제나흐에서 집회를 거쳐 그 이듬해 같은 지역에서 정식으로 발족한
신역사학파의 거점이라고도 할 수 있는 학회. 초대회장이 독일 맨체스터파의 국민경제
회의에도 소속된 구나이스트였던 것에서 알 수 있듯이 회원은 비교적 넓은 영역에 걸
쳐 있었다. 1936년 나치스의 압력을 받고 해산했다.

신역사학파

19세기 독일경제학에서의 역사학파는 국민경제의 독자성을 그 역사적 발전과 연관지
어 연구하는 학파다. 빌헬름 게오르트 로셔(Wilhelm Georg Friedrich Roscher), 브루
노 힐데브란트(Bruno Hildebrand), 카를 구스타프 아돌프 크니스(Karl Gustav Adolf
Knies) 등의 구역사학파(19세기 중엽)와 슈몰러, 아돌프 하인리히 바그너(Adolf
Heinrich Wagner), 루요 브렌타노(Lujo Brentano) 등의 신역사학파로 구분된다. 사회
정책을 중시한다.

하인리히 폰 트라이치케(Heinrich von Treitschke, 1834~86년)

역사가이자, 정치적 저술가로 베를린 대학 교수를 지냈다. 주요 저서로는 《19세기
독일사》 전5권(1879~94년)이 있다.

독일 맨체스터파

19세기 독일에서 농업자본가와 해항도시의 상업자본가 이익을 대표해 자유무역을 제
창했다. 사회정책에 반대한 그들은 슈몰러의 공격대상이 되었다. 그 명칭은 맨체스터
의 반곡물법운동에서 연유했지만, 영국의 경우에는 산업자본가의 이익을 대표했다.

경제학원리

– 알프레드 마셜[Alfred Marshall, Principles of Economics, 1890, 8th ed., 1920, 9th(variorum) ed., 1961] –

영국의 경제학자 조안 로빈슨(Joan Robinson)은 『이전에 우리가 학생이었던 1920년대 전후, 경제학과 마셜의 《경제학원리》는 동의어였다』라고 말한다. 그 정도로 마셜의 《경제학원리》[초판 1890년, 제8판 1920년, 그리고 뒤에 마셜의 조카인 W. 길보가 각 판 수정노트 1권을 추가한 결정판(제9판)을 1961년 출판]는 경제학사에서 독특한 위치를 차지하고 있다.

제번스 이래 영국 한계주의 경제학은 《경제학원리》에 힘입어 처음으로 영국에 뿌리를 내릴 수 있었다. 한편 마셜은 리카도 이후 영국 고전학파의 전통을 유지하고자 노력했다. 따라서 고전학파를 처음부터 부정하는 제번스와도, 발라 등의 대륙의 한계주의 경제학과도 다른 독특한 경제학이 탄생했다. 그것이 협의의 「신고전학파 경제학」이다. 《경제학원리》에서 다룬 탄력성의 개념, 장·단기의 구별, 소비자·생산자 잉여 등은 모두 지금도 통용되는 이론이며, 경제학이 존재하는 한 《경제학원리》의 생명력도 계속 이어질 것이다.

마셜(1842~1924년)은 런던 교외에서 태어났다. 아버지 윌리엄은 잉글랜드 은행의 서기직을 맡고 있었지만, 가계는 상당히 어려웠다. 성인이 된 마셜의 첫해 연봉이 700파운드였는 데 비해, 아버지의 수입은 가장 많이 받았을 때가 연 500파운드였다. 그것으로 다섯 식구가 생활하고 있었기 때문에, 유복한 가정출신이 많았던 영국의 경제학자 가운데 마셜은 생활의 어려움을 피부로 느꼈던, 몇 안 되는 존재였다.

빈곤과 그로 인한 인간성 붕괴는, 마셜이 일생 동안 싸워야 했던 최대 과제였다. 그 당시 19세기 영국은 빅토리아 왕조 후기라는 제국 절정기의 분위기를 표방하면서도, 실제로는 극도로 악화된 소득분배의 불평등과 독일·미국의 대두로 인한 국제경쟁력 상실로 고통스러워하고 있었다. 그리하여 1873년 시작된 대불황은 실로 영국의 전환기가 되었다. 마셜은 이러한 시대의 고난을 주시하면서 중립적인 경제이론의 확립에 전심했다. 그 결정체가 바로 《경제학원리》였다. 따라서 《경제학원리》는 이론서로써 그대로 읽을 수도 있지만, 당시의 현실에 대한 실천서의 성격도 짙은 책이라는 사실을 잊어서는 안 된다.

《경제학원리》(제8판)은 전6편으로 구성된다. 제1편과 제2편에는 기초개념의 정의와 《경제학원리》의 방법론 등이 기술되어 있으며, 제3편에는 효용이론에 기초한 수요이론이 전개된다. 제4편이 지금 말하는 공급이론에 해당되는데, 그 초점은 비용곡선의 형태를 규정하는 공장과 기업조직의 분석에 맞춰져 있다. 말하자면 비용곡선이 오른쪽으로 올라가느냐의 여부는 기업조직의 상태 등에 따라 여러 가지로 변하는 것이다. 이러한 확인을 하지 않고 수확체감의 법칙을 갑자기 전제로 삼아 거기에서 오른쪽으로 올라가는 비용곡선을 도출해 공급이론이라고 칭하는 자세는 잘못된 것이라고 마셜은 말한다.

제3편과 제4편을 결합해 통상적인 수급균형에 따른 가격이론이 제5편에 제시된다. 단, 마셜의 시장이론에서 수요와 공급이 항상 동일한 힘을 발휘한다고는 할 수 없다. 통상적인 수급균형 그림은 《경제학원리》에서 말하는 「단기」의 모습에 불과하다. 예를 들면 수요의 변화에 대해 공급의 조정이 맞지 않는 「일시적」 균형에서 가격은 오로지 수요에 따라 좌우된다. 또는 초과이윤을 둘러싸고 경쟁이 진행되면, 최종적으로는 현존기술로 가능한 최소비용을 겨우 커버하는 가격에 달한다. 그러나 이 장기가격을 정하는 것은 기술수준, 즉 공급요인이지 수요는 아니다. 이와 같이 《경제학원리》에서는 시장상태의 추이에 따라 가격결정요인이 수요에서 공급으로 점차 이행하는 세계가 그려져 있다. 이것을 마셜의 「시간구분론」이라고 하며, 그의 독특한 동태적 시장이론 중 하나다.

그러나 《경제학원리》의 진수는 마지막 제6편, 그의 최대 과제인 소득분배론에 있다. 그 가운데서도 마셜이 특히 중시한 것이 임금론이다. 노동자가 적정한 분배분을 얻게 되면 수요가 확대되어 산업을 자극할 뿐만 아니라, 그들의 생활에 여유가 생겨 교육지출도 가능해져 노동생산성 향상을 가져온다. 생산성 향상은 사람들의 소득 증가로 다시 이어지고 그것은 다시 생산성 향상을 촉진할 것이다. 따라서 소득분배의 적정화는 경제성장과 경제후생을 상승적으로 향상시키는 방아쇠가 되는 것이다. 이렇게 내생적이며 누적적인 확대 과정이야말로 마셜이 목표로 한 시장경제의 모습이었다.

《경제학원리》에는 이 밖에도 「수확체증」*의 원인을 둘러싼 논의, 과세·보조금을 사용한 분배개선정책론 등 중요한 논의가 많이 포함되어 있다. 마셜적인 동태적 경제파악*이 진화론적 경제학으로서 주목을 받는 오늘날, 《경제학원리》는 (그 한계도 포함해) 숙독할 가치가 있는 고전의 지위로 다시 복귀했다고 할 수 있을 것이다.

* * *

수확체증

총생산량을 두배로 했을 때, 여기에 투입된 총비용이 두배 이하로 그친다면 (규모에 관해) 수확체증(비용체감)이 있었다고 한다.

동태적 경제파악

보통 동태적 경제파악이라고 하면, 시간과 더불어 변화해가는 경제의 모습을 파악하는 것을 말한다. 그러나 여기에서는 그 변화의 원인을 정책변경 등 외부요인보다도 경제 메커니즘 그 자체의 내적 성질에서 찾는 자세의 의미로 사용하고 있다.

이자와 물가

−요한 구스타프 크누트 빅셀(Johan Gustaf Knut Wicksell, Geldzins und Güterpreise, 1898)−

빅셀(1851~1926년)은 1851년 스톡홀름에서 태어나 웁살라 대학에서 수학을 전공했다. 그는 오랫동안 사회운동에 가담했기 때문에, 경제학자로서의 교직은 만년이 되었을 때 비로소 얻을 수 있었다. 또한 여성해방론자이자 인구제한론자이며 일종의 사회주의자였던 그는 상당히 독특한 사람이었다. 그러나 그는 경제학의 거인임에 틀림없다. 그의 생각은 지금까지도 여전히 무수한 논쟁을 불러일으키며 경제학의 소중한 결실을 맺는 씨앗이 되고 있다.

《이자와 물가》는 1898년 출판되었다. 5년 전 출판된 《가치·자본·지대(Über Wert, Kapital und Rente nach den neueren nationalökonomischen Theorien)》에서는 주로 발라 체계를 기본으로 경제 전반을 다루었지만, 이 책은 「물가문제」(단, 장기적인 물가침체, 나아가 불황을 가리킨다)에 한정해 논하고 있다.

빅셀은 처음으로 물가문제, 즉 거시경제문제를 다룬 과거의 학설을 돌이켜 살펴보면서, 결국 결함을 갖고 있어도 화폐수량설 이외에는 믿을 만한 것이 없다고 결론지었다. 물가문제란「화폐의 구매력이 무엇에 의해 결정되는가」라는 것이다. 화폐수량설에서는 이미 알고 있는 공식 $MV=PT$(M은 화폐량, V는 화폐의 유통속도, P는 물가, T는 거래)에서, 경제에 유통되고 있는 화폐량(M)에서 물가(P)가 도출된다. 그러나 공식 자체는 일종의 항등식이며, 이 인과관계가 성립하려면 다른 요인, 특히 유통속도(V)가 일정해야 하며, M이 독립변수여야 한다.

이에 대하여 토머스 투크(Thomas Tooke) 등 이른바 은행학파*는 화폐량 M이 독립변수일 수 없다고 하여 화폐수량설을 비판했다. 그러나 그것으로는 화폐의 구매력이 결정되는 요인에 대한 해답을 얻을 수 없었다. 결국 투크 등이 하찮은 요인으로 해결하려 한다는 이유로, 빅셀은 이것을 인정하지 않는다.

한편 빅셀 자신은 화폐수량설 성향의 주장을 하면서도, 화폐수량설의 공식과 인과관계를 사용한 주장을 펴고 있지는 않다. 오히려 발달한 경제에서는 신용제도가 정비되어 은행의 예금계정 대체 등에 따라 거래에 필요한 통화량이 절약되기 때문에 상당한 정도의 화폐 공급이 내부적으로 이루어지게 된다. 따라서 통화량과 물가 사이의 관계는 약화되며, 유통속도(V)는 가변적이라고 인정하고 있다. * 당연히 화폐수량과 물가의 관계를 사전에 결정할 수 없다는 얘기가 되는데, 이것은 화폐수량설을 뒤집는 논리다.

빅셀이 주장하는 요점은, 가령 화폐가 장막이라고 한다면 실물의 상대가격으로만 도출될「자연적 자본이자율」(자연이자율)과 실제로 대부가 이루어지는「대부이자율」(화폐이자율)과의 괴리가 물가 변동을 불러일으킨다는 것이다.

예를 들어 화폐이자율이 자연이자율보다 낮으면 기업가는 더 많은 화폐를 빌려 생산을 확장하고자 할 것이다. 그러나 그것은 거시적으로 보면 경제 전체에 수요가 늘어나는 것을 의미하며, 물가 인상을 불러오게 된다. 반대로 화폐이자율이 자연이자율보다 높으면 반대 과정이 일어나 물가는 내려갈 것이다. 물론 이자율의 괴리가 일시적인 현상이라면 그것은 큰 문제를 불러일으키지 않는다. 그러나 장기간에 걸쳐 계속되는 경우에는 물가변동과정이 언제까지나 계속되게 된다. 이것이 「빅셀의 불균형누적과정」이다. 물론 이 두 가지 이자율을 일치시키는 메커니즘이 존재하지 않는 것은 아니지만, 이는 물가를 통한, 미미한 것일 수밖에 없다. 이른바 저축과 투자의 일치에서 이 메커니즘을 도출하는 것은 아니다.

이와 같은 이론의 배경에는 화폐경제에 대한 빅셀의 세련된 견해가 있다. 즉 빌려주고 빌리는 것은 어디까지나 화폐이며, 자본은 그 자금으로 매매되는 데 지나지 않는다고 하는 자본주의관이다. 이와 같은 처지에서 보면 화폐이자율로 조절되는 자금의 대차(貸借)와 자본시장에서 조절되는 수급은 직접적으로 연결되지 않게 된다. 이것은 《일반이론》에서 제시한 케인스의 자본주의관과 통하는 부분이 있다.

이와 같은 빅셀의 논의에서는 필연적으로 은행의 행동이 중요해진다. 따라서 은행의 이자율이 자연이자율에 가깝도록 정책을 채택해야 하며, 그것이 민간의 힘으로 불가능할 때는 정책적으로 개입해야 한다는 주장이 나온다.

빅셀의 착상은 그 뒤의 스웨덴학파는 물론, 세계적으로 큰 영향을 미치게 되었다. 레이욘프브트(A. S. Leijonhufvud)는 빅셀과 같이 이자율에서 우선 투자로, 그리고 경기변동으로 결부시키는 사고방식을 「빅셀 커넥션」이라고 이름붙였다. 실제로 이러한 빅셀의 계보는 머니터리즘(monetarism)이 화폐수량설을 부활시킬 때까지 거시경제학에 큰 영향을 미쳐왔으며, 앞으로도 그러할 것이다.

***

은행학파

19세기에 리카도와 논쟁을 전개했다. 투크 등 은행학파는, 은행이 화폐수요에 대해 수동적으로 신용을 주고 있을 뿐이기 때문에 화폐를 통제할 수 없다는, 말하자면 화폐량(M)은 독립변수가 아니라고 하여 화폐수량설을 비판했다.

유통속도(V)는 가변적이다

빅셀이 화폐의 유통속도(V)가 가변적이라고 주장한 근거는, 마찬가지로 유통속도의 안정성을 믿지 않는 케인스와는 많은 차이가 있다. 빅셀이 가치보장수단으로써 화폐의 역할을 중시하고 있음에도 불구하고 은행의 신용창조기능에서 도출하고 있는 데 비해, 케인스는 유동성 선호 가운데 자산수요 면에서 이것을 끌어내고 있다.

유한계급론

―소스타인 번드 베블런(Thorstein Bunde Veblen, The Theory of
the Leisure Class, 1899) ―

　베블런(1857~1929년)은 노르웨이 이민의 아들로 위스콘신과 미네
소타의 서부개척 마을에서 자랐다. 일반적으로 보면「가난한 이민의
아들」이었지만, 그 지방의 칼튼 칼리지에서 학사학위를, 예일 대학에
서 박사학위를 취득할 수 있었던 것을 보면 금전적으로는 그럭저럭
괜찮으면서, 지적으로는 똑똑한 서부개척농민의 아이였다 할 것이
다. 10권이나 되는 저서에서 드러나는 날카롭고 예리한 그의 관찰력
은, 급속한 산업화의 진전으로 농촌에서 도시로 급변하는 미국사회에
서 타고난 강한 감수성을 고독하게 참아가며 악전고투한 성과다.

　그는 유별난 독서가로, 일류 언어학자에 필적하는 어학실력을 갖고
있었다. 그렇지만 철학박사학위를 취득한 뒤 7년 동안이나 직장을 구
하지 못하다가 간신히 시카고 대학, 스탠퍼드 대학, 미주리 대학에서
얻은 자리가 조교수 이하였다는 것에서 알 수 있듯이, 그는 결코「주

류」에 속하는 경제학자는 아니었다. 오로지 자신의 「지적 호기심」과 회의주의적인 반골정신에 끌려 미국사회제도를 질서구조로 파악하고 장래의 변동을 연구했다. 영국철학과 독일철학을 소양으로 다윈 이후의 진화론적 과학방법을 기초에 두고, 민족학과 문화인류학 등의 성과를 공부해「호모 이코노믹스(경제인)」의 세계를 진화론적 과학으로 확장하고자 한 고고한 경제학자였다. 그의 문체는 난해하기 그지없으며, 전개한 이론 또한 어려웠지만, 많은 지식인을 이끌어온 것은 확실하다.

《유한계급론》은 처녀작이며, 일약 전세계로 전파된 그의 대표작이다. 여자가 남자의 소유물로 남아 있는 한 여자의 의상은 유용한 노동에 적합하지 않은 불필요한 장식만 자꾸 늘어나서 점점 우스꽝스러운 모습으로 되어간다든가, 「정직이 최선책」이라는 격언이 받아들여지는 세계는 매우 좁으며, 비즈니스 세계에서 성공하려면 양심의 가책과 동정심 등을 버리고, 태연하게 친구를 내쫓고 상처를 입히는 「공평한 이기심」의 소유자가 되지 않으면 안 된다는 등 야유로 가득차 있기 때문에 이 책이 「조너던 스위프트(Jonathan Swift) 이래의 훌륭한 풍자」로 이해되는 것도 이상한 일은 아니다. 하지만 베블런의 목적은 다른 데 있었다.

《유한계급론》의 구성은 전반부의 이론분석과 후반부의 구체적 현상에 대한 설명 및 해석으로 이루어져 있지만, 역점은 전자, 말하자면「제도진화의 경제학적 연구」에 있었다. ① 제도진화의 발생사적인 일반이론, ② 현시적 소비(낭비)이론, ③ 퇴행을 포함한「누진적」진화과정의 메커니즘 분석이 그것이다.

인간은 동물의 일종이며, 종의 존속을 도모하는 감각기구를 지니고 있다. 아울러 생명유지에 도움이 되고 불필요함을 피하고자 하는「제작자 본능」*을 갖고 있다. 다른 한편, 인간은 무리를 이루고 살아가는 동물이며, 상대방에게 지지 않기 위해 서로 싸우는 마음, 말하자면「경쟁심」*을 갖고 있다. 제작자 본능이 생산력＝기술진보를 가져오며, 높아진 생산력의 용도를 결정하는 것이 자기현시욕＝경쟁심이다. 초기에는 폭력＝전쟁이 경쟁심을 발휘하는 장소였으며, 대토지 소유와 노예제에 기초한 가부장제 사회가 실현되었다. 명예의 기초인 부의 원천이 토지뿐만 아니라, 상업거래와 산업에까지 확대되면「소유를 둘러싼 게임」은 다양해지고 활발해진다. 「노동」에 의해 부를 축적하고 상류계급으로 올라가는 길이 대중에게 해방된다. 근면과 절약이 성공의 수단이 되어 비로소 경제사회의 자율적 발전의 길이 확립된다.

그렇지만 이 발전 과정에서 생긴 제도적인 변화는 게임의 규칙만이 아니다. 「소유를 둘러싼 게임」에서 이기기 위해서는 어느 만큼 많이 소유하고 있는가를 관찰자인 대중에게 효과적으로 알리지 않으면 안 된다. 노동을 통한 부의 획득은 누구라도 할 수 있는「재미없고 지루한 일」이어서「여가(leisure)」야말로 최고의 명예에 걸맞다. 더욱이 사치품의 소비는 그 양이 많으면 많을수록 소비주체의 지위와 부의 정도를 나타내는 유력한 수단이 된다. 이것이 현시적 여가와 현시적 소비*이며, 사환과 처자의 여가와 소비는 대행적(代行的)인 것이다. 이리하여『상류계급이 부과하는 명성의 규범은 그 강제적인 영향력을 아무런 방해도 받지 않고 사회의 최하층에까지 미친다. 그 결과 각각의 계층에 속하는 구성원은 한 단계 위의 계층에서 널리 퍼져 있는 생활양식을 당연한 것으로 인식해 그에 근접하도록 모든 에너지를 쏟아붓게 된다』고 베블런은 지적한다. 대중소비사회는 본질적으로 낭비사회인 것이다.

요점은 중·하층계급의 정신태도를 보수적인 유한계급의 그것에 근접시키는 메커니즘이 만들어져 있기 때문에, 진화 그 자체의 무목적성에도 불구하고 인간 사회는 붕괴하지 않고 누적적인 진화를 계속할 수 있다는 것이다. 즉, 소비측면에서 본 사회질서형성론이다. 인류사상 비로소 실현된「풍요한 사회」미국에서 인간이 살아가는 의미를 탐구해온 경제철학자다운 분석이라고 할 수 있을 것이다. 그가 존 케네스 갤브레이스(John Kenneth Galbraith)를 비롯해 많은 진보적 경제학자들을 주도해온 이유가 바로 여기에 있다.

****

제작자 본능과 경쟁심

제작자 본능(workmanship)이란 생명체로서의 인간 생존과 종으로서의 인류 존속을 유지하도록 인간에게 내재되어 있는 감각을 말하며, 생명유지에 도움이 되는「물건」을 만들고 쓸데없는 것을 혐오하도록 작용한다. 경쟁심(emulation)은 다른 사람과 비교해 상대방에게 질투심을 갖도록 하는 차별적인 것으로, 사치와 경쟁으로 통하는 현시욕을 말한다. 어디까지나 상대적인 것이기 때문에 결코 포화상태에는 이르지 않지만, 이와 같은 능동적인 경쟁심이 공통적인 행위규범을 만들어내어 사회의 질서구조를 유지시키고 있다는 분석은 틀림없이 베블런의 독자적인 논리다.

현시적 소비(顯示的 消費)

「다른 사람을 부럽게 만드는 아주 눈에 띄는 소비」를 말하며, 낭비라는 것을 은밀하게 알 수 있는 표현이다. 따라서 엄밀히 말하면 육체의 유지와 종의 존속을 위해 필요한 필수품 이외에는 전부 현시적 낭비가 된다. 스토아주의(Stoicism)에 뒷받침된 주장이었기 때문에 많은 지식인을 끌어들였다고도 할 수 있을 것이다.

기업이론

-소스타인 번드 베블런(Thorstein Bunde Veblen, The Theory of
Business Enterprise, 1904)-

《유한계급론》에서 경제학의 철학적·인간학적 전제인 공리주의적 경제사회인식의 피상성을 비판한 베블런은, 새로운 경제제도의 중핵인「주식회사」에 주목해 미국경제의 종합적인 분석을 시도했다. 《기업이론》은 겨우 7년도 안 되어 빅 비즈니스 체제를 실현한 제1차 기업합동운동을 살펴본 이론적인 분석이다. 《기업이론》은 장기적인 제도 진화의 분석을 다룬 앞의 저서와 달리, 10년·20년 정도의 단기적 관점에서 살펴본 경제사회의 동태분석책이었다.

《기업이론》의 기본적 모티브는 급격한 기술진보 아래에서의 자본주의 사회의 역동성을 이론적으로 해명하는 것이었다. 과학기술이 진보하는 궁극적인 근거는「제작자 본능」의 요소 중 하나인「지적 호기심」의 발현에서 찾을 수 있었다. 그러나「산업기술의 효율에 관한 한, 이제 연속하는 2년이 결코 동일수준에 그치지 않을」정도로 가속화한다면, 그것은 19세기 마지막 4반세기에서 볼 수 있었던 「만성적 불황」*을 다시 초래하게 만드는 힘으로 바뀔 것이라고 한다. 「끊임없이 효율화되는 기계과정은 계속 하락하는 비용으로 산업과정 자체를 구성하는 기계장치와 원재료를 만든다.」 생산효율성 향상을 가져오는 기술진보가 계속 진행되면, 완전경쟁 아래에서는 제품가격이 계속 떨어진다. 더 낮은 비용으로 더 높은 생산효율을 실현한 후발기업이 가격경쟁에서 승리하기 때문이다.

기술진보로 인한 산출량 증가와 가격저하는 소비자에게 아주 바람직한 일이다. 그렇지만 자신들의 자본을 투자했거나 차입으로 필요투자자본을 조달한 기업가에게는 좋지 않은 상황이다. 더 높은 생산효율로 무장한 후발기업의 지속적인 참여로 인해 제품가격은 계속 떨어지게 되고, 후발기업의 이윤율 또한 떨어진다. 가격이 손익분기점을 넘어 계속 떨어지면 손실이 발생되고, 투자자본의 회수와 차입금의 상환조차 불가능해질 것이다. 완전경쟁 아래에서는 기술혁신의 속도가 빠르면 빠를수록, 즉 더 높은 생산효율을 가진 기술혁신투자가 계속 이루어지면 이루어질수록 초기 투자자본을 회수하지 못하는 기업이 많이 발생하게 된다. 이것을 베블런은 「만성적 불황」이라고 정의했다.

다른 기업보다도 높은 이윤을 올리기 위한 수단인 기술혁신이 「만성적 불황」의 원인이 된다면, 모든 기업가들은 다른 대책을 강구하지 않으면 안 된다. ① 재화의 비생산적 소비를 확대하거나, ② 이윤을 「적정한」 수준 이하로 끌어내리고 있는 「지나치게 과열된」 경쟁을 제거하는 등 어느 방법이든 모색해야만 한다.

재화의 비생산적 소비를 증가시키기 위해 기업이 주체적으로 취할 수 있는 대책은 광고·선전을 활용해 소비자의 「자기과시욕」이라는 욕망을 부추기는 것이다. 그러나 그보다는 외부적인 수요의 증가를 가져오는 공공사업과 군사비 등 정부지출의 증가가 더 중요한 역할을 한다고 베블런은 지적한다. 중요한 것은 경제의 낭비화다. 더욱이 단기적으로야 어떻든 간에, 장기적으로는 공채 발행을 통한 세출 증가는 금융자산의 누적, 즉 저축 과잉을 초래한다는 한계를 강조한 것으로, 뒤의 케인스 등과는 상당한 차이가 있다.

「지나치게 과열된 경쟁」이란 「자유로운」 가격경쟁을 말한다. 「만성적 불황」을 탈출하기 위해 가격관리를 목표로 한 트러스트와 카르텔, 나아가 독점적인 거대주식회사＝빅 비즈니스가 기업합동을 통해 창출된다. 토지와 설비의 현물출자 및 교환으로 사채와 우선주를 받는 옛 경영자, 거대화에 따라 높아진 독점적 수익력을 자본화한 「영업권(good-will)」*에 상당하는 보통주를 얻게 된 투자은행업자, 그리고 그들로부터 경영권을 위임받은 「전문적 고용경영자」가 등장함으로써, 주식회사는 사채와 주식이라는 새로운 부＝금융자산을 가져오는 제도기구로 확립되었다. 그것은 소비자로부터 금융자산의 소유자에게로 「이익」을 배분하는 기관에 지나지 않는다. 주식회사는 소비자의 지불능력, 즉 소비자의 소득증가 범위 내에서만 성장할 따름이다. 그리고 그 경영은 관료적·규제적이며 제한적이라고 베블런은 말한다.

덧붙여 영리기업인 이상 항상 기술 진보를 추구할 수밖에 없다. 이것은 기술자와 과학자뿐만이 아니라, 넓게는 노동자 대중에 이르기까지 「기계과정」이 갖는 원리, 요컨대 유물론적이며 과학적인 견해와 정신자세를 철저히 가르치도록 작용한다. 또한 예로부터 내려온 제도에 대한 회의적인 태도, 특히 영리기업 체제의 제도적 지주인 「사유재산제도」에 대한 불신을 증폭시킨다. 한편 영리기업이 불황대책으로 기꺼이 받아들이는 군비지출의 비대화는 군인과 군대적 조직에 대한 충성심, 즉 예로부터 내려온 호전적이며 약탈적인 정신태도를 부활시킨다. 이렇듯 인간감정과 정신자세라는 수준에서 보면, 가까운 장래에 영리기업의 체제는 사회주의*나 군국주의 중 어느 하나에게 길을 양보하게 된다고 하는 베블런의 독자적 분석은, 자본주의 사회가 크게 흔들릴 때마다 많은 경제학자와 정치학자의 주목을 받아왔다. 앞으로도 그렇게 될 것임에 틀림없다.

* * *
만성적 불황

베블런이 말하는 만성적 불황은 어디까지나 이론적인 것이지만, 역사적 현실을 설명하기 위해 시도된 주장이라는 것도 사실이다. 19세기의 마지막 25년은 이전에 「대불황기」라고 불렸던 적도 있었던 시기로, 실질적으로 보면 고도성장기이면서도 거듭되는 불황과 지속적인 명목가격하락의 시기였다. 예를 들면 농산물의 경우 생산량은 배로 증가했지만, 동시에 명목가격이 반액으로 폭락했기 때문에 많은 농민들은 채무자 손실이 발생해 고생했다. 특히 기술혁신이 뚜렷한 공산품의 경우에는 생산량의 증가율뿐만 아니라, 명목가격의 하락률도 계속 높아졌다.

영업권

상당히 애매한 개념이지만, 일반적으로 토지·건물·기계설비 등의 유형자산과는 상이한 무형자산, 예를 들면 브랜드·상호·특허 등의 자본화(資本化)가치로 구성된다.

사회주의

보통 산업국유화주의와 같은 의미로 사용되지만, 베블런의 경우는 다르다. 근대과학 특유의 물질적인 인과관계의 견지에서, 사고습관으로서 사유재산제도의 정당성을 의심하기 시작한 정신자세를 말한다. 소유의 평등과 분배의 평등 등은 관계가 없으며, 그의 「기술자혁명」론은 이와 같은 지평에서 제창되고 있다.

프로테스탄티즘의 윤리와 자본주의 정신

－막스 베버(Max Weber, Die protestantische Ethik und der "Geist"
des Kapitalismus, 1905)－

　자본주의라는 용어를 사회과학의 세계에 정착시킨 것은 마르크스
가 아니라 베버(1874~1920년)와 베르너 좀바르트(Werner Sombart)
같은, 독일 역사학파로부터 나온 이론가들*이었다. 마르크스가 사용
한 「자본가적 생산관계」라는 무기질적인 용어와 비교하면, 「자본주
의」라는 용어는 분명히 어떤 종류의 가치관과 이데올로기의 존재를
떠올리게 만든다. 마르크스의 「자본가적 생산관계」의 내부에서는, 자
본가는 자본이라는 경제학적 범주의 인격화로 간주되고 그의 감성과
사고는 그와 같이 파악되는 한 고찰의 대상이 될 뿐이다. 이에 비해
베버와 좀바르트는 경제의 내부에서 작동하는 「정신」과 「윤리」가 일
정한 사회층을 받아들임으로써 자본축적이 이루어지고, 그 결과 자본
가적 생산이 체제적으로 확립된다고 생각했다.

　그러나 베버의 「자본주의 정신」은 좀바르트의 「자본주의적 정신」

과는 내용 면에서 상당한 차이가 있다. 좀바르트는 그것을 이윤목적과 계산적 합리주의의 결합체로서 보아, 상인과 자본가다운「정신」으로 파악했다. 이것은 브렌타노도 마찬가지로, 영리목적의 해방이 자본주의를 탄생시켰다는 견해다. 베버의「자본주의 정신」은 이러한 브렌타노=좀바르트적 관념과 몇 가지 점에서 차이가 있다. 첫째, 대상이 되는 사회층이 상인과 자본가뿐만이 아니라 다른 사회층, 특히 노동자층도 포함된다. 둘째, 영리욕이란 반드시 관계가 없는「천직(beruf)」관념에 기초한 경제윤리다. 베버는 영리욕의 해방에 대해 오히려 근로와 결부시킨 금욕이야말로 축적의 정신이라고 주장했다.

베버에게 좀바르트와 같은「자본주의 정신」이란, 돈벌이만은 합리주의적으로 수행하지만 전쟁과 사치와 같은 체제적인 비합리, 찰나적인 모험과 투기, 권위에 겉으로만 복종하는 노동자, 직장인의 비효율적인 경영을 방치하는 것이었다. 이에 대해 베버가 문제로 삼는 근대 자본주의는 생활의 전면적인 합리화와 결부된 지속적 경영을 축으로 한 것이었다.

《프로테스탄티즘의 윤리와 자본주의 정신》에서 베버가 주목한 것은, 세속적인 직업생활도 신으로부터 부여받은 천직으로서, 최선을 다해야 한다는 관념이 프로테스탄트 지역에서 강하다는 점이었다. 그는 이러한 관념의 기원을, 종교개혁기에 프로테스탄티즘의 신자들이 예정설*의 가혹한 교의 아래에서 구제의 증표를 구하기 위해 현세에서의 금욕에 힘썼다는 점에서 찾는다. 열심히 일해 부를 축적하면서도 거기에 혼을 빼앗기지 않는 것이, 신의 도구로써의 자신을 확증하게 되었기 때문이다. 이와 같이하여 생겨난 근로와 금욕이 결합된 생활태도는 경쟁적인 시장경제 아래에서 합리적 경영과 축적의 뒷받침이 된다. 베버에게「자본주의 정신」이란, 이러한 종교적 기원이 망각되어도 그대로 남아 있는 자본주의에 적합한 정신태도인 것이다. 그

러나 일단 경쟁적 시장경제체제가 체계적으로 확립되면, 경제적 합리
성은 외부로부터 강제되는 규율로 진화한다. 거기에서는 얼마나 민첩
하게 시장상황에 대응해 합리적으로 행동할 수 있는가만으로 경쟁할
뿐, 이전의 금욕적 경제인의 행동이 갖고 있던 인격성은 상실된다.

이 논문은 베버로 하여금 하이델베르크 대학에서의 교수활동을 그
만두게 만들었던 정신질환에서 회복되던 시기에 집필되었다. 그리고
그는 민족주의자적인 경제학자로부터 서양의 합리주의적 문명에 깊은
관심을 가진 탐구자로 변화했다. 베버는 이 논문을 집필한 뒤 경제사
회의 합리화*를 추진하는 세속의 금욕 기원을 찾아 고대 유대교로
거슬러 올라가고, 다시 동양과 비교하기 위해 힌두교·불교·유교·
도교의 경제윤리를 탐구했다.

「세계종교의 경제윤리」라는 제목의 이 연구에서는, 각각의 종교 교
의로부터 오는 사회구조에 대한 대응과 경제윤리에 대한 구체화를 각
사회의 주요한 계층의 이해 상황과 결부해 논하고 있다. 경제적 이해
관계는 확실히 사람과 역사를 움직이는 원동력이다. 사람들의 세계상
을 형성할 수 있는 이념은 어떤 한 상황 아래에 놓인 사회층을 공명
(共鳴)기반으로 삼고 역사적 발전의 방향을 되밟아갈 가능성이 있기
때문이다.

불교의 깊은 철학적 사변도, 유교의 정연한 외면적 합리성도 베버
의 기준에 합치하지 않았다. 따라서 베버는 「왜 서구에서만」 합리적
자본주의가 성립했는가라는 출발점으로 되돌아온다. 이 결론에 관해
서는 최근 동아시아 경제발전을 염두에 둔 유교자본주의론과 에도(江
戶)기 일본의 사상사 연구자로부터 반론이 제기되고 있다. 베버를 서
구지상주의라고 말하는 사람조차 있다. 그러나 베버의 논리 자체는
보편적인 것이다.

오늘날에는 베버가 사회학자로 평가되는 경우가 많다. 그러나 만약

경제학이 사회적 시야를 회복해야 한다면, 그의 종교사회학뿐만 아니라 유고가 된 대작《경제와 사회(Wirtschaft und Gesellschaft)》에 대한 경제학자로서의 재평가가 이루어져야 할 것이다.

*** * ***

독일역사학파의 아들

베버는 독일역사학파의 선행세대 중 가장 큰 기대를 받았던 계승자임과 동시에, 역사학파에 대해 가장 철저히 비판했던 반역자다. 그는 논문 〈로셔와 크니스〉(1903~6년)에서 역사학파 제1세대의 방법론을 비판하고, 나아가 슈몰러의 윤리적 경제학을 가치판단배제논쟁에서 공격했다. 그러나 그래도 역시 그의 문제설정은 역사학파적이다.

예정설

구제에 관해서는 개개인의 노력은 일절 관계가 없으며, 구제되어야 할 영혼은 이미 결정되어 있다는 칼뱅파의 교의를 말한다. 『누가 구제되는 운명에 있는가?』라는 물음 자체가 사람의 지혜로는 알 수 없기 때문에 깊은 내면적 고독을 가져왔다고 베버는 논하고 있다.

합리화

베버에게는 근대의 자본주의 경제와 마찬가지로 학문 그 자체도 합리화의 역사적 과정의 산물이었다. 그의 광대한 세계사적 시야의 배후에는 비합리화와 미신이 만연했던 전통적 사회 속에서 어떻게 보편적 합리주의가 나타날 것인가에 관한 관심이 있었다.

이론경제학의 본질과 주요내용

- 요제프 알로이스 슘페터(Joseph Alois Schumpeter, Das Wesen und der Hauptinhalt der theoretischen Nationalökonomie, 1908) -

　슘페터(1883~1950년)는 빈 대학에서 공부한 뒤 체르노비츠, 그라츠, 본 대학을 거쳐 미국 하버드 대학 교수로 초빙된 경제학자다. 일본에서는 그를 통해 근대경제학으로 일컬어지는 학문이 도입되었다는 역사적 사정도 있어 이전부터 인기가 매우 높았다. *

　물론 여기에 소개하는 그의 처녀작 《이론경제학의 본질과 주요내용》―― 이하 《본질》이라 함 ―― 또한 「순수경제학」(대부분 발라의 일반균형이론과 동의어)이란 무엇인가를 가르쳐준 명저다. 《본질》은 원래 독일어권의 독자들을 대상으로 수학을 거의 사용하지 않고 일반이론의 사고방식을 설명하고자 한 것이었다.

　이 책이 처음으로 일본에서 출판된 무렵(1936년)에는 군국주의의 영향으로 시국에 영합하는, 의미를 알 수 없는 경제학이 유행하고 있었다. 따라서 향학열에 불타던 청년들은 정치나 윤리와는 구별되는 순수경제학의 가치를 옹호하고자 하는 슘페터의 주장에 깊은 감명을 받았다고 한다. 예를 들면 다음과 같은 방법으로 말이다.

『…이리하여 이 책은 어떠한 당파적 견해도 갖지 않는다. 이러한 면에서 독자는 냉정함을 느낄 수 있을 것이다. 이 책에서 토론은 어떠한 과학적 도그마(dogma)를 위한 것도 아니고 정치적 도그마를 위한 것도 아니다. 이 책의 내용과는 정반대 내용을 쓴다 해도 그것이 옳다고 생각되면 어디까지나 나 스스로 먼저 그것을 쓸 것이다. 도대체 무슨 이유인가? 나는 실제 정치와는 관계를 맺고 있지 않으며, 오로지 인식만을 목표로 하고 있기 때문이다. 마찬가지로 나에게는 특정한 방법 내지 학파에 열중하거나 다른 것을 공격할 이유가 없기 때문이다. 또한 내가 이용했던 것 이외의 방법이나 재료가 더 목적에 맞는다는 확신이 들면, 종래의 방법에 매달릴 이유는 전혀 없기 때문이다. 오히려 다른 연구방법으로 이행해 결여된 지식을 습득하는 것이야말로 기쁨이다 —— 게다가 큰 자극과 만족을 기대할 수 있을 것이다.』

그런데 나는 앞에서 《본질》이 독일어권의 독자를 대상으로 일반균형이론을 소개하기 위해 쓰였다고 기술했다. 왜냐하면 독일어권에서는 순수경제학을 이해하지 못한 역사학파의 세력이 매우 강했기 때문이다. 따라서 슘페터는 다시 일반균형이론의 중요성을 독자에게 호소할 필요성이 있었던 것이다. 물론 이것은 슘페터가 역사학파의 업적을 과소평가하고 있었다는 의미는 아니다〔예를 들어 《슈몰러와 오늘의 제문제》(1926년)를 보라〕. 그러나 적어도 《본질》의 단계에서 주된 관심은, 독일어권에서 순수경제학의 지위를 향상시키는 데 있었다고 해도 좋을 것이다.

그런데 발라의 일반균형이론을 누구보다도 높이 평가한 슘페터였지만, 결국 그것이 시간의 요소를 고려하지 않고 경제수량 간의 상호 의존관계를 연립방정식체계로 제시한 「정학」이론에 지나지 않는다는 것을 깨달았다. 더구나 정학의 적용범위는 「정태」── 산출량의 수준에 변화없이 생산·교환·소비 등이 항상 동일한 규모로 순환하고 있는 상태로 케네의 《경제표》와 마르크스의 「단순재생산」 등이 여기에 해당한다 ── 에 한정된다. 슘페터가 이와 같은 방향으로 생각하기 시작한 것은, 자주 지적되는 바와 같이 그가 한편으로 발라의 일반균형이론을 극찬하면서도, 다른 한편으로 마르크스의 자본주의 경제에 관한 동태적 비전으로부터도 많은 것을 흡수하고자 했기 때문이었다. 그러나 슘페터에 의해 자본주의 경제의 동태적 분석이 본격적으로 전개되는 것은 《본질》의 뒤를 이어 출간된 《경제발전의 이론(Theorie der wirtschaftlichen Entwicklung)》(1912년) ── 이하 《발전》이라 함 ── 을 기다리지 않으면 안 되었다.

그러나 슘페터는 《본질》의 뒤에 남아 있는 과제가 무엇인가를 명확히 의식하고 있었다. 즉 그는 본질의 서문에서 다음과 같이 밝히고 있다.

『나의 서술은 국민경제의 「정학」과 「동학」 사이의 근본적인 분리에 기초하고 있다. 이 점의 중요성은 아무리 강조해도 충분하지 않다. 순수경제학의 방법은 우선 전자에 대해서만 완전하며, 또 전자에 대해서만 가장 중요한 여러 성과가 타당하다. 「동학」은 어느 면에서 보더라도 방법적으로나 내용적으로나 정학과는 완전히 다른 것이다』.

사실은 《발전》에서 명확히 제시되는 「동태이윤(이자)설」의 싹은 《본질》 가운데에도 돋아나고 있었다. 이에 대한 기본적인 사고는 뒤의 《발전》 항목에서 소개하고자 한다.

《본질》은 슘페터가 25세 때 쓴 책이지만, 실제로 이 책을 읽어보면 젊은이다운 패기보다는 자신에 가득 찬 대가의 여유 같은 것이 느껴진다. 이러한 이유 때문에 그가 세기 말의 빈이 낳은 「깜짝 놀랄 만한 어린이(enfant terrible)」라고 일컬어지는 것이다.

* * *

일반균형이론의 일본 도입

일본에서는 슘페터의 저서와 나카야마 이치로(中山伊知郎)의 《순수경제학(純粹經濟學)》(1933년) 등의 영향으로 현대경제학의 기초를 쌓은 발라의 일반균형이론이 전전(戰前)부터 도입되었다. 그러나 이와 같은 상황은 일본만의 특수한 사정이었다는 데 주의할 필요가 있다. 왜냐하면 케인스 혁명 이전의 영국과 미국에서 경제학계의 정통파 위치를 차지하고 있었던 것은 마셜의 《경제학원리》(1890년)였기 때문이다. 「다른 사정이 같다면」이라는 조건 아래에서 시장의 수급균형을 고려한 마셜의 균형이론은 모든 시장의 수급균형을 동시에 고려하는 발라의 일반균형이론과 구별하기 위해 부분균형이라 한다. 자세한 내용은 마셜 항목을 참조하기 바란다.

금융자본론

- 루돌프 힐퍼딩(Rudolf Hilferding, Das Finanzkapital : Eine Studie
über die jüngste Entwicklung des Kapitalismus, 1910) -

21세기 초 빈 대학에 마르크스주의를 따르는 학생들로 구성된 작은 동아리 모임이 있었다. 이 책의 저자인 힐퍼딩(1877~1941년)과 오토 바우어(Otto Bauer), 그리고 카를 레너(Karl Renner)가 그 성원이었다. 그들은 철학자인 막스 애들러(Max Adler)도 참여시켜 직접 마르크스 이론총서를 출간했다. 힐퍼딩의 《금융자본론》은 이른바 「오스트로 마르크스주의(Austro Marxism)」의 탄생을 알리는 이 총서의 제3권으로 1910년 출간되었다.

힐퍼딩은 대학에서 의학을 공부해, 한때는 소아과 의사로 근무하기도 했었다. 그는 「보호관세의 기능변화」(1902년)와 「뵘바베르크의 마르크스 비판(Böhm-Bawerk's Marx-Kritik)」(1904년)* 등을 〈노이에차이트(Die Neue Zeit)〉지에 발표해 당시 마르크스주의의 「최고 이론가」 카를 요한 카우츠키(Karl Johann Kautsky)에게 그 재능을 인정받았다. 카우츠키는 그를 베를린의 독일사회민주당 연수원 교사로 일할 수 있게 해주었다. 그 뒤 사회민주당의 중앙기관지인 〈포르베르츠(Vorwärts)〉 편집부로 옮겼다. 그러나 제1차 세계대전 중에는 전쟁을 지지한 사회민주당의 주류와 견해를 달리했고, 전쟁 뒤에는 한때 독립사회민주당에 가입하기도 했다. 사회민주당에 복귀한 뒤에는 조직자본주의론에 입각한 경제민주주의의 방향으로 사회민주주의를 발전시켜야 한다고 주장했다. 바이마르공화제에서는 두 번이나 연립정권의 재무부 장관 자리에 올랐다. 첫번째는 초인플레이션(hyper-inflation) 종식에, 두번째는 재정개혁이라는 어려운 과제에 몰두했다. 히틀러(Hitler) 정권이 수립되자 그는 망명을 했다. 그러나 1941년 2월 11일 대 독일협력을 도모한 남프랑스 비시(Vichy)정부에 체포된 후, 나치스의 비밀경찰에 끌려갈 것을 두려워한 나머지 스스로 죽음을 택했다.

《금융자본론》은 「자본주의의 최근 발전에 관한 연구」라는 부제가 붙어 있다. 이 부제는 자본주의의 최근 발전으로 보아 예로부터 내려온 마르크스주의 자본주의관은 포기해야 한다는 에두아르트 베른슈타인(Eduard Bernstein)의 수정주의에 대항한 저작임을 나타내고 있다.

힐퍼딩은 자본집중 과정의 결과로써 독점이 형성되고, 그것과 결부되어 은행자본과 산업자본이 융합해 「금융자본」이라는 자본형태가 성립했다는 인식 아래 「자본주의의 최근 발전」을 해명하고자 노력했다. 구체적으로 말하면 독일의 철강·전기·화학 등의 산업이 세기적 전환기에 은행을 토대로 주식회사 형태로 조직된 후, 은행신용과 집중동원된 자본소유에 의해 유지되며, 대부분의 경우 카르텔을 형성해 독점적인 가격 형성을 한 것을 가리키고 있다. 수정주의자는 마르크스의 중간계급 소멸설에도 불구하고, 주식회사가 보급됨에 따라 자

본 소유자는 오히려 확대되어 산업의 발전과 더불어 새로운 중간계급
이 탄생했다고 주장한다. 그러나 이러한 주장은 금융자본을 성립시킨
자본주의적 발전으로부터 파생된 현상을 본질적 사상(事象)과 혼동
하고 있는 것이다. 생산의 대규모화는 이미 개별적인 사적 자본이 아
닌, 주식회사와 은행조직에 의한 자본 동원을 필요로 하지만, 지배와
종속 관계는 그대로 관철된다.

마르크스 경제학에서 힐퍼딩은 몇 가지 이론적 혁신을 이루었다.
첫번째는, 「사회적 필요유통가치」*라는 개념에 따른 금화폐론의 실
질적 포기다. 이것은 금본위제를 관리통화제로 이해했던 것으로 카우
츠키로부터 우노 고조(宇野弘藏)에 이르기까지, 대부분의 마르크스
경제학자로부터 「분명한 과오」로 인식되어왔다. 그러나 통화와 금의
관계가 최종적으로 단절되어 있는 현재 상황 아래에서는 재평가되어
야 할 개념일 것이다. 두번째는, 설비의 거대화에 따른 자본이동의
제약을 고려해 독점형성과 독점가격을 설명한 것으로, 이로 인해 자
유로운 자본이동을 전제로 한 생산가격론을 초월한 산업분석이 가능
하게 되었다. 세번째는, 생산설비 등의 실체자본과 시장에서 거래되
는 지배증권(주식)에 대한 자본의 이중화에 주목한 것으로, 이로 인
해 증권시장의 분석과 창업이득에 관해 논할 수 있게 되었다. 네번째
는, 은행신용 분석으로, 단지 운전자금을 제공하는 데 한정된 유통신
용뿐만이 아니라, 실질적으로 자본을 제공하는 자본신용의 가능성도
살펴보면서 산업자본과의 밀접한 관련성을 분석했다. 그러나 세번째
와 네번째의 논점에 관해 힐퍼딩은, 은행이 증권 발행도 담당해 산업
과 밀접한 관계에 있는 독일의 특수성을 일반화하고 있다는 비판을
받았다.

수정주의자는 공황과 계급투쟁의 격화에 의한 자본주의 붕괴를 부
정했다. 이 책에서 금융자본은 경제와 정치 전체를 지배하고자 했으

나, 오히려 사회 불안정을 초래해 광범위한 계층의 저항을 불러일으
켜 금융자본 독재가 프롤레타리아 독재로 대체되게 된다. 그러나 제
1차 세계대전 뒤 힐퍼딩은 노동자계급의 진출로 민주화가 이루어진
국가에서는 금융자본의 실체인 「조직된 자본주의」*에서 경제민주제
가 가능하다고 주장했다.

✳ ✳ ✳

뵘바베르크에 대한 반비판

뵘바베르크는, 마르크스가 《자본론》 제1권에서는 노동가치설로 가격을 설명하고 있
는 데 비해, 제3권에서는 그렇게 설명하고 있지 않다고 비판했다. 그러나 이에 대해
힐퍼딩은, 마르크스가 가치에서 가격(생산가격)으로의 전화를 설명한 것으로, 이 전화
는 단순한 상품생산경제에서 자본가적인 생산관계가 발전해가는 현실의 역사과정에 대
응하고 있다고 주장해 마르크스를 옹호했다. 이것을 역사적 전화론이라고도 한다.

사회적 필요유통가치

힐퍼딩은 지폐의 가치를 금화폐와의 관계를 통해서가 아니라, 그것이 유통수단으로
서 봉사하는 총상품 측면에서 설명해야 한다고 생각했다. 그것이 「유통시켜야 하는 상
품의 총가치」인 「사회적 필요유통가치」였다. 지폐에서의 화폐단위 가치는 총가치의 분
수가 되기 때문에 이것만으로는 일종의 화폐수량설의 영역을 벗어나지 못한다.

조직된 자본주의

시장에서의 자유경쟁에 기초한 자본주의 시대는 끝나고, 그 자체가 조직인 거대기업
과 은행, 그리고 국가가 경제주체가 되며, 가격은 통제되게 된다는 사고다. 조직자본
주의는 무정부성에서 발생하는 공황의 가능성을 제거하고 있으며, 임금에 관해서도 노
동조합과의 역학관계 아래에서 정치적으로 결정할 수 있는 여유가 있다고 보았다.

화폐의 구매력

- 어빙 피셔(Irving Fisher, The Purchasing Power of Money, 1911) -

피셔(1867~1947년)는 화폐수량설*을 강력하게 주장했다는 점에서 현대 머니터리즘(통화주의)의 선구자로, 동시에 다양한 경제분석 도구의 제안자로 알려져 있다. 현대 경제학에서 스톡(stock)과 플로(flow)의 구별, 시간선호이자론, 피셔 방정식*, 교환방정식, 물가지수의 이상산식*, 분포 래그 등 교과서를 읽다 보면 눈에 띄는 개념은 피셔의 노력에 힘입은 바가 크다.

피셔는 1867년 목사인 앨런 조지 피셔(Allan George Barnard Fisher)의 차남으로 태어났다. 그는 1884년 예일 대학에 입학한 뒤 1935년 정년퇴직할 때까지 한 번도 이 대학을 떠나지 않았다. 대학시절 그의 관심은 수학과 물리학에 있었지만, 박사학위 논문의 주제를 결정할 무렵 수리경제학을 추천받았다. 그는 이 학문에 관해 『들어본 적도 없었다』고 말했지만, 1년 남짓 박사학위 논문을 작성해 그 이듬해 출간했다. 이것이 《가치와 가격이론의 수학적 연구(Mathematical Investigations in the Theory of Value and Prices)》다.

절친한 친구인 라그너 프리슈(Ragner Frisch)＊는 이 논문이『기념비적 중요성을 갖는다』며 높이 평가하고 있지만, 피셔 자신은『전부 읽어볼 필요는 없다』고 말한다. 이 논문에 실린 발라＊류의 일반균형 이론의 형식적 재정식화(再定式化)가 현실분석으로써는 한계가 있다는 것을 자각하고 있었기 때문이다. 그는「균형」의 존재증명이, 당시 미국을 괴롭혔던 주기적 공황의 분석과 그것이 환기시킨 화폐와 은행의 역할을 둘러싼 논의에는 도움이 되지 않는다고 생각했던 것이다.

이리하여 피셔는 정태적인 균형분석에서 동태분석으로 관심을 넓혀간다. 《화폐의 구매력》이 그 성과 가운데 하나다. 그는 이 저서의 서문에서『과거 몇백 년에 걸쳐 세계 각국은 주기적인 물가변동으로 고민해왔다. 이 물가변동이야말로 공황과 경기침체를 불러일으켜온 것이다』라고 말한다. 따라서 교환방정식을 화폐수량설의 증명＝화폐 구매력의 규정을 위한 도구로만 본다면, 그의 문제의식을 충분히 파악할 수 없게 된다. 왜냐하면 화폐량(M) 증가의 영향이 물가수준(P)의 상승에만 나타난다는 주장은 단순한 물가수준 결정이론이며, 공황의 분석과는 아무런 연관도 없기 때문이다. 《화폐의 구매력》에는「그 규정과 신용・이자・공황과의 관계」라는 부제가 달려 있었던 것을 간과해서는 안 된다. 피셔는「신용」과「이자」도 분석 관점에 포함시켜「공황」을 설명할 수 있는 이론을 구축하려고 했던 것이다.

피셔는 교환방정식에「신용」＝은행예금(M')과 그 유통속도(V')를 덧붙여

$$MV + M'V' = PT$$

로 고쳐 썼다. 물론 화폐량(M)과 은행예금(M')이 엄밀하게 비례하는

한, 화폐량(M)과 물가수준(P)은 비례한다. 그렇지만 화폐량(M)과 은행예금(M')의 비례성이 허물어지면 수량설은 성립하지 않게 된다. 그는 수량설이 성립하지 않는 사태를 과도기라 부르고, 그 경우에는 명목이자율과 실질이자율의 괴리가 중요해진다고 주장했다. 물가상승에 대한 예측의 불완전성 때문에 명목이자율이 경직되고, 물가상승에 적합지 않은 기간에는 은행예금(M')이 팽창해 물가는 누적적으로 상승한다. 물가상승에 따른 채무자 이득의 존재에 신경을 쓴 소수의 차입자가 차입을 늘려가기 때문이다. 그러나 곧 다른 차입자가 참여해 이자율이 물가상승에 접근하면, 가속적인 물가하락으로 반전해, 드디어 공황에 이른다.＊ 비정상적인 수준까지 팽창한 대출을 억제하기 위해, 은행은 이자율을 인상한다. 그리하여 담보가치가 하락하기 시작한다. 그 결과 예금은 급속도로 빠져나가 차입자는 계속 돈을 빌릴 수 없게 되어 결국 도산하게 된다. 또 은행의 예금자＝대출자는 불안을 느끼고 예금 환불을 요구하게 된다. 이러한 요구가 쇄도하여 은행예금 인출 소동이 일어난다.

피셔는 수량설이 「궁극적 귀결」이며, 과도기 분석이 「일시적 귀결」이라고 설명하고 있다. 그렇기 때문에 피셔는 단기적으로는 어떻든지 간에 장기적으로는 수량설이 성립한다고 주장했던 것 같다. 그러나 수량설이 성립하는 「궁극」이란 구체적인 시간의 장기가 아니라, 「물가가 동일한 방향을 향해 같은 비율로 상하로 움직이는」 두 기간을 의도적으로 선택한다는 특수한 상정인 것이다.

피셔는 《화폐의 구매력》을 비롯해 다양한 저서를 통해 예측의 불완전성을 중시했다. 그는 1929년의 주식폭락 직전에 『주식은 영구히 높아져 간다』라는 취지의 유명한 「예측」을 하여 주식자산을 잃었을 뿐더러 명성 또한 상처를 입었다. 그렇지만 이것이 경제학자로서의 그의 업적을 손상시키는 것은 아니다. 예측은 불완전하다라는 것이 그

의 주장이었기 때문이다. 장기간에 걸쳐서 보면 예측은, 완전하게 실
현된다고 생각하는 머니터리즘과 차이가 있는 것이다.

✳ ✳ ✳

화폐수량설

교환방정식 $MV=PT$(M은 유통화폐량, V는 유통속도, P는 일반물가수준＝화폐의 구
매력의 역수, T는 거래량)에서 V와 T가 일정하다는 가정 아래, M이 배로 늘어나면 바
로 P도 증가한다는 학설이다. 머니터리즘의 수량설은 이 학설에 화폐량 증가의 영향이
물가 상승에 나타나는 시간의 지연(타임래그)을 추가한 것이다.

피셔방정식(Fisher formula)

명목이자율과 실질이자율과의 관계를 나타내는 방정식이다. 명목이자율이 연 3％일
때, 인플레이션이 연 3％의 비율로 진행하면 실질이자율은 0％에 가깝게 된다.

물가지수의 이상산식(理想算式)

라스파이레스(Laspeyres)물가지수와 파세(Paasche)물가지수의 기하평균을 말한다.

라그너 프리슈

프리슈(1895~1973년)는 노르웨이의 경제학자다. 그는 1930년에 피셔와 함께 계량
경제학회를 설립했는데, 초대회장은 피셔였다. 프리슈는 계량경제학의 발전에 공헌한
것이 평가되어 얀 틴베르겐(Jan Tinbergen)과 함께 1969년 최초의 노벨경제학상 수상
자의 영예를 안았다.

레옹 발라

발라는 로잔학파의 시조다. 연립방정식을 사용해 각 시장의 일반균형을 그려냈다.

물가상승 분석

그는 마찬가지의 누적적인 물가상승 분석으로써 빅셀의 이론을 들고 있지만, 공황과
신용을 관련시킨 점에 자신들이 주장한 이론의 장점이 있다고 말하고 있다.

경제발전의 이론

- 요제프 알로이스 슘페터(Joseph Alois Schumpeter, Theorie der wirtschaftlichen Entwicklung, 1912, 2. Aufl., 1926) -

《이론경제학의 본질과 주요 내용》(1908년)에서 발라의 일반균형이론(정학이론)을 설명한 슘페터는 곧 「정학」의 적용범위가 「정태」에 한정된다는 것을 깨닫게 된다. 그리하여 발라를 뛰어넘어 자본주의 경제의 동태적 분석으로 나아가려 한다. 그것을 체계적인 형태로 처음 제시한 것이 《경제발전의 이론》이다.

오늘날 비교적 잘 알려져 있는 바와 같이, 《경제발전의 이론》의 근본명제는 「기업가」에 의한 「혁신」(이노베이션)의 수행이야말로 경제발전을 가져온다는 것이다. 그러나 발전현상을 좀더 근원적으로 설명하기 위해서는, 우선 발전이 없는 정태의 세계를 정확히 서술하는 일부터 시작하지 않으면 안 된다.

정태란 산출량의 수준에 변화가 없이, 생산·교환·소비 등이 항상 같은 규모로 순환하고 있는 상태를 가리킨다. 그러나 슘페터에 따르면, 이 세계에서 경제주체는 여건(자원·인구·기술·사회조직)에 대해 수동적으로 적응하고 있는 데 불과하다. 게다가 정태의 세계에서 경제주체로는 본원적 생산요소(노동과 토지)의 소유자인 노동자와 지주를 열거할 수 있을 뿐, 참된 의미의 기업가와 자본가는 동태의 세계에서만 나타난다는 것이다. 기업가와 자본가가 존재하지 않기 때문에 그들에게 특별한 소득(기업가 이윤과 이자)도 존재하지 않으며, 모든 생산물가치는 노동용역과 토지용역의 가치의 합계와 같게 된다.

그러나 이러한 정태의 세계는 극소수의 천부적인 재능을 지닌 인물이 기업가가 되고 혁신(새로운 재화의 생산, 새로운 생산방법의 도입, 새로운 판로의 개척, 원료 및 반제품의 새로운 공급원 획득, 새로운 조직의 실현)을 수행함으로써 파괴된다. 여기에서 혁신이란 우편마차로부터 철도로의 변화와 같이, 경제체계의 내부로부터 발생하는 비연속적인 변화로써 파악된다는 점에 주의할 필요가 있다. * 또 기업가란 정태의 세계에서 관행에 기초한 경영을 하고 있는 데 불과한 경영관리자와는 명확히 다르며, 무엇보다도 혁신의 담당자라는 것이 강조되고 있다.

그런데 기업가가 혁신을 수행하고자 하는 경우, 그에 필요한 자금은 어디에서 조달할 것인가? 이에 대해 슘페터는 은행의 신용창조를 이용한다고 대답한다. 왜냐하면 정태의 세계에서는 저축과 자본축적은 이루어지지 않기 때문에, 혁신에 투자할 만큼 풍부한 자금 원천은 존재하지 않기 때문이다. 그러므로 슘페터는 기업가의 혁신을 자금 면에서 지원하는 경제주체로서 「은행가」(즉 자본가)를 등장시키는 것이다.

그리하여 기업가의 혁신이 성공하면, 여기에서 비로소 노동자에게도, 지주에게도 속하지 않는 소득(기업가 이윤)이 발생한다. 이것이 유명한 슘페터의 「동태이윤설」이다(「발전 없이 기업가 이윤 없고, 기업가 이윤 없이 발전 없다」). 또 자본가의 특별한 소득(이자)은 기업가 이윤에서 지불되기 때문에 이자 또한 동태적 현상이라고 한다.

이렇듯 기업가의 혁신 성공은 곧 그것을 모방하는 자를 대량으로 만들어낸다. 그와 같은 혁신의 군생이 경제를 「호황」으로 유도해가는 힘이 된다. 그러나 호황은 영구히 지속되지 않는다. 왜냐하면 곧 혁신의 성과로서 새로운 재화가 시장에 대량으로 나타나기 때문이다. 재화의 공급 증가와 더불어 모든 가격은 내려간다. 또한 기업가는 은행가에게 채무를 갚지 않으면 안 된다. 이것도 가격하락에 박차를 가할 것이다. 결국 혁신을 통해 창조된 새로운 사태에 경제체계가 적응해가는 것이다. 이것이 「불황」이라는 현상이다. 이 과정은 경제체계가 다시 정태의 세계로 되돌아갈 때까지 계속된다. 그러나 새로운 정태적 경제는, 발전의 성과가 실질소득의 증가라는 형태로 나타나고 있는 점에서 낡은 정태적 경제와는 구별된다.

이상이 《경제발전의 이론》의 기본 모델이다. 여기에서 유의해야 할 점은 슘페터가 유효수요의 부족에서 불황을 설명하는 케인스의 《일반이론》 사고방식에 결코 동조하지 않았다는 것이다. 왜냐하면 슘페터에게 불황이란, 혁신이 창조한 새로운 사태에 대한 적응과정으로 발생하는 것이기 때문이다. 그리고 케인스의 《일반이론》은 「단기의 상정」(인구·자본설비·기술이 일정하게 주어져 있음)을 둔다는 의미에서 「생산함수 불변의 경제학」이었다.

그러나 슘페터에 따르면, 이것은 매우 단기적인 견해이며, 오히려 자본주의 경제의 역사는 기업가의 혁신 수행에 따라 끊임없이 생산함수가 변혁되어온 역사라는 것이다. 슘페터는 그것을 한 마디로 「창조적 파괴」*라고 표현하고 있다. 《경제발전의 이론》은 그것을 직관적으로 파악한 29세의 젊은 천재가 단숨에 써낸 걸작이라고 할 수 있다.

＊＊＊
발전의 연속성과 비연속성

슈페터는 혁신을 「경제체계의 내부에서 발생하는 비연속적인 변화」라고 특징지은 것에서도 알 수 있듯이, 경제발전을 비약적으로 발생하는 것으로 파악했다. 이와 같은 사고방식은 「자연은 비약하지 않는다」를 자신의 주요 저서인 《경제학원리》(1890년)의 모토로 채용한 마셜과는 매우 대조적이다. 슈페터는 《이론경제학의 본질과 주요내용》의 단계에서 연속적이며 점진적인 경제발전이라는 마셜의 비전에 대해 반대를 표명했던 것이다. 그가 발전의 비연속성을 강조하게 된 이유에 관해서는 명백하게 말할 수 없다. 그러나 그가 19세기 말 빈에서 청년기를 보내면서 다양한 혁신적인 문화── 구스타프 클림트(Gustav Klimt)의 분리파운동, 지그문트 프로이트(Sigmund Freud)의 정신분석 등등── 의 분출을 눈으로 직접 보아왔기 때문이 아닌가라는 것이 나의 추측이다.

창조적 파괴

슈페터의 자본주의관을 가리키는 말이다. 「생명의 약진(élan vital)」을 설명한 앙리 베르그송(Henri Louis Bergson)의 《창조적 진화(Évolution créatrice)》(1907년)의 영향을 받았다는 해석도 있다. 예를 들어, 슈페터의 이론 중 혁신의 군생에 대한 설명에서는 장-가브리엘 드 타르드(Jean-Gabriel de Tarde)의 《모방의 법칙(Les Lois del'imitation)》의 영향을 볼 수 있는 등 경제학의 인접영역과의 관계를 몇 가지 지적할 수 있다.

후생경제학

- 아서 세실 피구(Arthur Cecil Pigou, The Economics of Welfare, 1920, 4th ed., 1932) -

피구(1877~1959년)는 마셜의 뒤를 이어 케임브리지 대학의 제2대 (정치경제학이 아니라)「경제학」교수가 된 인물이다. 그는 마셜 경제학의 정신을 계승하면서 이것을 더욱 정교하고 치밀한 이론체계로 발전시켜 케임브리지 신고전학파를 확립했으며, 중요 저서인《후생경제학》으로 경제정책론의 기초를 세웠다.

피구는 1877년 군인인 C. 피구의 장남으로 태어났다. 처음에는 역사학을 전공하고, 시작(詩作)에 심취하던 문인풍의 청년이었다. 그러나 그의 이상주의 기질은 점차 그를 시의 세계로부터 끌어내어 사회의 현실로 인도한다. 그리고「광명보다도 과실을 찾아」피구는 경제학의 길로 들어서게 된다. 그는 순식간에 두각을 나타냈는데, 그의 예리함은 유례가 드문 이론가의 출현을 예상케 했다. 1908년 피구는 마셜의 강력한 후원을 받아 케임브리지 대학 정교수의 자리를 이어받았다. 그 때가 약관 31세였다. 처음부터 교수의 이름에 걸맞게 수많은 업적을 이루어나가는, 운명적이라고도 할 연구자 인생이 이 때부터 시작되었다.

피구가 교수로 선임된 데에는 또 하나의 다른 이유가 있었다고 한다. 당시 영국은 조지프 체임벌린(Joseph Chamberlain)의 관세개혁론* 이래, 자유무역의 필요성을 둘러싼 대논쟁이 한창인 때였다. 마셜은 자유무역을 주장하는 사람들의 지도자로서 논쟁의 중심에 있었다. 그런 그에게 후계자 문제가 대두되었다. 그 선두 후보는 M. S. 폭스웰(M. S. Foxwell)이었지만, 그는 보호무역파에 동정적이었다. 피구도 관세문제에 관심을 갖고 자유무역파의 견지에서 논문을 쓰고 있었다. 그것이 마셜의 눈에 띄었다. 그리하여 대역전극이 연출되었던 것이다.

그 진위는 알 수 없다. 그러나 당시의 영국이 그 정도까지 위기감에 휩싸여 있었던 것은 사실이다. 예를 들면 마셜의 경제학에는 생산성의 상승으로 빈곤을 극복한다는 발상이 있었다. 말하자면 그 때까지도 영국은 「증대하는 재화의 판로를 최종적으로 획득할 수 있다」는 기대감만은 갖고 있었다. 그러나 피구의 시대가 되면서 영국경제의 파이를 크게 한다는 이야기 등은 전제는커녕 어려운 일이라고 여겨지게 되었다. 노사관계는 나날이 험악해지고, 빈곤문제는 더 순수하게 소득재분배의 문제가 되었다. 한편 공장에서 뿜어대는 매연과 폐수는 드디어 심각한 환경문제로 발전했다. 시장경제가 초래한 분배의 불평등, 시장가치에 반영되지 않는 사회적 비용*의 발생, 경제적 복지를 손상시키는 이들 문제를 어떻게 하면 해결할 수 있을까? 피구는 이런 문제에 정면으로 부딪쳤다. 그 노력의 결과가 대저서인 《후생경제학》(1920년, 4판은 1932년, 그 뒤 4판 부록 추가판 1952년)이다.

《후생경제학》에서 피구는, 사회 전체의 경제적 복지는 국민분배분

(현재의 국민소득)을 더 크게 함으로써, 또는 국민분배분의 분배관계를 더 균등하게 함으로써, 그리고 국민분배분의 변동을 더 작게 함으로써 증대시킬 수 있다고 주장했다. 국민분배분이 최대가 된다는 것은 생산자원이 최적으로 배분된 상태로, 그것은 생산요소 간의 한계생산력이 균등해지는 상태와 같다. 왜냐하면 생산자원을 한 단위 더 추가로 투자해 얻을 수 있는 생산증가분(한계생산력)이 어느 자원이나 균등해지면, 이제는 어느 자원을 한 단위 감소시키고 다른 자원을 한 단위 추가해도 총생산량은 증대하지 않기 때문이다. 그리고 그 때까지의 경제학은 이 상태를 자연스럽게 도출하는 것이야말로 시장경제임이 틀림없다고 단언해왔던 것이다.

그렇지만 피구는, 이것이 일정한 조건이 충족된 경우에 한해 성립하는 이야기라고 말한다. 즉 추가적 생산일 경우, 생산자의 눈에 비치는 것은 올바르게 자신이 증산한 상품과 그 가치일 것이다(이것을 사적 한계순생산물이라고 한다). 그러나 그 생산과정에서 발생한 매연이 공기를 오염시켜 부근 주택의 세탁물을 오염시켰다고 한다면, 이 추가적 생산이 사회 전체의 경제복지에 끼친 진정한 공헌은, 이 손해분을 추가생산물의 가치에서 차감한 것이어야 한다(이것을 사회적 한계순생산물이라고 한다). 따라서 균등화해야 하는 것은 이 사회적 한계순생산물이지만, 공해 등의 손해분은 시장에 등장하지도 않고 청구자도 나타나지 않기 때문에 시장에서 계측되는 가치는 사적 한계순생산물밖에 없다. 그러나 이것이 아무리 균등해져노, 이것들은 진정한 의미에서 한계생산물이 아니다. 따라서 국민분배분도 경제 복지의 관점에서 최대화하지 않게 된다. 이것은 시장 메커니즘의 본질적인 한계이며, 이 예외의 경우는 두 개의 한계생산물이 일치할 때뿐이다. 그러나 그런 경우는 일반적으로 일어나기 힘들다. 여기에서 피구는 경제복지의 최대화를 달성하기 위해 과세·보조금을 기초로 한,

시장가격에 대한 개입을 역설한다. 경제정책론은 이러한 형태로 시작
된 것이다.

물론 《후생경제학》은 그 밖에도 여러 가지 정책문제를 논하고 있
다. 또한 그 방법론에 일정한 고전적 한계가 있는 것도 사실이다. 그
러나 시장에 대한 맹목적인 신뢰론이 활보하는 오늘날, 피구의 냉철
한 시장경제론은 여전히 빛을 잃지 않는 것 같다.

*** * ***

체임벌린의 관세개혁론

체임벌린이 1903년 제창한 새로운 제국 구상을 말한다. 식민지에 대해서는 자유무역
을 원칙적으로 유지하면서, 제국 이외의 나라와의 거래에는 관세를 부과함으로써 제국
내의 상호의존관계를 강화하고 영국 산업의 보호를 도모하고자 한 것이다. 이 시기에
는 실현되지 않았지만, 그 뒤 영국의 대외정책에 커다란 영향을 미쳤다.

사회적 비용

좁은 의미로는 시장을 경유하지 않고 발생하는 비용(外部性)을 말하지만, 넓은 의
미로는 생산·소비활동으로 인해 상실되는 자연환경 등 재생이 불가능한 자원과 기회
를 가리킨다.

위험 · 불확실성 및 이윤

– 프랭크 하인먼 나이트(Frank Hyneman Knight, Risk, Uncertainty
and Profit, 1921) –

제2차 세계대전이 일어나기 전 나이트(1885~1972년)는 제이컵 바이너(Jocob Viner), 헨리 콜버트 사이먼스(Henry Colvert Simons) 등과 더불어 시카고학파의 중심인물이었다*. 코넬 대학에서 박사학위를 취득한 뒤 1927년 시카고 대학에 초빙된 나이트는 밀턴 프리드먼(Milton Friedman) 등 뛰어난 학자들을 많이 배출했으며, 1950년에는 미국경제학회 회장에 선임되었다. 그는 폭넓은 지식과 관심의 소지자이며, 《경쟁의 윤리(The Ethics of Competition and other Essays)》(1935년) 같은 훌륭한 사회과학방법론과 자유주의론을 남겼다. 경제학자로서 나이트의 대표작은 《위험 · 불확실성 및 이윤》이다.

《위험 · 불확실성 및 이윤》은 매우 혁신적이었다. 이렇게 평하는 이유는, 나이트가 이 책에서 경제학의 불가결한 구성요소로 「불확실성」이라는 개념을 취하려는 시도를 했기 때문이다. 발라의 일반균형이론 등에서 알 수 있는 바와 같이, 그 때까지의 경제학은 이론을 구축할 때 대개「불확실성」을 경시 또는 배제해왔다. 이에 비해 나이트는「불확실성」이야말로 경제사회의 본질이며, 이것이 존재하기 때문에 이윤이 발생한다고 설명했다.

나이트가 말하는「불확실성」의 의미를 살펴보자. 이 책의 제목에서 드러나듯이, 나이트는「위험」과「불확실성」을 명확히 구별한다. 즉「위험」이란「경험적으로 확률을 구할 수 있는 것」이며,「불확실성」이란 어떤 의미에서도「경험적으로 확률을 구할 수 없는 것」이다. 따라서「위험」에는 대수의 법칙을 이용하거나 보험에 가입함으로써 대처할 수 있지만,「불확실성」에는 그와 같은 수단이 아무런 도움이 되지 않는다.

그러나 나이트에 따르면, 이「불확실성」이야말로 기업이 일상적으로 직면하는 것이다. 실제로「무엇이 팔릴 것인가?」라는 것에 대해서는 어떠한 보험도 적용될 수 없을 것이다. 왜냐하면 그것이 너무나도「일과성」의 경향을 갖고 있기 때문이다. 나이트에 따르면 그와 같은「불확실성」의 존재로 인해 현실의「경쟁」은「완전경쟁」과는 거리가 먼 것이 되며, 또한 이윤이 발생할 여지가 생기는 것이다.

나이트는 이와 같은 관점에 입각해 당시의 유력한 이윤학설인 존 베이츠 클라크(John Bates Clark)의「동태설」을 비판했다.「동태설」은 인구·자본량·생산방법·소비자수요 등의「변화」에 따라 이윤이 창출된다는 이론이다. 그러나 나이트는「동태설」이「변화의 질」을 간과하고 있다고 지적한다. 즉 같은「변화」라도 선험적·이론적, 또는 통계적으로 확률이 계산될 수 있는 변화와, 그렇지 않은 변화가 있을 것이다. 그「변화」가 계산 가능한 것이라면, 거기에서는 이윤이 발생하지 않는다. 그와 같은「변화」만 존재하는 세계는「완전경쟁」의 세계와 조금도 다르지 않기 때문이다.「예측할 수 없는 변화」(즉 불확실성)가 중요하며, 그것에 잘 대응함으로써 이윤은 발생하는 것이다.

그런 까닭에「불확실성」에 잘 대처해 이윤을 획득할 수 있는 수단이 중요한 문제가 된다. 나이트에 따르면, 가장 중요한 수단은「인간의 선택」이다.

나이트는 다음과 같은 능력은 개인마다 상당한 차이가 있다고 말한다. 즉「사태의 추이에 관해 적절한 판단을 하는 능력」,「장래 일어날 것으로 생각되는 사태에 대응하기 위해 그에 필요한 수단을 판단하거나 순서와 적응방법을 계획하는 능력」,「그 계획을 실행하는 능력」등이 그것이다. 이러한 것은 틀림없이「불확실성」에 대처하는 능력이라 해도 좋다. 따라서 나이트는「불확실성」에 대처하는 뛰어난 능력의 소유자를 선택해 적절한 자리에 배치하는 것이야말로 기업 성공의 필요조건이라고 주장한다.

그러나 각자가 정말 그「능력」을 소유하고 있는지 여부는「사후」에나 알 수 있다. 바꾸어 말해「인간의 선택」에도「불확실성」이 따라다니는 것이다. 나이트에 따르면, 기업의 성공 여부에서 결정적으로 중요한 것은 바로「불확실성에 대처하는 인간의 능력에 관한 판단에 수반하는 불확실성」이다.

그리고 이것은 기업에서의「보수」를 결정한다. 즉「인간의 선택」이라는「불확실성」을 부담하는 일에 대해서는 이윤이 지불되며, 그 밖의 기계적인 일에 대해서는 임금이 지불되는 것이다. 물론「기업조직」의 히에라르키(Hierarchie) 상부층일수록「인간의 선택」에 관계한다. 거기에서 기업이 이윤을 올리는 데 성공한 경우, 그들에게「불확실성」을 부담한 데 대한 보수로써 이윤이 분배된다고 하는 것이 나이트의 견해였다.

1930년대 이후「불확실성」이란 개념은 경제학에서 중요한 역할을 수행하게 된다. 예를 들면 케인스의 《일반이론》(1936년)에서는 「불확실성」의 존재가 이론의 근간에 놓여 있다. 나이트의 이 저서는 「불확실성」에 대해 경제학이 「시민권」을 부여하는 계기를 만들었다 해도 과언이 아니다.

* * *

제2차 세계대전 전의 「시카고학파」

여기에서의 「학파」는 아주 부드러운 의미로 사용되고 있다. 전전(戰前)에 활약한 시카고 대학의 성원으로는 위의 세 사람 말고도 존 네프(John Ulric Nef), 폴 더글러스(Paul Howard Douglas), 헨리 슐츠(Henry Schultz), 애런 디렉터(Aron Director) 등이 있지만, 그들은 오스트리아학파처럼 공통의 방법론적 근사치를 갖는다는 의미에서의 「학파」는 아니었다. 또 프리드먼, 조지 스티글러(George J. Stigler), 게리 베커(Gary Becker) 등 전후의 「시카고학파」가 갖고 있는, 경쟁적 시장에 대한, 극단적인 신뢰라는 것도 없었다. 예를 들면 1932년 나이트와 사이먼스 등 시카고 대학의 주요 멤버 거의 대부분이 서명한 「시카고 메모랜덤」에서는 시장의 자동적 조정을 통한 경기 회복을 단념하고, 적자공채 발행 등의 대담한 재정정책을 정부에 요구하고 있다. 또 사이먼스는 《레세페르(laissez-faire : 자유방임)의 실천강령》(1934년)에서 누진과세를 강화하고 소득격차를 과감히 감소시키자는 제안을 했다. 이것은 프리드먼 등의 견해와는 결정적으로 다르다. 따라서 전전의 「시카고학파」에는 자유주의적인 가치에 무게를 두면서도 현실주의적인 사회개량을 목표로 하는 그룹이라는, 아주 부드러운 정의를 내리는 것이 타당하다.

화폐 및 외환론

- 구스타프 카셀(Gustav Cassel, Money and Foreign Exchange
after, 1914, 1922) -

카셀은 1866년 스톡홀름에서 태어났다. 웁살라 대학에서 수학을 공부한 뒤 독일에 유학해 경제학을 배웠다. 1903년 스톡홀름 대학의 경제학 교수로 초빙되었다.

보통 스웨덴의 경제학자라고 말하면 스웨덴학파(스톡홀름학파)로 알려진 빅셀, 에리크 린달(Erik Robert Lindahl), 카를 군나르 뮈르달(Karl Gunnar Myrdal) 등의 이름을 떠올리지만, 카셀은 이들과 다소 견해를 달리하고 있다. 예를 들면 뮈르달 등이 추진한, 재정수난을 사용한 반순환정책에 비판적 태도를 취하는 등 「보수적」인 인물이었다고 할 수 있다. 또 많은 점에서 빅셀을 비롯한 스웨덴학파와 대립했다. 그의 업적은 다방면에 걸쳐 있으나, 그 가운데서도 수요함수는 효용이론을 사용하지 않고 관찰로 도출해야 한다는 주장과 오스트리아 자본이론을 다듬은 것으로 유명하다.

《화폐 및 외환론》은 제1차 세계대전에서부터 전후 부흥기 동안의 국제적인 외환문제를 취급한 것이다. 그는 1921년 국제연맹(League of Nations)에 외환문제에 관해 두 개의 문서〔《세계의 금융문제(The World's Monetary Problem)》〕를 제출했는데, 이 책은 그것을 확대한 작품이다. 이 문제에 관한 카셀의 최대 공헌은 「구매력평가설」일 것이다.

제1차 세계대전 전까지 대부분의 나라는 금본위제를 채택해 자국의 통화를 금의 가치와 연동시키고 있었다. 이 제도 아래서 각국의 은행들은 금과의 교환을 조건으로 한 지폐(태환지폐)를 발행하고, 국제적으로는 각 나라의 통화로 표시된 평가(금과의 교환비율)에 따라 환율이 정해져 있었다. 이 메커니즘 아래에서는 무역의 불균형이 금의 유출입과 물가의 변동에 따라 자동적으로 유지되게 되었다. 그런데 제1차 세계대전의 혼란으로 세계 각국은 차례차례로 금본위제에서 이탈했다. 그 결과 일시적으로 변동환율·지폐본위제(금과의 연결이 없는 지폐, 말하자면 「불환지폐」에 의거한 통화제도)가 성립한 것이다. 그러면 금과의 연결이 없는 통화끼리의 교환비율은 어떻게 결정되는 것일까? 이 물음에 대한 답이 「구매력평가설」이다.

구매력평가설이란 한 나라 통화의 국제적인 가치는, 그 통화가 국내에서 가질 수 있는 구매력을 기준으로 삼아 주어진다는 것이다. 간단히 말해 구입할 수 있는 재화·서비스의 바스켓(basket)이 동일해지도록 환율이 결정된다는 것이다. 물론 현실적으로 성립하고 있는 환율이 항상 실제의 구매력을 반영하고 있다고는 할 수 없다. 그러나 장기적으로 본다면 평균적으로는 성립하리라고 생각하는 것이다.

이 책에서 주목해야 할 것은, 오늘날 말하는 관리통화제도 아래에서 화폐의 가치(구매력)는 무엇에 따라 결정되는가라는 질문으로부터 시작한다는 점이다. 이 물음에 대해 제1차 세계대전에서부터 전후까지의 실제 경험에서, 한 나라의 화폐 구매력이 국내에 존재하는 화폐의 다과(화폐공급량)에 의존한다는 결론을 도출했다.* 국내의 화폐가치, 즉 구매력이 정해지면 그것을 기초로 국제적으로 성립해야 할 외환의 비율(환율)이 정해지게 된다. 이 논의는 그다지 특별한 것은 아니며 오늘날에는 표준적이다. 물론 환율거래 속에서 실수요에 기초한 자본거래가 대부분을 차지하고 있는 오늘날에는 하루하루의 환율 변동은 크며, 나라마다의 이자율 격차 등이 크게 영향을 미치고 있기 때문에 그대로 적용되지 않는다. 따라서 「이러이러해야 한다」라는 규범적 논의로서의 측면이 중요하다고 하겠다.

오히려 주목할 만한 것으로는 제16장에서 전개된, 바람직한 금본위제에 대한 제언일지도 모른다. 확실히 카셀은 환율의 「안정」을 중시하는 견해에서 최종적으로 금본위제에 찬성의 뜻을 나타냈지만, 그 이유는 옛날부터 내려오는 금본위제 지지의 논거와는 전적으로 다르다. 카셀에 따르면 금의 내재적 가치와 금의 이동 메커니즘에 따라 환율이 유지되는 것은 아니다. 반대로 화폐당국이 한 나라 통화의 구매력을 안정시킴으로써 비로소 금본위제가 유지되는 것이다. 따라서 금본위제란 각 나라의 자국 통화에 대한 인위적 통제의 방향성을 강제하는 메커니즘으로서 움직이는 것이다. 그렇게 되면 이 제도에서 「금」이 갖는 의미는 더 이상 중요하지 않게 된다. 말할 필요도 없이 이것이 현대의 관리통화제도 아래에서 화폐당국이 안고 있는 제약이다. 또 환율의 안정 측면에서 국제협력을 강조한 것 등은 진후의 외환시장을 특징지었던 국제통화기금(IMF)체제 및 달러와 금의 태환만을 인정한다는 일종의 금환본위제를 앞지르고 있었다고까지 말할 수 있다.

또 이 책에서 카셀은 자신의 구매력평가설을 무기로 당시 독일의 배상문제와 각 나라에서 행해진 전전(戰前)의 평가에서 금본위제 복귀시도를 정확히 평가하고 있다. 같은 문제에 대한 케인스의 《조약의 개정(A Revision of the Treaty)》과 《처칠의 경제적 귀결》의 결론과 같은 것을 얻을 수 있다는 점에도 주목할 필요가 있다.

카셀의 화폐수량설

카셀의 논의를 화폐수량설과 같다고 간주할 수는 없을 것이다. 그는 화폐 유통속도의 가변제와 할인정책의 중요성도 설명하고 있다.

화폐개혁론

-존 메이너드 케인스(John Maynard Keynes, A Tract on Monetary Reform, 1923) -

케인스(1883~1946년)는 케임브리지의 킹스 칼리지에서 공부했으며, 그 뒤 이 대학의 펠로(fellow : 특별연구원)로서 경제학 연구와 교육을 맡은 인물이었다. 케인스 경제학의 특징은 아카데미즘과 저널리즘이 밀접하게 결합되어 있다는 데 있다.

《화폐개혁론》도 1923년 11월, 영국이 전전의 구평가(舊評價)로 금본위제도*로 복귀한 시기에 집필했다는 의미에서 역시 시론적인 성격이 강한 책이다. 이 책은 제1차 세계대전 종결 이후 불안정한 물가 동향을 배경으로 「화폐가치의 안정성」을 확보하는 방안을 과제로 삼았지만, 케인스는 우선 그것이 사회의 각 계급에 어떤 영향을 미치는가를 논하려고 했다.

케인스에 따르면 영국 사회는 세 계급, 즉 투자자계급, 기업가계급, 노동자계급으로 구성되어 있지만, 인플레이션과 디플레이션은 이

세 계급에 서로 다른 영향을 미친다고 했다.

인플레이션이란 화폐가치가 하락하는 것을 의미하는데, 이는 화폐를 대량으로 보유하고 있는 투자자계급에는 큰 손해를 미친다. 반대로 어느 정도의 화폐가치 하락은 기업가계급에게 유리하게 작용한다. 왜냐하면 기업가는 이전보다 값싼 원재료로 만든 것을 지금보다 비싸게 팔 수가 있기 때문에, 인플레이션 시기에는 기업가의 활동이 활발해지고 생산과 고용이 확대된다. 또 노동자계급은 인플레이션 시기에 임금 동향이 물가 동향보다 뒤처지기 때문에 실질임금이 하락하는 경향이 있지만, 오늘날에는 노동조합 덕분에 이런 경향이 상당히 완화되었다는 것이다.

디플레이션은 인플레이션과는 반대로 화폐가치가 상승하는 것을 의미한다. 따라서 투자자계급에는 이익을 준다. 반대로 기업가계급은 손해를 입게 될 것이다. 그러므로 디플레이션 시기에는 기업가의 활동이 침체되고 생산과 고용은 축소된다. 또 디플레이션 시기에는 노동자계급의 입장에서 보면 실질임금의 하락이라기보다는 실업이라는 형태로 재난이 닥쳐오므로 결코 바람직한 현상은 아니다. 그러나 이 같은 경향도 실업보험의 발달로 상당히 완화되었다고 지적하고 있다.

케인스는 다음과 같이 결론 맺고 있다. 『인플레이션은 부당하며, 디플레이션은 훌륭한 정책이라고 할 수 없다. 독일과 같은 극단적인 인플레이션을 제외한다면, 디플레이션 쪽이 더 나쁘다. 왜냐하면 빈곤한 사회에서는 금리생활자를 실망시키는 것보다 실업을 발생시키는 쪽이 더 나쁘기 때문이다.』

케인스는 이것을 기초로 당시 영국이 직면하고 있던 세 가지 경제문제 —— 「디밸류에이션(Devaluation, 평가절하)」인가 「디플레이션」인가, 「물가안정」인가 「환율안정」인가, 금본위제로 복귀할 것인가 말 것인가 —— 를 구체적으로 살펴보고자 했다.

첫번째 문제에 대해 케인스는 디밸류에이션(파운드의 대외가치 절하)을 선택했다. 제1차 세계대전 때 파운드의 가치는 전전과 비교해 현저히 떨어졌지만, 만약 전전의 구평가(1파운드＝4.86달러)를 고집한다면 엄격한 디플레이션 정책을 실시해야 한다. 그러나 디플레이션 정책이란 채무자(상인·제조업자·농가 등)로부터 채권자(금리생활자)에게로 부를 이전하는 정책이었기 때문에 지지할 수 없었다.

두번째 문제에 대해 케인스는 물가안정을 선택했다. 환율안정을 위해서는 영국의 물가수준뿐만 아니라 외국의 물가수준도 안정시킬 필요가 있다. 그러나 후자는 영국의 처지에서는 손쓸 수 없는 부분이며, 실제로도 제1차 세계대전 뒤 매우 불안정한 동향을 보여왔다. 그럼에도 불구하고 환율을 안정시키려면 영국의 물가수준도 마찬가지로 불안정한 동향을 보이게 될 것이다. 그러나 케인스는 극단적인 인플레이션과 디플레이션으로 화폐가치가 불안정해지는 것을 바라지 않았기 때문에 주저하지 않고 국내물가 안정을 선택했다.

세번째 문제에 대해 케인스는 금본위제도로 복귀해서는 안 된다고 주장했다. 왜냐하면 지금 엄청난 생산력을 배경으로 대량의 금을 보유하게 된 미국의「금불태화정책(金不胎化政策)」*으로 인해 금의 가격이「자연적인」가치가 아니라「인위적인」가치에 따라 정해지게 되었고, 장래 동향도 거의 완전히 미국 연방준비은행의 정책에 달려 있기 때문이었다. 케인스는 미국의 세계금융계 지배를 경계하는「민족주의자」였던 것이다.

《화폐개혁론》은 저널리즘을 통해 자신의 주장을 피력하면서, 동시에 아카데미즘의 이론적 사고로 자신의 학문을 연마해간 케인스 경제학의 특징이 최초로 명확하게 나타난 명저로 평가할 수 있을 것이다.

*** * ***

금본위제도

한 나라의 통화가 중앙은행이 보유하는 금의 양에 따라 제한되는 제도를 말한다. 이 제도에서는 각국의 통화(예를 들면 파운드)가 「법정 평가」(금과 파운드와의 교환비율)로 항상 금과의 태환이 가능하기 때문에 파운드로의 지불은 금으로의 지불과 사실상 같은 것을 의미했다. 제1차 세계대전 이전에는 영국의 압도적인 생산력에 힘입어 런던이 국제금융업무의 중심이 되어 있었기 때문에, 영국 이외의 나라에서도 파운드가 국제 간의 결제와 자금 이동을 위해 사용되는 경우가 많았다.

금불태화정책

미국은 제1차 세계대전이 끝난 뒤 일찍이 금본위제도로 복귀했다. 그러나 전전의 금본위제도 규칙에 반드시 따르지는 않았다. 말하자면 유입되어 들어오는 금을 재무부가 일정한 가격으로 무제한으로 매입하면서, 다른 한편으로는 그것이 바로 통화를 증발시켜 물가상승을 초래하지 않도록 오히려 유입되는 금을 재무부의 지하창고에 저장해두는 정책을 채택하기 시작한 것이다. 이것을 「금불태화정책」이라고 한다.

은행정책과 가격수준

− 데니스 홈 로버트슨(Dennis Holme Robertson, Banking Policy and the Price Level, 1926) −

로버트슨(1890~1963년)은 케임브리지의 트리니티 칼리지에서 공부했으며, 그 뒤에는 피구를 계승해 케임브리지 대학 교수로 취임한 인물이다. 그의 주요 업적은 처녀작 《산업변동의 연구(A Study of Industrial Fluctuation)》(1915년) 이후 경기순환이론과 깊은 관계를 맺고 있었다.

《산업변동의 연구》는 경기순환이론으로서 실물요인(수확의 변동과 이노베이션 등)을 강조한 저서였지만, 뒤에 그는 《산업변동의 연구》에서의 실물분석을 확장해 경기순환에서 화폐요인의 작용을 정밀하게 분석하고자 했다. 그 성과가 《은행정책과 가격수준》이다.

이 책의 목적은 물가안정을 도모하는 은행정책과 자본형성을 위해 필요한 자금을 공급하는 은행정책이 과연 양립 가능한가라는 의문에 답하는 데 있다. 그 때 제시된 물가문제에 관한 그의 사고방식은 케인스의 《화폐론(A Treatise on Money)》에 큰 영향을 미쳤다. 또 《은행정책과 가격수준》은 「기간분석」*을 사용해 투자와 저축 관계를 해명하고자 했다는 의미에서 「경제동학」의 첫 시도 가운데 하나였다. 그런 까닭에 그는 기간분석을 이용하지 않았던 케인스의 《일반이론》에 대해 비판적인 자세를 견지했다.

로버트슨의 물가문제에 관한 사고방식에 초점을 맞추어 살펴보기로 한다. 로버트슨의 출발점은 마셜 이래의 「케임브리지 방정식」 $M=kpR$이다. 여기에서 M은 화폐수량, p는 물가수준, R은 실질국민소득, k는 화폐의 소득유통속도의 역수(로버트슨의 용어로는 화폐유통기간)를 가리킨다. 로버트슨은, 화폐는 예금통화만으로 구성된다고 가정했으므로, 대중이 보유하고 있는 예금의 실질가치(M/p)는 위의 방정식에서 kR이 된다.

은행당국이 실질예금잔고(kR) 가운데 일정 비율을 산업계의 유동자본형성을 위해 대출한다고 가정하자. 여기에서는 그 비율을 a라고 한다. 또 산업계가 필요로 하는 유동자본(C)은 일정한 생산기간(D)을 통한 산출액(DR)에 대한 일정한 비율(n)(단순한 경우에는 $1/2$과 같다)로 나타낸다. 즉 $C=nDR$이다. 산업계는 필요로 하는 유동자본 가운데 일정 비율을 은행에서 차입한다고 하자. 여기에서는 그 비율을 b로 한다.

화폐균형은 산업계에 대한 은행의 대출과 은행으로부터의 산업계 차입이 균등하다는 것에서 성립하기 때문에, 이를 위한 조건은 $akR=bnDR$, 즉 $ak=bnD$가 된다. 여기에서 $a=b=1$이라는 단순한 경우(즉 은행이 예금잔액의 전부를 산업계에 대출하고, 산업계가 유동자본의 전부를 은행으로부터 차입하는 경우)를 가정하면, 화폐균형의 조건은 $k=nD$가 된다. 이 조건이 충족되는 한 물가안정을 도모하는 은행정책과 자본형성을 위해 필요한 자금을 공급하는 은행정책은 양립할 수 있을 것이다.

그러나 한 쪽의 k는 공중의 화폐보장성향에 의존하고, 다른 쪽의 nD는 산업의 생산기술조건에 의존하고 있기 때문에 어느 쪽이나 단기적으로는 은행의 통제범위 밖에 있다고 말하지 않을 수 없다. 따라서 현실적으로는 k와 nD가 같지 않으므로 물가안정과 자본형성은 양립할 수 없게 된다. 로버트슨은 다음과 같이 말하고 있다.

『간단히 말해 만약 k가 nD와 같아진다면, 유동자본의 한결같은 절대적 확대는 가격수준에 어떠한 변화가 없어도 계속 유지될 수 있을 것이다. 만약 k가 nD보다 작아진다면, 유동자본이 증가하는 절대율이 지속적으로 완만해지든가, 그렇지 않으면 가격수준이 지속적으로 상승하지 않으면 안 된다. 만약 k가 nD보다 커진다면, 유동자본이 증가하는 절대율이 지속적으로 증대하든가, 그렇지 않으면 가격수준이 지속적으로 하락하지 않으면 안 된다.』

로버트슨의 화폐균형은 저축과 투자의 균형이기도 하다. 왜냐하면 kR(공중의 실질예금잔액)은 원래 화폐형태의 저축이며, nDR은 산업의 유동자본형태의 투자이기 때문이다.

따라서 $k < nD$란 투자가 저축을 상회하는 경우이며, 반대로 $k > nD$란 저축이 투자를 상회하는 경우라고 생각할 수 있다. 물론 전자에서는 물가상승과 강제저축*이 발생하고, 후자에서는 물가하락과 자본설비의 유휴가 발생한다. $k=nD$, 즉 저축과 투자가 같은 경우에만 물가가 안정될 것이다.

이와 같은 사고방식은 《화폐론》을 준비해 왔던 케인스에게 큰 영향을 미쳤다. 물론 로버트슨과 케인스 사이에는 세부적인 견해 차이는 있다 해도, 저축을 상회하는 투자가 가격수준을 높이고 그 가격수준

상승을 통해 산출량이 변한다는 사고방식은 공통되는 것이다. 로버트
슨은 사실 케인스의 최초 제자 중 한 사람이지만, 《은행정책과 가격
수준》과 《화폐론》은 굳건한 신뢰로 맺어졌던 시기에 이루어진 두 사
람의 협력의 산물이라고 할 수 있다.

＊ ＊ ＊

기간분석

경제변수에 시간 요소를 도입해 각 기간마다 변동의 경과를 차례차례 추적해가는 방
법을「경과분석」이라고 한다. 그것은 다시 시간의 경과를 불연속적인 시간의 과정으로
파악하는 경우의「기간분석」과 연속적인 시간의 과정으로 파악하는 경우의「연속분
석」으로 나뉜다. 수학적으로 전자는 정차방정식(定差方程式)을, 후자는 미분방정식
(微分方程式)을 사용한다.

강제저축

물가상승으로 사람들이 수입의 일부를 저축한 경우와 같이, 이전보다 조금밖에 소비
할 수 없는 상태를 말한다. 케인스 혁명 이전에 유행한 경기순환이론에서는 로버트슨
의 이론이든 하이에크의 이론이든 간에, 강제저축 개념이 이용되는 예가 많았다.

화폐론

-존 메이너드 케인스(John Maynard Keynes, A Treatise on Money, 2 vols., 1930)-

　《화폐론》은 케인스의 경제사상 발전 면에서 살펴보면 「과도기」의 저서라 할 수 있다. 말하자면 마셜 이래의 「화폐수량설」*을 장기적인 명제로 인정한 《화폐개혁론》과 「유효수요의 원리」라는 「새로운 경제학」을 수립한 《일반이론》의 중간에 위치하며, 물가문제에 대한 「투자-저축 어프로치」를 「기본방정식」으로 제시한 저서라고 할 수 있다. 《화폐론》의 논리구조는 기도 니사부로(鬼頭仁三郎)의 명저인 《케인스 연구(ケインズ研究)》(1948년)에 훌륭하게 해석되어 있다. 이 책을 간단히 설명한다면, 케인스가 기본방정식을 통해 자본축적에 관한 두 가지의 서로 대립하는 학설〔애덤 스미스의 설과 존 애트킨슨 홉슨(John Atkinson Hobson)의 설〕을 종합한 것이다.

　애덤 스미스에 따르면 자본축적은 생산력 증강의 원천이므로 생산력을 높이려면 먼저 자본축적에 힘쓰지 않으면 안 된다. 이에 비해

홉슨은, 막대한 자본축적은 과소소비를 수반해 실업의 원인이 되므로
자본주의 경제의 순조로운 발전이 저해된다고 주장한다. 말하자면 애
덤 스미스는 생산의 증가가 그대로 유효수요의 증가로 연계된다고 생
각하고 있는 데 비해, 홉슨은 생산의 증가가 그에 알맞은 유효수요의
증가를 가져오지 않을지도 모른다고 생각하고 있는 것이다. 그러나
이것으로는 명확한 기준이 없기 때문에 자본축적이 어느 정도까지
「과대」해졌을 때 실업의 원인이 되는지 알 수 없다. 그렇지만 《화폐
론》의 케인스는 「투자와의 비교에서」라는 명확한 해답을 줌으로써 이
문제를 해결했던 것이다.

케인스는 먼저 산출량 전체의 가치(Y) —— 이것은 산출량 전체의
가격수준(π)과 실질산출량(O)의 곱과 같다 —— 를, 한쪽에서는 투자
가치(I)와 소비 가치(C)의 합계와 같다고 하고, 다른 한쪽에서는 생
산요인에 대한 화폐소득(E)과 의외의 이윤(Q)의 합계와 같다고 한
다. 즉

$$Y = C + I \quad\cdots\cdots\cdots\cdots\cdots\cdots\cdots\cdots\cdots\cdots ①$$

$$Y = E + Q \quad\cdots\cdots\cdots\cdots\cdots\cdots\cdots\cdots\cdots\cdots ②$$

이다.

유의해야 할 것은 《화폐론》에서는, E에는 기업가에 대한 「정상이
윤」 —— 기업가가 다음 회기의 생산량을 이번 회기와 같은 수준으로
유지하고, 경영규모를 증감시키려 하지 않는 이윤량 —— 이 포함되
지만, 정상 이상의 「의외의 이윤」은 포함되어 있지 않다는 것이다.
따라서 케인스는 저축(S)을 $E - C$라고 정의하고 있으므로, ①식 및
②식에서 다음과 같은 식이 도출된다. 즉

$$Q = I - S \quad\cdots\cdots\cdots\cdots\cdots\cdots\cdots\cdots\cdots\cdots ③$$

이다.

③식은 의외의 이윤이 투자와 저축의 차액과 같은 것을 의미하지만, 이것을 ②식에 대입해 $Y = \pi O$에 주의하면서 정리하면, 다음과 같은 케인스의 기본방정식을 얻을 수 있다. 즉

$$\pi = \frac{E}{O} + \frac{I-S}{O} \quad \cdots\cdots\cdots\cdots\cdots\cdots\cdots\cdots\cdots\cdots \ ④$$

이다.

④식에서는 다음과 같은 것을 알 수 있다. 만약 $I = S$라면 산출량 전체의 가격수준은 $\frac{E}{O}$(산출량 1단위당의 정상생산비)와 같다. 또 만약 $I - S = Q > O$라면, 산출량 전체의 가격수준은 $\frac{Q}{O}$만큼 상승한다. 그리고 $I - S = Q < O$이라면, 산출량 전체의 가격수준은 $\frac{Q}{O}$만큼 하락한다. 물론 말할 필요도 없이 $Q > O$의 경우에는 의외의 이윤이, $Q < O$의 경우에는 의외의 손실이 발생한다.

여기에서 유의해야 할 것은 《화폐론》의 단계에서 케인스가 $I - S = Q$의 움직임을, 빅셀에 따라 「자연이자율」과 「시장이자율」의 관계로 설명한 것이다. 자연이자율이란 $I - S = Q = O$을 가져오는 이자율이며, 시장이자율이란 현실의 금융시장에서 결정되는 이자율을 의미한다. 이 두 이자율의 괴리에서 Q의 변동, 그리고 가격수준의 변동을 설명하는 것이다. 예를 들면 자연이자율이 시장이자율보다도 높을 때는 투자가 저축을 상회해 가격수준을 인상한다. 반대로 시장이자율이 자연이자율보다도 높을 때는 저축이 투자를 상회해 가격수준을 인하한다. 물론 자연이자율과 시장이자율이 같은 경우에는 투자와 저축이 같게 되며, 가격수준이 안정된다. 그러므로 케인스는 물가안정을 위해서는 은행조직이 I와 S가 균등하도록 대부 조건을 결정해야 한다고 주장하는 것이다.

그렇지만 《화폐론》은 결과적으로 불행한 작품이 되었다. 왜냐하면 케임브리지 대학 내부의 젊은 연구자들이 이 책을 상세히 검토한 후

비판을 했고, 케인스는 바로 그 주장을 포기했기 때문이다. 그 비판이란 저축을 초과하는 투자가 가격수준을 인상한다는 경우, 케인스가 암묵리에 「산출량이 일정하다는 것」을 가정하고 있다는 것이다. 그러나 그 비판에 답하려면 산출량결정이론을 제시해야만 한다. 그 과제는 《일반이론》에 이르러 비로소 달성되지만, 케인스가 전향한 배경에는 물가가 아니라 산출량과 고용량의 문제가 중시되었던 당시의 경제사정이 있었던 것으로 추측된다.

* * *

화폐수량설

간단히 말해 화폐공급량(M)의 증가(감소)가 물가수준(P)의 상승(하락)을 가져온다는 학설이다. 피셔형 $MV=PY$(V는 화폐의 유통속도, Y는 실질소득)와 마셜형 $M=kPY$(k는 사람들이 화폐소득 가운데 현금잔액으로 보유하고 싶다고 생각하는 비율 —— 이른바 「마셜의 k」—— 로서, V의 역수와 같다)의 두 가지가 있다. 두 가지 모두 Y와 V(또는 k)가 사실상 일정하다고 가정하기 때문에, M과 P는 비례관계에 있다(더 정확히 말하면 M의 증가는 P의 비례적 증가를 가져온다)고 주장하게 된다.

가격과 생산

– 프리드리히 아우구스트 폰 하이에크(Friedrich August von Hayek,
Prices and Production, 1931) –

하이에크(1899~1992년)는 제1차 세계대전 이후 자유주의 사회철학의 완성자로서 이름을 떨쳤지만, 1930년대에는 이론경제학, 특히 화폐적 경기변동이론의 연구자로서 알려져 있다. 그의 이론은 오스트리아 자본이론을 기초로 하고 있다. 《가격과 생산》은 1931년 2월 LSE*에서 행한 일련의 강의를 정리한 것이다. 하이에크를 초빙한 것은 오스트리아학파*의 경제학에 큰 관심을 갖고 있었던 라이오넬 찰스 로빈스(Lionel Charles Robbins) 등이었다. 이 강의가 호평을 받았기 때문에 하이에크는 같은 해 LSE 교수로 초빙되었다. 1954년 미국에 건너가 시카고 대학 사회도덕과학 교수로 재직하다가, 1962년 유럽으로 돌아와 프라이부르크 대학 교수로 취임했다. 1968년 이후 9년 동안 고향 잘츠부르크 대학에서 교편을 잡은 뒤 만년에는 프라이부르크에서 지냈다.

하이에크는 재화를, 인간이 직접 소비할 수 있는 최종소비재와 최종소비재를 만들기 위한 생산재로 분류한다. 생산자는 현재의 소비와 장래의 소비를 예측하면서 생산계획을 수립하지 않으면 안 된다. 하이에크는 시간이 길어질수록 생산력이 증가한다고 가정했다. 예를 들면 와인을 생산하는 경우, 가능한 한 짧은 시간에 만들면 생산에 쓰인 노동력·병·창고 등의 비용은 단기간에 회수할 수 있다. 그렇지만 와인은 병에 담근 뒤 일정 기간 묵혀두는 편이 품질 좋은 고가 상품이 된다. 이 경우 순식간에 생산이 끝나는 경우와 비교해볼 때 다양한 생산요소를 투자한 후 회수하기까지 시간차가 생기게 된다. 그 사이에 투입된 비용은 모두 생산자가 부담할 수밖에 없다. 일정기간, 생산기간을 연장함으로써 어느 정도 이익이 증가하는가를 알 수 있다고 한다면, 생산자는 와인이 시장에 나올 때의 수요량과 가격을 예상하면서 생산기간을 결정할 수 있다. 말하자면 생산자는 지금 곧 팔 수 있는 최종소비재를 만들 수 있는 생산과정에 자금을 투입해야 할 것인가, 아니면 장래의 수요를 예측해 시간은 걸리지만 이익이 많은 최종소비재를 생산해낼 수 있는 생산과정에 자금을 투입해야 할 것인가라는 선택을 하게 된다.

그러나 기간이 긴 생산방법을 채택하는 편이 이익이 많다 해도, 생산자는 무한히 생산기간을 연장할 수 없다. 시간이 걸리면 걸릴수록 그 기간에 투입되는 비용이 많아지기 때문이다. 생산자가 자기자금을 충분히 보유하고 있을 때는 그다지 문제가 되지 않는다. 하지만 외부로부터 조달해야만 하는 경우에는 자금 조달 코스트가 생산계획의 제약이 된다. 고전학파의 이자이론에서는 자금 조달 코스트, 즉 이자율은 자금의 공급량과 수요량이 일치하는 데서 결정된다. 소비자는 소득을 사용해 최종소비재를 구입하지만, 장래에 어떤 기대를 하고 있는 경우에는 모든 소득을 소비하지 않고 일부를 장래의 소비를 위해 저축하게 된다. 이자율은 소비자의 소비계획과 생산자의 생산계획이 양립하는 점에서 성립하기 때문에 이것은 생산재의 수급, 최종소비재의 수급, 화폐시장의 수급을 모두 균형 있게 만든다.

이 상태에서 소비자가 소비를 줄이고 저축을 조금 늘렸다고 하자. 화폐시장에 흘러들어온 추가적 자금을 이용해 생산자는 좀더 기간이 걸리는 생산방법을 채택하고자 할 것이다. 따라서 거기에서 사용되는 생산재의 수요가 일시적으로 증가해 생산재의 가격이 상승한다. 반대로 최종소비재는 수요가 감소하므로 상대적으로 가격이 하락한다. 이 때문에 시장에 있는 자금은 생산재의 생산에 더 많이 흘러들어가게 된다. 생산재의 생산이 증가하고 소비재의 생산이 저하하면, 이번에는 반대로 소비재 가격이 상대적으로 상승해 생산재 가격이 상대적으로 하락한다. 그 때문에 시장에 있는 자금도 소비재시장으로 다시 흘러들어가게 된다. 이런 조정과정을 통해 변화된 최종소비재의 수요에 대응해 좀더 생산력이 높은 생산구조가 완성된다. 생산에 사용된 자금은, 최종적으로는 소비자의 소득이 된다. 소비자가 다시 소득에서 차지하는 소비와 저축의 비율을 바꾸지 않는 한, 이 생산구조는 유지된다.

그렇지만 자금공급이 소비자의 판단과는 관계없이 은행의 신용창조로 이루어졌다고 하자. 이번의 자금공급은 최종소비재의 수요를 전적으로 반영하고 있지 않다. 앞에서와 마찬가지로 생산자는 공급된 자금을 사용해 기간이 긴 생산방법을 채택해 그에 따른 최종소비재와 생산재의 가격을 조정한다. 그러나 이번에는 소비자의 선호가 변하지 않았음에도 불구하고 소비재가격이 상승하기 때문에, 소비자는 희망하는 양의 재화를 일시적으로 구입할 수 없어 소득 증가 뒤에 그만큼을 돌려받으려 한다. 그 때문에 다시 소비재가격이 상승하여 만들어진 생산과정이 불리하게 된다. 그 결과 투입된 자금을 회수할 수 없게 된다. 이 과정을 하이에크는 공황이라고 한다. 하이에크에 따르면 공황은 무제한적인 화폐 공급 확대에 기인하는 것이다.

한때 화제를 불러일으켰던 하이에크 이론이지만, 대공황에 대해서는 설득력이 부족하다는 느낌을 부인할 수 없으며, 케인스의 《일반이론》 등장과 더불어 잊혀졌다.

＊＊＊

LSE

London School of Economics and Political Science. 페이비언주의(Fabianism)의 중심인물이었던 웨브 부부(Sidney Webb and Beatrice Webb)가 1894년 창립했다. 당초부터 노동자를 위한 대학으로 창설되었지만, 그 뒤 저명한 경제학자를 배출했다.

오스트리아 학파

한계혁명의 주역 중 한 사람인 멩거의 경제이론에 영향받은 일파를 말한다. 주로 오스트리아 출신의 경제학자가 많았기 때문에 이렇게 불리었다. 한계원리를 경제학에 도입하면서도 주관주의적 방법으로 만들어진 시장관(觀)은 발라 계보의 경제학과는 양상을 달리하고 있다. 멩거의 화폐론과 뵘바베르크의 자본이론을 미제스와 북유럽학파의 빅셀 등이 일반균형이론과의 접근을 시도하고, 이를 하이에크가 완성시켰다고 한다.

화폐균형론

-카를 군나르 뮈르달[Karl Gunnar Myrdal, Ekonomisk Tidskrift, 1931(Monetary Equilibrium, 1939)] -

　　북유럽의 스웨덴에는 빅셀 이래「스웨덴학파」내지「스톡홀름학파」라 일컬어지는 하나의 학문조류가 존재해 수많은 학자들을 배출해왔다. 뮈르달(1898~1987년)도 이들 가운데 한 사람이지만, 그 가운데서도 상당히 독특한 색채를 지니고 있다고 해도 과언이 아닐 것이다.

　　뮈르달은 1898년 스웨덴에서 태어나 스톡홀름 대학에서 법률을 전공했으며, 졸업한 뒤에 경제학 박사학위를 취득했다. 그는 경제학자로서 활약하는 한편, 1930년에 국회의원이 되어 1933년부터 사회민주당 정권의 경제사회고문을 역임했다. 또한 케인스 이전의 케인스 정책으로 이름 높은 스웨덴의 반순환정책을 지휘한 것으로도 유명하다. 학자이자 외교면에서도 활약하고 있던 부인 알바 뮈르달(Alva Myrdal)은 1982년 노벨평화상을 수상했다.

이 책은 바로 1929년부터 세계를 엄습했던 대공황이 한창인 때에 집필되었다. 원래는 1931년 스웨덴어로 발표되었는데, 1933년 하이에크가 편집한 논문집에 독일어로 수록되었다가, 그 뒤 약간의 수정을 거쳐 1939년 영어로 출판되었다.

이 책의 중심적 과제는 빅셀의 《이자와 물가》(1898년)에 소개되어 유명해진 「불균형누적과정」 명제를 비판적으로 재검토해, 이론적으로 정교하고 치밀하게 정리된 「화폐균형」의 개념을 수립하는 데 있었다. 빅셀의 명제란 (가상적인) 실물만의 경제에서 성립할 것이라는 「자연이자율」과 「화폐이자율」의 괴리가 물가변동을 가져온다는 것이다. 그리고 물가변동을 가져오지 않는 상태를 균형으로 하여 그 때의 이자율을 정상이자율로 한 것이다. 뮈르달은 빅셀의 자연이자율을 「우회적 생산과정의 생산력(수익률)」으로 새로이 정식화해 균형 조건을 자연이자율과 화폐이자율의 균등으로 바꾸었다. 그리고 그와 같은 이자율, 투자와 저축을 균등화하는 이자율, 그리고 물가를 안정시키는 이자율이 일치하는지의 여부를 음미한 것이다. 뮈르달에 따르면 답은 『아니다』다. 그리하여 뮈르달은 빅셀의 정상이자율 개념을 대신하여 「화폐적 균형」이란 (사전과 사후의) 저축과 투자가 일치하는 상태이며, 불균형이 누적·확대해 나가지 않는 상태라고 정의한다. 따라서 「화폐적 균형」은 물가가 변동하거나 투자가 변동하는 상태도 포함될 수 있는 것이다.

그러나 이 책은 빅셀의 비판적 해석에 그치지 않고 뮈르달의 창조적인 의견도 많이 포함하고 있다. 그 가운데서도 케인스의 《일반이론》로 유명해진 「기대」요인을 중시한 점, 저축을 증식하려고 하면 오히려 경기에 악영향을 미친다는 「근검 패러독스」* 등이 주목할 만한 가치가 있다. 뮈르달은 분명히 케인스에 선행하고 있었던 것이다. 그것만이 아니다. 놀랍게도 제임스 토빈(James Tobin)이 만들어낸 「q

이론」*과 「투자의 조정비용이론」*이 이미 이 책에 제시되어 있다.

그런데 뮈르달이 이론경제학자로서 유명해진 업적 가운데 하나는 이 책에 제시된 「사전(事前, ex ante)」, 「사후(事後, ex post)」의 분석방법일 것이다. 뮈르달 자신은 당시의 스웨덴학파가 자주 사용하고 있던 기간분석*방법 대신에, 「순간적 동향분석」이라는 방법을 사용했다. 이 방법은 어느 한 시점의 각 변수가 어떻게 변화하려는가를 분석하는 방법이다. 당연히 여기에서는 각 변수의 움직임을 좌우하는 경제주체의 「사전」 의사결정이 중요하다. 이 사전 의사결정의 기초가 되는 것은 각 경제주체가 안고 있는 「기대」다. 뮈르달은 사전에 수립한 계획이 사후에 일치될 수 있는 틀을 분석의 대상으로 삼고 있다. 예를 들면 투자와 저축은 「사전」 결정단계에서 일치할 필요성은 없지만, 사후(회계적)에는 반드시 일치한다. 이 두 가지의 차이에는 ── 뮈르달 자신의 용어로는 「자본가치의 증감」이라고 하지만 ── 「의외의 이윤」이라든가 「의도하지 않은 재고의 증가」라는 용어로 표현할 수 있는 메커니즘이 개입하는 것이다.

「사전」, 「사후」의 분석도구가 널리 알려진 배경에는 케인스의 《일반이론》(1936년)의 영향이 있었다. 케인스는 《일반이론》에서 투자가 반드시 같은 양의 저축을 낳는다는 메커니즘을 제시했다. 그렇지만 이 명제는 커다란 논쟁을 불러일으켰고, 그 해석 가운데 「사전」, 「사후」의 개념이 등장하게 된 것이다. 그러나 뮈르달이 케인스에 선행하고 있었다는 사실을 생각하면, 이것은 다소 비꼬는 주장이라고 하지 않을 수 없다. 샤클이 말하는 바와 같이, 케인스가 없었어도 뮈르달에 의해 「케인스 혁명」은 달성되었을 것이기 때문이다.

✳✳✳
근검 패러독스

저축을 늘리면 유효수요가 감소해 오히려 경기를 악화시키는 방향으로 움직인다는
메커니즘으로, 케인스의 《일반이론》이 나온 뒤에 유명해졌다.

q이론 / 투자의 조정비용이론

q이론이란 증권시장 등 자산시장에서 평가되는 자본재 가격과 그 자본재의 치환 코
스트와의 비율을 q라 하고, 그 크기에 따라 투자행동이 변한다는 이론이다. 투자의 조
정비용이론은 가령 자금을 빌려 투자를 하는 것이 유리하다 하더라도, 바로 자본재의
건설은 불가능하다. 그 때문에 q가 1보다도 큰 상태가 지속될 수 있다. 그것을 투자의
조정비용으로 설명하는 것이다. 토빈의 《거시경제학의 재검토(Asset Accumulation and
Economic Activity)》를 참조하기 바란다.

기간분석

경제의 변동을 일정 기간 동안 변수의 변화로써 파악하는 방법이다. 뮈르달은 이 방
법이 두 가지 말로 일어나는 순번을 뒤집어 숨기려 했다고 비판한다.

경제학의 본질과 의의

- 라이오넬 찰스 로빈스(Lionel Charles Robbins, An Essay on the
Nature and Significance of Economic Science, 1932, 2nd ed.,
1935) -

　로빈스(1898-1984년)는 오랫동안 LSE에서 교수생활을 한 인물로
알려져 있다. 그러나 경제학계에서 그의 명성은 경제학의「희소성의
정의」* ——『경제학은 여러 목적과 대체적 용도를 가진 몇몇 수단과
의 관계로서의 인간행동을 연구하는 학문이다』—— 를 제시한《경제
학의 본질과 의의》라는 한 권으로 확립되었다고 해도 좋을 것이다.
　그렇지만 경제학의 정의 자체는 그의 독창적인 것이 아니라, 오스
트리아학파와 P. H. 윅스티드(P. H. Wicksteed)의 연구에서 자연적
으로 도출된 것에 지나지 않았다. 로빈스의 자서전《한 경제학자의
자전》(1971년)에 따르면, 그는 LSE의 학생 무렵에 읽게 된 에드윈
캐넌(Edwin Cannan)의 《부(Wealth)》(1914년)가 경제학의 주제를
너무 물질적 후생의 용어로 정의하고 있는 것에 불만을 느꼈다고 한
다. 현실세계에서는 물질적 후생과 아무런 관계가 없어도 경제적 측

면을 갖는 여러 활동이 있을 수 있다. 예를 들면「요리사의 서비스나 오페라 무용수의 서비스는 수요와 관련시켜 제한될 수 있으며, 나아가 대체적 용도에 맞출 수 있다」라는 의미에서 훌륭한 경제적 측면을 갖는다는 것이다.

그러나《경제학의 본질과 의의》의 가치는 단지 경제학의 정의를 명확히 제시한 데 있는 것이 아니다. 그의 주장 가운데에는, 그 뒤 경제학의 전개에 중요한 영향을 끼쳤다는 점에서, 다음 두 가지에 주목해야 한다.

첫째, 효용에 관한 개인 간의 비교는 가치판단이며, 과학적인 근거를 갖고 있지 않다는 주장이다.

경제학에는「한계효용체감의 법칙」이라는 것이 있다. 이 법칙에 따르면 사람은 무언가를 더 많이 가지면 가질수록 추가단위를 점점 작게 평가하게 된다. 따라서 사람은 더 많은 실질소득을 가지면 가질수록 소득의 추가단위를 점점 작게 평가하게 된다. 바꾸어 말해 부유한 자의 소득 한계효용은 가난한 자의 소득 한계효용보다 작아지게 된다. 따라서 만약 부유한 자로부터 가난한 자에게로 소득이 이전되면, 또 그 이전이 생산에 불리한 영향을 주지 않는다면, 총효용은 증대할 것이다. 때문에 그와 같은 소득의 이전은「경제학적으로 정당화」된다고 하는 논리다.

얼핏 보면 이 논리는 상당히 그럴 듯하다. 그러나 로빈스는 자세히 검토한 결과, 그것이『개개인의 서로 다른 경험을 과학적으로 비교할 수 있는가라는 형이상학적인 중대한 문제를 증명도 하지도 않고 암묵적으로 가정하고 있다』는 점을 예리하게 지적했던 것이다. 그렇지만 현실적으로 우리는 A의 만족을 B의 만족과 비교해 그 크기를 검사하는 수단을 전혀 갖고 있지 않다. 따라서 로빈스는 이와 같은 비논리적인 한계효용체감의 법칙의 확장에 기초한 논의는 과학적 근거가 결여되어 있다고 비판한 것이다.

『A의 선호는 중요도에서 B의 그것보다도 상위에 있다고 말하는 것은, A는 m보다도 n을 선호하고 B는 m과 n을 상이한 순서로 선호한다고 말하는 것과는 전혀 다르다. 전자는 관례적인 가치판단의 분자(分子)를 포함하고 있다. 따라서 그것은 본질적으로 규범적이다. 그것은 순수과학 중에서 전적으로 있을 장소를 갖고 있지 않다.』

둘째, 「~이다」를 포함하는 명제(존재명제)와 「~해야 한다」를 포함하는 명제(당위명제)는 전적으로 다른 평면에 놓여 있다는 것이다.

가령 상이한 경험의 약분가능성과 만족향수능력의 균등성 등의 가정을 인정하고, 그 기초 위에 어떤 종류의 정책이 「사회적 효용」을 증가시키는 효과를 갖는다는 것을 증명하는 데 성공했다고 하자. 그러나 그렇다고 해도, 그것은 그와 같은 정책이 실시되어야 한다는 추론을 정당화하는 것은 아니다. 왜냐하면 그와 같은 추론은 「이러한 의미에서 만족의 증가가 과연 사회적으로 반드시 하지 않으면 안되는 것인지 아닌지라는 문제 전체를 증명없이 암묵적으로 가정해서 논하고 있기」 때문이다. 말하자면 로빈스는 「~해야 한다」를 포함하는 명제는 「~이다」를 포함하는 명제와는 전적으로 다른 평면에 있다고 주장하는 것이다.

『경제학은 궁극적인 가치판단의 타당성에 관해서는 의견을 설명할 수 없는 것이다.』

로빈스의 주장에 대해 연역의 한계와 사실관찰의 중요성을 설명하는 로이 포브스 해러드(Roy Forbes Harrod)가 즉시 반론을 제기했다. 그 비판의 핵심은 해러드가 인용한 아리스토텔레스(Aristoteles)의 말에서 찾아볼 수 있을 것 같다. 즉 『교양이 있는 사람이라면, 각 연구부문의 성질이 허용하는 정도의 엄밀성 획득을 기대해야 한다.』

그러나 로빈스는 정치와 윤리에 관계된 「정치경제학」의 존재를 인정
함으로써, 추상적이며 가치자유로운 「경제과학」의 독립을 주장했던
것이다.

* * *

희소성의 정의

　로빈스가 경제학에서 희소성의 정의에 당도하기까지는, 젊은 날의 그가 사회주의 운
동에 뛰어들었다가 얼마 지나지 않아 환멸을 느낀 「과거」 전력이 숨어 있다. 로빈스의
《한 경제학자의 자전》을 읽어보면, 사회주의운동의 지도자들이 경제문제를 전혀 이해
하지 못하고 「재산을 국유화하고 산업의 통제를 노동조합의 손에 넘겨주면」, 모든 것
이 바로 해결된다는 단순한 사고방식을 갖고 있는 데에 대해 그가 점차 불만을 갖게 되
는 과정이 잘 묘사되어 있다. 그의 희소성의 정의에서 냉혹한 이미지를 느끼는 경제학
도들도 많지만, 젊은 날의 그에게도 「깨진 꿈」이 있었던 것이다.

근대주식회사와 사유재산

– 아돌프 아우구스투스 벌리／가드너 코잇 민스(Adolf Augustus Berle
and Gardiner Coit Means, The Modern Corporation and Private
Property, 1932) –

법률학자 벌리와 경제학자 민스의 공저로서 1932년에 출판된 《근
대주식회사와 사유재산》은 이른바 「경영자지배론」의 원점이 되었으
며, 그들이 사용한 단순명쾌한 논리와 조사방법은 오늘날에 이르기까
지 커다란 영향력을 미치고 있다.

그들은 1930년 시점에서 미국의 상위 비금융회사 200사를 대상으
로 조사해, ① 미국 전 기업의 0.07%에도 못 미치는 이들 소수 기업
에 전 기업의 자산 가운데 약 절반이 집중되어 있다는 것, ② 이들
기업의 주주 수 증가와 동시에 대주주의 지주비율 저하로 주식소유권
이 폭넓게 분산되고 있다는 것, ③ 그 결과 소유에 기초하지 않는 경
영자지배가 출현해 회사의 소유와 지배가 분리되고 있다는 것을 증명
했다. 또 회사의 지배형태를, 첫째 완전소유지배(대주주의 지주비율
이 80% 이상), 둘째 과반수지배(대주주의 지주비율이 80% 미만 50%

이상), 셋째, 법률적 수단에 의한 지배(과반수는 소유하지 않지만, 피라미드형 지주회사 등의 방법으로 주주가 지배), 넷째 소수지배(대주주의 지주비율이 50% 미만 20% 이상), 다섯째 경영자지배(대주주의 지주비율이 20% 미만) 등 지주비율별로 다섯 가지 유형으로 분류했다. 그리고 이들 200사 가운데 회사 수로 44%, 자산액으로 58%의 회사가 다섯번째의 「경영자지배」 형태로 분류되었다.

이 책에서는 지배(control)라는 개념을 이중으로 정의하고 있다. 첫째는 「법률적 지배」로서, 「중역들을 선출하는 권력」으로 정의된다. 이것은 의결권을 행사할 수 있는 주주의 소유(ownership)에 근거하고 있다. 둘째는 「사실적 지배」로서, 「전형적인 대회사에서 … 지배는 사실상의 것이며, 일정한 정도의 소유, 경영참가, 또는 기업의 행동에 중요한 외부사정을 통해 확보된 전략적 지위에 기초하고 있다. 이와 같은 지배는 법률적 지배형태만큼 명확히 정의되지 않지만, 통상 매년 이사회 선거에서 분산주주로부터 위임장을 받아내는 경영자의 능력에 기초하고 있다」고 주장했다. 소유에 근거하지 않는 경영자지배의 원천은 경영자의 전략적 지위 또는 능력에 기초하고 있다는 것이 이 책의 예측이었다.

그런데 이와 같은 실증분석이 전개되고 있는 제1편 제3장부터 제5장의 세 장은, 모두 민스가 쓴 것이다. 그 뒤 민스는 경제력이 집중된 소수의 대기업이 「가격지배력」을 갖는다는 데 주목해 이른바 「관리가격론」*의 선구적인 연구성과를 발표함으로써, 조지 스티글러(George J. Stigler) 등의 시카고학파의 좋은 논쟁상대가 되었다.

한편 민스의 조사결과인 법사회학적 의의가 쓰여진 제2편 이후는 모두 벌리가 쓴 것이다. 그 뒤 벌리는 경영자지배의 원천이 소유에 기초하지 않는다면, 그 「지배의 정당성(legitimacy)」의 근원은 무엇인가라는 문제의식을 분명히 했다. 벌리는 소유 대신에 기업권력이 정당화되는 「사회적 합의」의 형성을 예측하고, 이러한 정당성의 기준에 합치되지 않는 권력 남용이 「회사의 양심」에 의해 억제되기를 기대했던 것이다.

오늘날에는 벌리와 민스의 논의의 전제가 되고 있는 주식소유의 분산 대신에 금융기관과 사업법인에 대한 주식소유의 집중이라는 현상이 나타남에 따라 독창적인 연구가 많이 이루어졌다. 예를 들면 미국에서는 거대한 연금기금 등을 관리·운영하는 금융기관으로 주식소유가 집중되자, D. M. 코츠(David M. Kotz)로 대표되는 「은행지배설」이 등장했다. 또 일본에서는 6대 기업들이 서로 주식을 소유하는 일이 빈번해지자, 오쿠무라 히로시(奧村宏)가 독자적으로 「법인자본주의론」을 주창했다. 한편 이러한 금융기관과 사업법인의 소유에 따른 지배를 부정하고, 회사를 대표하는 경영자의 지위와 능력, 또는 경영자의 회사 점유에 기초하는 새로운 경영자지배론도 주장되고 있다.

기업의 소유구조가 복잡해진 오늘날, 『누가 회사를 소유하고 있는가?』라는 질문에 대해 벌리와 민스의 지주비율별 분석만으로 한쪽에 의한 다른 쪽의 지배=종속관계의 답을 내리는 것은 곤란하다. 문제는 법인기업으로 주식소유가 집중되는 상황에서 사실상 이루어지고 있는 경영자지배를 어떻게 생각하는가에 달려 있다. 그런 의미에서 주식의 상호소유관계와 이사의 겸임관계 등 「기업 간 관계네트워크」라는 시각을 경영자지배론에 도입하고자 하는 산업사회학의 J. 스콧(J. Scott)의 연구와 「강한 경영자와 약한 주주」의 출현을 민간 경제력의 집중에 대해 적대적인 미국의 정치적 산물로 보는 마크 J. 로(Mark J. Loe)의 기업통치론은 주목할 만하다.

아무튼 벌리와 민스의 문제제기에 어떻게 대답할 것인가라는 문제는 자본주의 경제의 본질과 변질을 고려할 때 앞으로도 많은 연구자들의 시금석이 될 것이다. 그들의 문제제기에 답하기 위해서는 착실한 사실발견, 그리고 거기에서 얻어진 결론이 지닌 특수성과 보편성을 인식하는 자세가 먼저 갖추어져야 할 것이다.

***

관리가격론

관리가격이라는 개념이 처음 등장한 것은 민스가 1935년에 농·상무장관에게 제출한 보고서이다. 그는 집중도가 높은 산업일수록 가격의 경직성이 현저하며, 해당산업의 가격결정에는 가격선도성(프라이스 리더십)이 크게 영향을 미치는 것 등을 관리가격의 특징으로 보았다. 또 1957년 미국상원 반트러스트위원회에서의 조사 이후, 그의 실증을 뒷받침하는 많은 보고서가 발표되었다. 이에 대하여 스티글러 등의 시카고학파는 시장의 집중도와 가격의 경직성 사이에 상관관계는 존재하지 않으며, 민스가 조사한「판매자의 표시가격」이 경직적이었다 해도,「구매자측의 거래가격」에는 비밀스러운 가격양보라는 다원적·동태적 경쟁요인이 작용한다고 반박하였다.

불완전경쟁의 경제학

-조안 바이올렛 로빈슨(Joan Violet Robinson, The Economics of Imperfect Competition, 1933)-

로빈슨(1903~83년)은 잉글랜드의 서리에서 태어났다. 군인이었던 아버지는 제1차 세계대전 중 사실과 다른 발표를 한 정부에 대한 반론을 〈타임스(Times)〉지에 기고했다는 이유로 파면되었다. 런던 대학의 신학교수였던 할아버지도 「영원한 형벌에 관한 위험한 설교」를 설명했다가 교직을 박탈당했다. 이러한 할아버지, 아버지를 둔 그녀는 스스로 반항의 피가 흐르고 있다는 말을 하곤 했다고 한다. 케임브리지 대학을 졸업한 뒤 모교에서 교편을 잡았다.

1930년대의 경제학은 거시에서 「케인스혁명」, 미시에서 「불완전경쟁론」이라는 두 개의 중요한 혁신을 이루었다. 이 두 혁신에서 로빈슨은 중요한 역할을 했다. 전후에는 《자본축적론(The Accumulation of Capital)》(1956년) 등으로 「케인스혁명」의 성과를 장기 발전이론으로 확대하고자 했다. 또한 1953~54년의 논문 〈생산함수와 자본이론〉은 「자본논쟁」의 발단이 되었다.

《불완전경쟁의 경제학》은 스라파의 마셜 비판을 계승해 완전경쟁은 현대 경제에서는 일반적이지 않다고 주장한다. 완전경쟁이 성립하려면 다수의 공급주체가 동질의 재화를 생산한다는 조건이 전제되어야 한다. 그러나 수확체증이 존재하는 경우에는 거대 생산자 쪽이 비용 면에서 유리하게 되어, 이 조건은 논리적으로 충족되지 않는다. 그렇더라도 하나의 수요를 충족시키기 위해 품질이 상이한 다수의 재화가 존재하고, 이들의 재화가 서로 경쟁하고 있으므로, 현대 경제에서 순수한 독점 또한 드물다. 따라서 현대 경제의 전형은 불완전경쟁 가운데 존재하는 것이다.

동일한 재화라면, 소비자는 가장 가격이 저렴한 생산자로부터 구입하려고 하므로 「1물1가(一物一價)」가 될 것이다. 이 때 기업은 실제로 이 가격으로 판매하고 싶은 만큼 판매할 수 있다. 단, 한계비용이 가격을 상회하는 경우에는 판매량을 증가시키면 오히려 이윤이 저하하므로 완전경쟁 아래에서는 한계비용이 가격과 동일해지는 수준으로 생산이 이루어진다.

불완전경쟁시장에서는 이질적인 재화가 생산되기 때문에 기업이 가격을 올리거나 내려도 판매량은 부분적으로 변동할 뿐이다. 지금 기업이 p원의 가격을 $p-\Delta p$로 인하했다고 하자. 이 때 판매량은 q에서 $q+\Delta q$로 증가한다고 하지. 그렇다면 기업의 수입은 가격을 인하함으로써 $q\Delta p$만큼 감소하고 생산량이 증가함에 따라 $p\Delta q$만큼 증가한다(정확하게는 $[p-\Delta p]\Delta q$이지만, 가격의 변화가 매우 작은 경우에는 $p\Delta q$에 가까워진다).

한편, 한계비용을 mc라고 한다면, 비용 증가는 $mc\Delta q$가 된다. 기업의 이윤(P)은 이윤의 증가액(ΔP)이 0이 될 때 최대가 되므로, 기업은

$$\Delta P = -q\Delta p + p\Delta q - mc\Delta q = 0$$

이 되도록 생산량을 조절할 것이다. 따라서 기업이 설정하는 가격(p)
은,

$$P = \frac{\xi}{\xi-1}mc \ \ \text{단}, \ \ \xi = \frac{-\Delta q/q}{\Delta p/p}$$

다. 여기에서 ξ은 수요의 가격탄력성*을 나타낸다. 따라서 동일한
한계비용 아래에서도 가격탄력성이 작아질수록 가격이 높아지는 것이
다. 또 완전경쟁 아래에서는 각 기업의 가격탄력성이 무한대가 되기
때문에 가격은 한계비용과 일치한다. 이것에서 완전경쟁은 불완전경
쟁의 특수한 예라는 사실을 알 수 있을 것이다.

장기적으로는 초과이윤이 0이 될 때까지 기업의 참여 또는 철수가
있으므로 가격은 평균비용과 일치한다. 완전경쟁 아래에서는 가격과
한계비용이 동일해지기 때문에 평균비용과 한계비용이 일치한다. 이
때 평균비용은 최저가 되기 때문에 완전경쟁에서 생산은 최적규모로
이루어진다. 그러나 불완전경쟁 아래에서는 가격이 한계비용의 $\frac{\xi}{\xi-1}$
배이기 때문에 평균비용은 한계비용보다 커진다. 이 경우 생산량을
증가시킴으로써 평균비용을 낮출 수 있다. 말하자면 불완전경쟁 아래
에서의 생산규모는 최적규모보다 작게 된다. 따라서 불완전경쟁 아래
에서 자원은 합리적으로 배분되지 않는 것이다.

로빈슨의 불완전경쟁 모델은 마셜적인 부분균형분석에 기초하는
것이며, 마셜을 부정했다기보다 확대 보충한 것이다. 마셜적인 정학
적 틀이 그대로 남아 있기 때문에, 뒤에 로빈슨은 자신의 모델을 포
기한다. 또 동질의 재화가 생산되는 완전경쟁과 달리, 불완전경쟁 아
래에서는 상이한 재화마다 상이한 가격이 설정된다. 이들 재화는 상
호 경쟁적이어서 한 재화의 수요는 그것과 경쟁하는 다른 재화의 가

격에 의해서도 변화한다. 그 때문에 한 재화의 수요곡선은 고정된 것
이 아니라, 다른 재화의 가격을 다른 기업이 어떻게 설정하는가에 따
라 변화한다. 불완전경쟁시장에서는 이와 같은 기업 간의 상호의존관
계가 중요하지만, 《불완전경쟁의 경제학》은 이 문제를 정확히 포착하
고 있다고는 말하기 어려울 것이다.

*** * ***

수요의 가격탄력성

어느 재화의 가격이 1% 떨어졌을 때 재화의 수요가 몇 퍼센트 증가하는가를 나타낸
것이다.

고용, 이자 및 화폐의 일반이론

– 존 메이너드 케인스(John Maynard Keynes, The General Theory
of Employment, Interest and Money, 1936) –

《고용, 이자 및 화폐의 일반이론》── 이하 《일반이론》이라 한다 ── 이 「세의 법칙」(공급은 스스로 수요를 창출한다)에 입각한 고전학파 경제학을 뿌리부터 비판하고, 대신에 「유효수요의 원리」라는 「새로운 경제학」을 수립한 혁명적인 저서라는 것은 상식이라 할 수 있다. 케인스의 경우 이미 지적한 바와 같이 아카데미즘과 저널리즘이 결부되어 있다는 데 최대의 특징이 있다.

고전학파 세의 법칙은 먼저, 첫번째 기둥인 임금률의 신축성 가정에 의거해 노동시장이 항상 분명한 경향을 보인다는 것, 두번째 기둥인 이자율의 신축성 가정에 의거해 투자와 저축이 항상 동일해지는 경향을 보인다는 사실을 주장하고 있다. 그러나 만약 그렇게 된다면 노동자가 만든 것은 전부 소비재나 투자재로 소요될 것이다. 「공급은 그 자신의 수요를 창출한다」라는 것이다.

그렇지만 케인스는 사회 전체로서의 「유효수요」(실제의 화폐 지출로 뒷받침되는 수요)의 부족이 산출량을 낮은 수준으로 결정하기 때문에, 현행의 임금률에서 일하고 싶어도 일할 수 없는 「비자발적 실업자」이 발생한다는 것을 직관적으로 알게 되었다. 그러나 그 「직관」을 모델화하는 것은 케인스에게도 결코 쉬운 작업이 아니었다. 《화폐론》에서부터 《일반이론》에 이르는 과정*은 그 「직관」을 명확한 모델로 정식화하기 위한 고난의 길이었다 해도 좋을 것이다.

먼저 《일반이론》의 케인스는 「봉쇄경제」(외국무역과 정부의 활동을 제외한다)와 「단기」(인구·자본설비·기술은 일정)를 가정한다. 이 경우 사회 전체의 유효수요는 소비수요(C)와 투자수요(I)의 합계와 같지만, 소비수요는 국민소득(Y)의 안정적인 함수이므로 —— 케인스는, C는 Y의 증가와 함께 증가하지만, C의 증가는 Y의 증가에는 영향을 미치지 않는다고 했다. 즉 $0 < \dfrac{\Delta C}{\Delta Y}$ (한계소비성향) < 1이라고 가정한다 —— 투자수요마저 결정되면, 국민소득과 소비의 크기도 동시에 결정된다(「승수이론」). 다음으로 투자수요는 「자본의 한계효율 E」(예상이윤율)과 이자율(r)의 관계로 결정되지만, 자본의 한계효율표가 주어져 있다면 그것은 이자율의 높이 여하에 따라 결정될 것이다. 이자율을 결정하는 것은 화폐공급량(M)과 유동성 선호(L)의 관계임에 틀림없다(「유동성선호설」).

이상을 루이지 L. 패시네티(Luigi L. Pasinetti)의 모델을 사용해 정리하면 다음과 같다.

$$\psi(L,\ M) \rightarrow r \rightarrow \phi(E,\ r) \rightarrow I \begin{array}{l} \nearrow\ Y \ \left| Y = C + I \right| \\ \searrow\ C \ \left| C = f(Y) \right| \end{array}$$

이 모델을 사용하면, 사람들 —— 특히 케인스가 비판했던 투자자 계급(「금리생활자」) —— 의 「화폐애」가 이자율을 높은 수준으로 묶

어두고 있다는 것을 알 수 있다. 나아가 그것이 대중심리의 영향을 받아 매우 불안정해진 자본의 한계효율과 결부되어 투자를 낮은 수준에서 결정하기 때문에 국민소득과 고용량도 낮은 수준에서 결정된다는 것을 명쾌하게 이해할 수 있다. 결국 대량의 「비자발적 실업」의 궁극적인 원인은 금리생활자의 화폐애에 있는 것이다.

케인스의 정책제언은 이 모델에서 명확하게 도출할 수 있다. 먼저 이자율을 인하하려면 중앙은행이 금융시장에서 국채와 채권을 적극적으로 매입, 금융시장에 유동성을 공급하지 않으면 안 된다. 그렇게 함으로써 국채와 채권의 시가가 올라 이율로 표시된 이자율이 내려가기 때문이다. 그렇지만 이와 같은 정책은 한 나라의 화폐량이 금의 양에 따라 제한되는 금본위제도 아래에서는 실행될 수 없을 것이다. 케인스는 일찍부터 관리통화제도에 관심을 가져왔는데, 그와 같은 관심은 《일반이론》과 그 뒤 그의 실천활동에도 깊은 연관을 맺고 있다.

그런데 중앙은행의 정책에 의해 이자율이 내려갔다 해도, 만약 그 효과가 자본의 한계효율표 아래쪽 이동으로 상실되면, 민간의 투자는 쉽게 증가하지 않을 것이다. 그 경우 정부는 재정을 적자로 해서라도 공공투자를 해야 한다. 단, 고전학파의 균형재정주의로부터 벗어났다 해도 케인스 자신은 뒤의 케인지언들과 달리, 재정이 움직이는 타이밍에 관해서는 매우 신중했다는 것을 부언해두고 싶다.

《일반이론》의 영향은 영국의 《고용백서》(1944년)와 미국의 「고용법」(1946년)에서 볼 수 있는 것처럼 정부의 고용정책에 나타났다. 케인스혁명으로 인해, 비로소 높고 안정된 고용수준을 유지하는 것이 정부의 의무라고 생각하게 되었던 것이다. 오늘날에는 케인스 경제학이 여러 가지 각도에서 비판받고 있지만, 어느 누구도 이 방면에서 케인스가 이룩한 공을 부정할 수는 없을 것이다. 이것이 바로 그가

20세기 최고의 경제학자로 일컬어지는 까닭이다.

* * *

《화폐론》과 《일반이론》의 관계

양자의 관계에 관해 케인스는 《일반이론》의 서문에서 다음과 같이 설명하고 있다. 『나의 「기본방정식」은 산출량을 일정하다고 가정한 위에서의 순간묘사였다. 그것은 산출량을 일정하다고 가정한 다음, 이윤의 불균형을 야기해 산출량 수준의 변화를 요구하는 여러 힘이 어떻게 발전하는가를 보여주고자 하는 시도였다. 그러나 순간묘사와는 다른 동태적 발전의 취급은 불완전하며 현저하게 혼란스런 상태로 남아 있었다. 그에 비해 이 책은 전체로서의 산출량 및 고용규모의 변화를 결정하는 여러 힘을 연구하는 데까지 발전하고 있다.』

정치경제학과 자본주의

– 모리스 허버트 도브(Maurice Herbert Dobb, Political Economy
and Capitalism, 1937) –

도브(1900~76년)는 영어권에서 그 수가 아주 적은 마르크스 경제학자 가운데 한 사람이었다. 케임브리지 대학을 방문한 어느 경제학자는 도브를 만나고 나서 마르크스주의자가 그 곳에서 강사직을 맡고 있을 뿐만 아니라, 그 마르크스주의자가 다른 누구보다도 온후한 신사라는 데 놀랐다고 한다.

도브가 케임브리지 대학에 계속 머물러 있었다는 의미는, 마셜 이래 영국 경제학의 중심지에서 근대경제이론의 새로운 동향에 대해 고전학파로부터 마르크스에 이르는 정치경제학의 전통을 유지했다는 뜻이다. 그는 케임브리지 대학에서 그와 같은 시각에서 경제학사 강의를 하곤 했는데, 그 결정판이 1973년에 나온 《가치와 분배의 이론》이다. 이 책에서 볼 수 있는 바와 같이 그는 고전학파와 마르크스 경제학 해설뿐만 아니라, 경제학자 사이에서 벌어지고 있는 수준 높은 논쟁에 관해서도 평가하고자 했다. 저서 《후생경제학과 사회주의》에서 그는 그와 같은 평가에 「하나의 상식적 비판」이라는 조심스러운 이름을 부여하고 있지만, 그것은 이론의 사회적 관계를 생각한다는 의미에서 고전학파 및 마르크스와 결합한 정치경제학적 시각에서 본 비판인 것이다.

도브는 근대경제학에 관한 비판자로서의 역할을 수행했을 뿐만 아니라, 스라파의 《리카도 전집》 편찬을 도와주었으며, 로빈슨이 마르크스 경제학에 관심을 갖도록 했다. 그 결과 한때 케임브리지 대학은 마르크스 경제학과 스라파 가치론 및 포스트 케인지언 간에 다리를 놓고자 하는 소장연구자들의 메카가 되었다.

20세기 마르크스 경제학자로서 도브의 생애에 귀찮게 따라다닌 하나의 그림자는 바로 소련의 사회주의경제다. 도브는 러시아 혁명 뒤의 국제적 간섭에 반대하고, 전화와 기근에 휩싸인 러시아 민중의 구제를 호소하는 운동에 참가한 이래, 소련에 대해 항상 최대한의 이해를 나타내는 경제학자였다. 그는 1925년 소련을 방문해 계획경제의 실제를 접하고 1928년 《혁명 후 러시아의 경제발전(Russian Economic Development since the Revolution)》을 발간했다. 또 1930년대의 사회주의 경제계산논쟁*에 참가해 시장경제를 모방하는 오스카어 리하르트 랑게(Oscar Richard Lange) 스타일의 처방전보다는 소련에서 실제로 일어나고 있는 집권적인 공업화 계획 쪽이 계획경제의 장점을 살리는 방식이라고 주장했다. 폴란드·헝가리에서 소련형 사회주의의 강요에 반대하는 폭동과 정변이 일어나고 그것이 제압되는 가운데 영국에서도 지식인들의 신좌익(New Left)운동이 일어났지만, 도브는 거기에 가담하지 않았다. 그는 수구적인 영국공산당 내에서 비판적인 소수파에 그쳤다. 그는 소련과 동구에서의 경제계획 진전이 언젠가는 사회와 정치의 민주화로 연결될 것을 기대하고 있었던 것이다.

이 책은 1937년 출간되었는데, 여기에는 도브가 끌어들인 두 가지 과제가 함께 포함되어 있다. 도브는 당시 가치무용론에 항거해 교환과 분배의 관계를 파악하기 위해서는 몇 가지 불변의 「상수」가 필요하다고 주장했다. 물론 도브는 이 「상수」를 모든 상품 생산의 기초에 있는 객관적 요소인 노동에서 찾는다. 주목할 만한 사실은 이러한 노동가치론이 뒤에 스라파의 《리카도 전집》 서문에서 곡물비율론*으로 등장하고, 다시 《상품에 의한 상품의 생산》에서 세련되게 다듬어진 잉여이론의 구조 속에 위치하고 있다는 것이다. 「비용과 총생산물을 같은 것으로 표현」하고, 그에 따라 「잉여」를 확정하는 것이 가치론의 과제로 되어 있다. 그러나 도브는 아무리 유용한 노동이라도 그 생산물이 상품형태를 취해 교환이 실현되지 않으면 가치가 없다는 노동가치론에 대한 마르크스적인 제약은 인식하지 못했다. 이것은 아마 케인스 혁명에 대한 그의 상대적 저평가와 같은 이유 때문일 것이다. 즉 고전학파의 실물적·장기적 시각을 기초로 한 도브의 사고방식에 기초하고 있기 때문이다.

도브는 단기에서 중요하게 다루어지는 「마찰」과 「기대」를 기본축으로 한 경제이론을 그다지 높게 평가하지 않았다. 그에게는 장기적인 사회적 분배관계가 문제였기 때문이었다. 이에 비해 시간 속에서의 축적이 어떤 결과를 초래하는가는 그에게 중요한 관심사였다. 투자결정이 단기적인 시장적 관심에 따라 이루어지는가, 또 최대의 효율을 실현할 수 있도록 계획적으로 결정되는가는, 자본주의와 사회주의의 차이를 결정짓는 문제다.* 또 실물적으로 노동가치설을 파악하는 경우에도 축적과정 속에서의 노동과 그 효과의 관련성에 관한 파악은 뵘바베르크의 마르크스 비판에 대해 기초부터 답할 수 있게끔 해주기 때문이다.

이러한 성장이론의 기초에 관한 고찰은, 뒤에 제2차 세계대전 후

독립을 이룬 후진국의 공업화정책에 대한 충고로 발전한다. 거기에서
도 가장 중요한 것은 정책(투자율) 선택에 수반하는 정치경제학적 내
용이다. 그러나 이 충고에서도 도브는 집권적인 정부를 암묵리에 지
지했다는 비판을 받을지도 모른다.

✱✱✱

사회주의 경제계산논쟁

오스트리아학파의 미제스가 생산수단 시장이 없는 사회주의 경제에서는 합리적인 경
제계산이 불가능하다며 사회주의자를 비판한 데서 비롯된 논쟁이다. 랑게는 이에 대해
사회주의 아래에서도 계산가격은 존재하며, 계획당국은 발라의 모색과정과 같은 가격
개정을 반복함으로써 합리적인 가격체계를 만들어낸다고 주장했다. 이에 대해 미제스
와 하이에크는, 사유재산과 이윤이 없는 계획경제 아래에서 경영자·관리자는 그처럼
합리적인 행동을 취할 동기가 없다고 반론을 제기했다.

곡물비율론

농업에서는 투입도 산출도 같은 곡물로 간주되기 때문에, 가치개념을 고려하지 않고
잉여와 이윤율이 확정될 수 있다고 하는 사고다. 스라파 및 도브는, 리카도가 초기 논
문인 〈곡물의 저가격이 자본이윤에 미치는 영향〉에서 이 견해를 표명했으며, 그것이
뒤의 《경제학 및 과세의 원리》에서 노동가치설로 발전했다고 간주했다.

투자의 계획적 결정

도브는 자전거에 탄 주인을 발견하고 뒤쫓는 개의 예를 이용해 계획경제의 효율성을
설명했다. 만약 개가 계획적으로 행동한다면 아래 그림의 직선 루트를 선택할 것이라
고 하는 것이다.

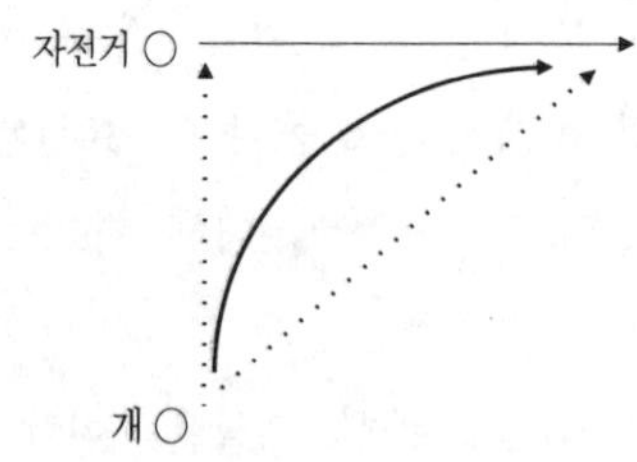

가치와 자본

-존 리처드 힉스(John Richard Hicks, Value and Capital : An In-
quiry into Some Fundamental Principles of Economic Theory,
1939, 2nd ed., 1946)-

　《가치와 자본》이라는 제목은 마르크스 경제학을 연상시킨다. 실제
로 일본 근대경제학의 개척자적 존재인 한 학자는 이 책을 《자본론》
의 해설서로 생각하고 읽기 시작했는데, 다 읽은 후 근대경제학자로
바뀌었다는 일화가 있다. 그러나 이 책은 틀림없이 케인스의 《일반이
론》과 쌍벽을 이루는 근대경제학의 고전이며, 전후 미시경제학은 모
두 이 책으로부터 시작했다 해도 과언이 아니다. 이 책에서 힉스는
마셜과 발라=파레토의 경제학을 통합해 현대가격이론의 기초를 확
립하고, 여기에 오스트리아학파의 시간개념을 접목시켜 동학적 일반
균형이론의 원점을 구축했다. 실로 한계혁명 이래 경제이론의 대부분
을 종합해 근대경제학의 기본적 패러다임을 수립한 저서가 바로 《가
치와 자본》이다.

　힉스(1904~89년)는 옥스퍼드 대학에서 그리 멀지 않은 영국의 위

릭셔에서 태어났다. 퍼블릭 스쿨에서 수학의 재능을 인정받아 수학을
전공하고자 옥스퍼드에 진학했다. 그러나 힉스는 칼리지의 교육수준
에 만족하지 못하고 있던 중, 숙모의 집을 찾아갔을 때 만난 LSE의
G. 워런스의 추천을 기회로 전공을 과감하게 경제학으로 바꾼다. 그
리고 순식간에 일취월장, 이름을 날리게 되었다.

　LSE에 취직한 그는 1928년 요하네스버그 대학에 1년 동안 출장가
있었다. 이 곳에서 그는 노동조합이 흑인을 배척하고, 백인이 독점노
동시장을 옹호하고 있는 현실을 보았다. 이 경험이 그를 한때 경쟁시
장에 관해 열중하는 신자로 만들었다고 힉스는 뒤에 술회하고 있다.
그리고 그가 LSE로 돌아왔을 무렵 LSE는 로빈스, 하이에크의 지도
아래 니콜라스 칼도어(Nicholas Kaldor), 로이 조지 더글러스 앨런
(Roy George Dougllas Allen), 아바 패차 러너(Abba Ptachya Lerner)
등 젊은 경제학자들이 대륙의 방법론에 입각해 학파를 형성하면서 케
임브리지 학파와 선을 긋고 있었다. 1934년 힉스는 그러한 연구의 성
과를 (앨런과의 공저에서) 발표했는데, 이것이 《가치와 자본》의 원형
이 되었다. 그리고 그 이듬해인 1935년 케인스와 피구의 간곡한 초청
으로 케임브리지로 옮겨 《일반이론》(1936년)의 출현을 보게 된다.
힉스는 즉각 《일반이론》의 서평을 통해 케인스 경제학에서의 불확실
성* 개념에 관한 의의를 정확히 평가하였다. 그리고 그 이듬해에는
IS-LM분석*을 발표해 케인스 이론의 흡수에 노력했다. 1938년에는
맨체스터 대학으로 옮겨 드디어 1939년 《가치와 자본》을 세상에 내놓
았다.

　《가치와 자본》은 기본적으로 경제이론에 관한 책이다. 즉 시장경제
의 운행방법을 설명하는 책이다. 그는 이 작업을 2단계로 나누어 실
시했다. 먼저 책 전반부에 걸쳐 마셜과 발라=파레토의 이론을 종합
해 한 시점에서의 가격이론을 완성시켰다. 또 마셜의 소비자잉여론을

파레토의 선택이론과 접목시킴으로써 효용의 측정이라는 케임브리지 학파의 난점을 회피하면서 그 실천력의 계승을 도모했다. 무차별곡선론을 중심으로 하는 이 부분은 초급 미시이론으로서 지금까지도 경제학도라면 알아야 할 필수내용으로 남아 있다.

그렇지만 《가치와 자본》의 본령은 오히려 그 후반부에 있었다. 여기에서 힉스는 일반균형이론에 시간요소를 도입해 시장경제에 관한 본래의 성질인 동태성을 해명하고자 시도했다. 일반균형이론의 동태화는 발라도 시도했지만, 하나의 일반균형가격을 유지한 채 이론화하기에는 무리가 있었다. 또 슘페터의 신결합론이 이에 이어졌으나, 역시 외생적 교란론의 성격이 남아 있었다. 힉스는 끝까지 시장경제에 내재하는 요인으로부터 동태이론을 고려하려고 했다.

여기에서 그는 하나의 일반균형가격이 유지되는 기간으로서 「주(週)」라는 특별한 개념을 도입했다. 즉 주가 시작될 때 먼저 현재의 수급 균형을 맞추는 일반균형가격을 구할 수 있고, 일단은 그 가격 아래에서 실물거래만이 진행된다고 가정한다. 그러나 거래가 진행됨에 따라 수급관계는 당초의 예상과 다른 것이 밝혀지기도 하고, 또 자본설비가 거래된 결과 생산능력에 변화가 생기면, 처음 가격에서의 수급균형은 어려워질 것이다. 이리하여 가격의 변경이 필요해지지만, 그 순간 이번 주는 끝나고, 다음의 가격체계 아래에서 다음주가 시작된다. 이러한 형태로 처음 예상 아래에서의 수급균형→현실경험을 거친 예상의 변경→새로운 예상 아래에서의 수급균형→ …이라는 식으로 예상의 변화를 계기로 주를 연결시켜간다. 이런 식으로 힉스는 끝까지 일반균형이론을 사용하면서 현실의 불규칙한 가격 변화를 설명하고자 노력했던 것이다.

이 책이 커다란 계기가 되면서 근대경제이론을 정교하고 치밀하게 만드는 과정은 이후 독주상태로 접어들었다. 그러나 당시의 힉스는 당황했다. 왜냐하면 그에게 「경제이론의 지위는 응용경제학의 시녀였기 때문이다(서문).」 힉스는 실천을 고려하지 않았던 근대경제학에 위기감을 몰아가, 드디어 스스로 《가치와 자본》에로의 결별을 결의하기에 이른다…[이 뒷부분은 《경제사의 이론(A Theory of Economic History)》을 참조할 것].

***

불확실성

경제학에서 장래의 일이 불확실하다고 할 때, 일어날 것 같은 사건은 어느 정도 좁힐 수 있다. 그러나 그 가운데 어느 것이 일어날지는 확률적으로밖에 알 수 없는 상황과 무엇이 일어날지조차 전혀 예상할 수 없다는 상황을 구별해 전자를 불확정성, 후자를 불확실성이라고 한다. 케인스 경제학은 이런 의미에서의 불확실성을 이론의 가장 중요한 부분에 위치시켰다는 점에 그 특징이 있다.

IS-LM분석

케인스의 《일반이론》의 주요 내용을 하나의 도표로 나타낸 것이다. 상품시장의 균형조건을 IS표, 화폐시장의 수급조건을 LM표라 할 때, 양자가 교차하는 점에서 거시수준에서의 균형생산량과 균형이자율이 동시에 결정된다는 것을 나타낸다.

재정정책과 경기순환

– 앨빈 하비 한센(Alvin Harvey Hansen, Fiscal Policy and Business Cycles, 1941) –

한센은 덴마크계의 미국인으로 1887년 태어났다. 위스콘신 대학에서 경제학을 공부하고, 그 곳에서 미국 제도학파의 대표인물인 존 로저스 코먼스(John Rogers Commons)와 리처드 시어도어 엘리(Richard Theodore Ely)를 만나게 된다. 한센은 뉴딜기에 워싱턴에서 활약한 것으로도 알려져 있지만, 좀더 유명해진 것은 1937년 하버드 대학으로 옮기고 나서부터일 것이다. 이 때 이미 그의 나이 50세였지만, 그 전해에 출판된 케인스의 《일반이론》에 커다란 영향을 받아 케인지언으로 개종했다. 그리고 이 대학의 재정학 세미나를 통해 학계와 관계에 케인스 정책을 널리 알리는 데 힘썼다. 이 세미나에는 폴 앤터니 새뮤얼슨(Paul Anthony Samuelson)과 리처드 아벨 머스그레이브(Richard Abel Musgrave) 등 쟁쟁한 인물이 참가하고 있었다.

1941년 출판된 《재정정책과 경기순환》은 한센이 케인지언으로 개종한 뒤에 출판한 대표적 저서이며, 그 후 미국 경제학의 흐름에도 큰 영향을 미쳤다. 제1편에서는 1930년대의 세계적인 불황을 개략적으로 설명하고, 제2편에서는 각국의 재정정책 실태에 관한 분석과 재정이론을 둘러싼 논쟁 등을 다루고 있다. 제3편은 케인스 이론을 한센 나름대로 소화해 해설한 부분이다. 그러나 이 책을 단순한 케인스 경제학의 해설서로 생각하는 것은 큰 오해일 것이다. 케인스의 《일반이론》 자체는 매우 추상적으로 쓰여져 있어 그대로 재정정책에 응용할 수 없다. 따라서 이미 재정정책에 관해 충분한 지식을 가진 한센이 한 걸음 앞질러 「재정정책의 이론」으로서 케인스 이론을 전개했던 것이다. 예를 들면 제3편에서 전개되는 소비에 미치는 영향으로서의 「승수이론」과 투자에 미치는 영향으로서의 「가속도원리」를 구별해 분석하는 등, 독창성도 있다고 할 수 있다. 덧붙여 말하자면 소비함수의 계측에 관한 부분은 새뮤얼슨이 도왔다.

그러나 오늘날 이 책을 반복해서 읽을 때, 가장 흥미로운 것은 오히려 제4편 이후일지도 모른다. 한센이라고 하면 자본주의 경제가 성숙해가면 머잖아 활력을 상실해, 높은 생산력을 갖고 있음에도 불구하고 자원의 불완전이용 상태가 지속된다고 하는 「장기정체론자」로도 유명하다. 장기정체론이란 케인스가 이미 《일반이론》 속에서 사회가 부유할수록 현실의 생산과 잠재적인 생산의 차이가 확대된다고 설명하고 있는 것처럼, 경제가 풍요해지면 경제적 진보의 한계효율은 떨어지고 유효수요가 부족해진다는 이론이다.

한센에 따르면 경제적 진보의 구성요소는 ① 발명, ② 새로운 영토 및 새로운 자원의 발견 내지는 발달(이른바 프런티어), ③ 인구의 증가다. 그러나 현대경제에서 ②는 더 이상 기대할 수 없으며, 인구도 예전처럼 기하급수적으로 늘어나지 않는다. 또 그것을 보완할 수 있

는 발명도 많지 않다. 따라서 경제는 정체에 빠져버린다. 한센 이외
에도 이런 생각을 가진 경제학자는 많았지만, 현실적으로 제2차 세계
대전 뒤 대부분의 나라가 고도경제성장을 이루게 됨에 따라 장기정체
론은 패배했다. 그러나 장기정체론은 음울한 경기예측을 초월한 사회
분석이었다. 이 논의는 케인스 이론을 사회분석에 응용했다는 점에서
그 공적이 크다고 말할 수 있다.

또 마지막 장에서는 ① 생산의 사회화와 ② 소득 및 소비의 사회화
라는 관점에서 경제의 이중화(dual economy)를 논하고 있다. 전자
는 사회주의를 지칭하는 것이 아니라 공익사업과 공공단체 등이 차지
하고 있는 역할의 증대를 가리키며, 이것이 경기순환을 완화하는 방
향으로 움직이게 한다. 후자는 성숙한 사회에서 소비를 높은 수준으
로 안정시키기 위해 누진과세와 공적인 소득이전, 또는 민간 보험회
사 등의 활동을 이용해 안정된 경제를 목표로 한다. 케인스가 경기순
환을 완화하기 위해 「투자의 사회화」를 주창한 것은 유명하지만, 한
센은 그 논의를 다시 부연해 구체적으로 논하고 있는 것이다.

또 이 책이 단순한 케인스 이론의 해설서와 크게 다른 점은 그 자
신이 영국과 미국의 경제학뿐만 아니라, 오스트리아학파와 스톡홀름
학파 등 대륙 경제학의 영향을 강하게 받고 있다는 점일 것이다. 한
센은 「재정주의자(fiscalist)」라고 이름 붙일 수 있는데, 그 이유 가운
데 하나는 그가 영국과 미국의 화폐적 경기순환론*에 불만을 느끼
고, 대륙의 실물적인 경기순환론에 친근감을 갖고 있었다는 것을 들
수 있다. 이런 점에서 분명히 케인스와는 역점을 두는 방법이 다른
것이다.

그가 『경기순환이론이란 경제의 배경이 되는 사회관계·관습·행
동형태 등이 가격체계의 기능에 미치는 마찰적 영향을 이론화한 것이
라고 말할 수 있다』고 설명했듯이, 그에게 경기순환이론은 사회적인

문제이며, 슘페터가 전개했던 동태적인 사회이론이 되지 않으면 안
된다. 그렇기 때문에 한센은 오늘날의 경기순환론을 전적으로 수용할
수 없을 것이다.

*** * ***

경기순환론

경기변동을 설명하기 위해 옛날부터 과잉투자설과 과소소비설 등이 존재하고 있었
다. 과잉투자설에 관해서는 생산재와 소비재 등의 생산을 위한 투자가 반드시 수요요
인과 보조를 맞추지 않는 데서 경기변동이 발생한다는 「비화폐적 과잉투자설」〔M. I.
투간바라노프스키(M. I. Tugan-Baranovskii), 아르투어 아우구스트 카스파어 슈피토
프(Arthur August Caspar Spiethoff) 등〕과, 자본의 생산력과 화폐의 대출이자율이 일
치하지 않기 때문에 투자가 올바르게 이루어지지 않고 변동이 발생한다는 「화폐적 과
잉투자설」(하이에크, 로빈스 등)이 있다.

미국경제의 구조

- 와실리 W. 레온티에프[Wassily W. Leontief, The Structure of American Economy 1919-29, 1941 ; The Structure of American Economy 1919-39, 1951(2nd ed.)] -

레온티에프는 1906년 러시아의 페테르부르크에서 태어났지만, 혁명 뒤 러시아를 떠나 독일로 옮겨갔다. 거기에서 그가 겨우 19세의 나이로 독일 잡지에 투고한 논문 〈러시아 경제의 경제계정 – 방법론적 고찰〉이 그의 이후 경력을 결정짓게 되었다. 이 논문이 레온티에프의 주요 업적인 산업연관분석의 단서가 된 것이다. 이 논문은 발표 직후 무단으로 번역되어 소련 잡지에 게재되었다. 이리하여 구소련은 산업연관분석을 러시아에서 일어난 「비부르주아 경제학」이라고 주장하기에 이른 것이다. 한편 레온티에프는 22세가 되던 해에 베를린 대학에서 박사학위를 수여받고, 25세의 나이에 미국으로 건너간다. 이후 오랜 동안 하버드 대학에 재직하며 1973년 산업연관분석의 공헌으로 노벨 경제학상을 수상했다.

이 책 《미국경제의 구조》(1941년판, 1951년 개정)는 레온티에프가 개발한 산업연관분석*을 해설한 책으로 알려져 있다. 케인스 이후 그의 제자에 해당하는 J. R. 스턴(J. R. Stone) 등의 노력에 힘입어 국민계정(GNP통계)이 정비되는 등 거시경제학의 실증환경은 비약적으로 진보했다. 그러나 레온티에프는 이와 같은 한 나라의 집계량(集計量)뿐만 아니라, 좀더 일반균형론적인 실증분석을 가능하게 하는 통계 개발의 필요성을 느끼고 있었다. 산업연관분석은 분석의 단위를 한 나라 전체에서부터 「산업」에까지 분해해 각 산업 간의 상호의존관계를, 특히 산출 면에서 분명히 파악할 수 있게 하는 것이었다.

산업연관표의 기본표 자체는 각 산업으로부터 각각의 다른 산업으로의 조(粗)생산액의 흐름을 서술한 통계표에 지나지 않는다. 부가가치가 발생되는 과정의 재화 흐름을 조생산액 베이스로 채택함으로써 각 산업의 생산기술의 어느 한 시점에서 정지구획을 그을 수 있다. 그러나 더 파고들어 이 표의 각 항목을 각 산업의 총생산액으로 나누어 계수표로 만들고 어느 시점에서나 이들 계수가 변하지 않는다고 가정하면, 수요 쇼크가 각 산업에 미치는 영향 등 여러 가지 분석을 추가할 수 있다. 이 방법에서 계수가 불변이라고 가정하는 것은, 사실 특수한 생산함수를 가정하고 있는 데 지나지 않는다. 지금 어느 산업이 Y만큼의 양을 생산하고 싶다고 하자. 우리는 이 생산에 필요한 원료 등에 대한 수요가 Y에 비례하며, 이들 원료 등의 가격에는 의존하지 않는 것으로 가정한다. 예를 들면 Y를 생산하는 데 X_1재와 X_2재가 필요하다고 하면, 이들 원자재에 대한 수요량은 $X_1 = a_1 \cdot Y$, $X_2 = a_2 \cdot Y$가 된다고 가정하는 것이다.

생산기술을 이와 같이 표시한다는 것은 대체(對替)의 탄력성* 크기를 제로(0)로 간주하고 있음을 의미하며, 생산함수의 형상에 강한 가정을 두게 된다. 그러나 여기에서 요청되고 있는 것은 순수하게 이론상의 문제가 아니라, 이론을 실제 경제에 적용하는 것이다. 실제문

제로써 개개 산업의 생산함수 함수형을 모두 정확히 설정하기란 사실
상 불가능하다. 이 때문에 레온티에프는 이 함수형을 근사치로 했
다. 이것이 현재 레온티에프형 생산함수*라는 것이다. 레온티에프는
이 함수형을 정당화시킬 수 있는 근거로 다음과 같은 것을 들고 있
다. 보통 생산요소 간의 대체 가능성을 논의할 때는 기껏해야 자본과
노동 또는 토지라는 집계량 간의 대체성에 관심이 한정되어 있다. 그
러나 산업 또는 상품 분류를 충분히 세분화하였을 때에는 원활한 대
체는 생각하기 어렵다. 두 개의 대체적인 유사상품이 있을 때, 한쪽
상품이 저렴하면 가격이 높은 쪽의 상품은 사용하지 않기 때문에 저
렴한 상품만을 원료로 사용하게 될 것이다. 이것은 가격이 관련된 값
을 초과해 변동하지 않는 한 변하지 않는다. 이와 같은 경우 레온티
에프형 생산함수는 정당한 의미를 갖는다.

산업연관분석의 중요한 결론으로 「레온티에프 역설(Leontief's
Paradox)」이라는 것이 있다. 미국의 산업구조를 분석했을 때, 미국
의 수출품에는 노동집약적*인 상품이 많고, 반대로 수입품에는 자본
집약적*인 상품이 많다는 사실을 알게 된 것이다. 이 사실의 발견은
국제무역이론에 대한 중요한 도전이었다. 국제무역이론의 중심적인
모델인 헥셰르－올린의 정리(Heckscher-Ohlin theorem)에 따르면,
일반적으로 국내에 존재하는 양이 상대적으로 많은 생산자원(자본과
노동 등)을 더 많이 사용해 생산하는 재화를 수출하지 않으면 안 된
다. 미국은 당시의 대표적인 선진국이며 충분한 양의 자본이 축적되
어 있다고 생각하고 있었기 때문에, 다른 나라의 평균에 비해 노동에
대한 자본의 비율이 높았다. 따라서 종래의 이론에 따르면, 미국은
자본집약적인 재화를 수출하고, 노동집약적인 재화를 수입하지 않으
면 안 된다. 그러나 레온티에프의 연구는 이론과는 반대임을 나타내
는 것이었기 때문에 이후 커다란 논의를 불러일으켰던 것이다. 산업

연관분석은 현재에는 GNP통계와 함께 SNA통계*의 중요한 부분으로 채택되고 있으며, 많은 나라에서 정기적으로 공표되고 있다.

✻✻✻

산업연관표

산업연관표에 관한 첫 논문은 1936년의 〈Review of Economics and Statistics〉지에 수록되어 있다. 산업연관표는 케네의 현대판 「경제표」로 간주해도 좋을 것이다.

대체의 탄력성

두 가지 원료 등의 가격비가 1% 변화했을 때, 이 두 가지 원료 등의 투입량의 비가 몇 퍼센트 변화하는가를 나타낸 것이다. 원료 X_1, X_2의 가격이 P_1, P_2였다고 하면, 대체의 탄력성은 다음과 같다.

$$\frac{d\left(\frac{X_1}{X_2}\right)\frac{P_1}{P_2}}{d\left(\frac{P_1}{P_2}\right)\frac{X_1}{X_2}}$$

레온티에프형 생산함수

X_1, X_2, ……, X_n을 각 투입재의 양, Y를 산출되는 재화의 양으로 한다면, 현대적인 레온티에프형 생산함수는 $Y=max(X_1, X_2, ……, X_n)$으로 표기된다.

노동집약적 산업 / 자본집약적 산업

노동집약적 산업이란 생산설비 등의 자본보다 노동력을 상대적으로 더 많이 필요로 하는 산업을 가리키며, 자본집약적 산업이란 그 반대의 산업을 가리킨다. 예를 들면 상업과 철강업을 비교할 경우, 일반적으로 상업이 노동집약적, 철강업이 자본집약적이라고 할 수 있다.

SNA(System of National Accounts)

유엔에서 채택하고 있는 국민경제계산형식을 말한다. 일본의 국민경제 계산도 이 형식에 의거해 발표되고 있다.

자본주의 · 사회주의 · 민주주의

- 요제프 알로이스 슘페터(Joseph Alois Schumpeter, Capitalism,
Socialism, and Democracy, 1942, 3rd ed., 1950) -

슘페터의 《경제발전의 이론》은 자본주의를 자본주의답게 하는 근본적 요인을 기업가에 의한 혁신의 수행으로 본 명저였지만, 역설적이게도 그에 따르면 자본주의는 장기적으로 볼 때 쇠퇴해간다고 했다.

그렇지만 슘페터의 자본주의 쇠퇴론은 마르크스의 그것처럼 자본주의가 그 자체의 객관적인 모순으로 인해 쇠퇴한다는 것은 아니다. 오히려 그는 자본주의의 성공이 그것을 쇠퇴시키는 여러 요인을 창출해간다고 주장했다. 그 이론을 구체적으로 전개한 것이, 그가 만년에 상당히 여유 있게 쓴 《자본주의 · 사회주의 · 민주주의》——— 이하 《자본주의》라고 함——— 다. 그 내용을 살펴보기 전에 두 가지 유의사항을 기억해둘 필요가 있다.

첫째, 슘페터의 자본주의 쇠퇴론은 「1세기도 단기(短期)다」라는,

초장기적 전망 위에 입각한 논리라는 것이다. 슘페터는 자신의 논의가 「실제 속에 발견되는 여러 경향의 서술」일 뿐이며, 「이들 여러 가지 경향은 장래 거기에서 무엇이 일어날지를 가르쳐주지는 않는다. 단지 그 경향은, 우리가 관찰한 기간에서와 마찬가지로 작용하며 이것을 교란하는 요인이 전혀 없다면, 장래 거기에서 무엇이 일어날 수 있는가를 가르켜주는 데 불과하다」라고 미리 양해를 구하고 있다.

둘째, 이론과 실천이 엄격히 구별되어 있다는 것이다. * 이것은 《이론경제학의 본질과 주요내용》 이래 그의 학문적인 태도였지만, 여기에서도 「예견을 하는 것이 결코 예언한 사건의 진행을 바란다는 의미는 아니다」라고 밝혀 그 견해를 관철하고 있다.

그러면 이상의 두 가지 유의사항을 염두에 두고, 슘페터가 지적한 자본주의 쇠퇴의 여러 요인을 살펴보기로 하자.

첫째, 기업가 기능이 자본주의의 역사적인 발전과 더불어 점차 쓸모가 없어졌다는 것이다. 요컨대 자본주의는 역사적으로 「경쟁적 자본주의」로부터 「트러스트(trust)화된 자본주의」로 발전해왔으며, 이에 대응해 혁신의 담당자도 개개의 천재적인 기업가로부터 대기업의 관료화된 「한 무리의 전문가」로 이행해왔다. 현대의 대기업에서는 혁신 그 자체가 「일상업무」가 되어 그 자동화가 이루어지지만, 이와 같은 기업가 기능의 무용화는 그들의 사회적·정치적 지위뿐만 아니라, 「계급으로서는 기업가와 생사를 함께 하는」 부르주아의 그것도 붕괴시킨다는 것이다.

둘째, 자본주의적 활동이 합리적인 사고를 전파시켰기 때문에, 오히려 자본주의의 옹호계급까지 쇠퇴시켰다는 것이다. 슘페터에 따르면, 부르주아는 「거래장부와 원가계산」에는 열중하고, 정치적으로는 무력하며, 항상 다른 계급을 통해 그 계급이익을 옹호할 필요가 있었다. 그전까지 부르주아에 그와 같은 정치적 지원을 해준 것은 봉건사회의 왕후와 귀족이었다. 그러나 자본주의적인 합리성의 진전은 차례로 봉건사회의 제도적 틀을 붕괴시켜갔다. 즉「자본주의는 지난 자본주의 사회의 틀을 파괴할 때 자신의 진보를 저지하는 장해물을 부수었을 뿐만 아니라, 그 붕괴를 방지해주는 장벽도 파괴해버렸다」는 것이다.

셋째, 자본주의의 발전과 더불어 그것에 적대적인 지식계급이 대두해왔다는 것이다. 지식계급은 자본주의적 활동에는 직접 관계하지 않았다. 그 때문에 그들의 관심은 자본주의 체제의 비판으로 향하기 쉽다. 또한 지식계급의 영향이 관료와 노동운동의 지도자에게도 미치게 되면, 그들의 비판이 자본주의에 적대적인 정치제도(예를 들면, 뉴딜 정책)를 만들어내게 된다는 것이다.

넷째, 이상의 결과로서 자본주의 사회에 관한 가치의 도식——「불평등과 가족재산의 문명」——이 여론에 대해서뿐만 아니라, 자본가계급에 대해서도 지배를 상실하려 하고 있다는 것이다.

이리하여 슘페터는, 마르크스와는 다른 이유가 있다고는 하지만, 자본주의가 궁극적으로 쇠퇴해간다는 예상 면에서는 마르크스와 완전히 일치하는 것이다. *

자본주의가 장기적으로 쇠퇴해간다는 슘페터의 「예언」은 소련과 동구의 사회주의 체제가 붕괴하고, 이들 나라가 정도의 차이는 있지만 시장경제화를 목표로 하게 된 현대에는 거의 의미를 상실한 것 같이 보인다. 그러나 최근에 이르러 《자본주의》는 그 예언 부분에 의미가 있는 것이 아니라, 시오노야 유이치(塩野谷祐一)가 말한 바처럼 「경제와 비경제 영역 사이의 장기적인 상호교섭」을 논한 데 의미가 있다는 견해도 유력해지고 있다. 《자본주의》는 이런 의미에서 「경제사회학」의 훌륭한 견본으로 평가할 수 있을지도 모른다.

이론과 실천의 구별

스루 시게도(都留重人)에 따르면, 슘페터는 평소에 다음과 같이 말했다고 한다. 즉
『나는, 내가 언젠가는 죽을 것이라는 것을 알고 있다. 그러나 그렇다고 해서 내가 죽
음을 희망하고 있다는 것은 아니다. 마찬가지로 가령 내가, 우리 사회는 사회주의의
방향으로 진행한다는 것을 과학적으로 증명할 수 있다 해도, 그것은 내가 사회주의를
바라고 있다는 것을 의미하지는 않는다.』

마르크스와 슘페터

《자본주의》에는 「경제적 · 사회적 사물은 그 자체에 내재되어 있는 원인에 따라 행동
한다. 그리고 그 결과 발생하는 사태는 개인과 집단으로 하여금 그들이 바라는 것이
무엇이든 간에, 어느 특정한 방법으로 행동하게끔 만든다. 그것은 선택의 자유를 상실
함으로써가 아니라, 그 선택을 하는 심적 상태를 형성하고 선택할 수 있는 가능성의
범위를 한정함으로써 이루어진다」는 문장이 있다. 이것은 슘페터가 자본주의 경제에
관한 마르크스의 장대한 비전에서 얼마나 많은 것을 배웠는가를 명백히 보여주는 증거
라고 할 수 있을 것이다.

자본주의발전의 이론

– 폴 맬러 스위지(Paul Marlor Sweezy, The Theory of Capitalist Development, 1942) –

　　미국이 제2차 세계대전에 참전하기 직전, 하버드 대학에서는 젊은 강사 스위지(1910~　　　)가 미국 대학에서는 유일하게「카를 마르크스론」에 관한 강의를 하고 있었다. 굴절수요곡선*을 제안함으로써 대기업체제 아래에서 가격이 왜 고정적으로 되는가를 설명한 근대경제학의 이론가이기도 한 그는「인간관계에 관한 참된 과학」으로서 경제학을 추구하기 위해서는 마르크스의 방법을 사용하지 않으면 안 된다고 생각했기 때문이다. 그는 한 일본인 유학생으로부터 원고 교정과 강의 보조 등의 도움을 받고 있었는데, 이 유학생은 곧 적대국 사람으로「교환선」을 타고 귀국하게 되었다. 스위지는 이 강의를 기초로 쓴《자본주의발전의 이론》이라는 책에 케네의「경제표」와 마르크스의「재생산표식」을 연관해 논한 이 일본인 유학생의 논문을 추가해 출간했다. 이 일본인 유학생이 이 책 신평론판의 역자인 스루 시게도

(都留重人)다.

제2차 세계대전이 끝난 뒤 스탈린(stalin)의 소련과 대결국면에 접어들자, 매카시즘(McCarthyism : 극단적인 반공운동)의 회오리가 세차게 불어닥친 미국의 대학에서는 이러한 강의가 계속될 수 있는 여지는 사라졌다. 스위지는 하버드 대학을 떠나 독립좌익의 〈먼슬리 리뷰(Monthly Review)〉지를 발간해 그 이후 40년 이상 마르크스주의를 통한 비판적 언론활동을 계속해 왔다. 전후 미국에서 좌익의 몇 세대는 스위지와 그의 협력자[폴 배런(Paul Baran), 레오 휴버먼(Leo Hubermann), 해리 브레이버맨(Harry Braverman) 등]에게 교육받았다 해도 좋을 것이다.

이 책은 마르크스 《자본론》의 해설에 해당하는 전반부의 제1편 「가치와 잉여가치」, 제2편 「축적과정」과, 현대의 정치경제학적 문제에 관한 이론적 해명에 도전한 후반부의 제3편 「공황과 불황」, 그리고 제4편 「제국주의」로 구성되어 있다. 전반부에서도 스위지는 권위주의와 무관한 눈으로 마르크스의 합리적 핵심을 포착하려 하고 있다. 마르크스 자신이 사용하지 않았던 (초보적인) 수식의 사용도 이 책을 통해 정착되었다고 해도 좋을 것이다. 처음 근대경제학자였던 스위지는 노동가치설에 관해서도 마르크스의 여러 명제를 맹목적으로 신봉하는 태도는 취하고 있지 않다. 그것은 이 책에서 가치의 생산가격으로의 전형문제(轉形問題)에서도 마찬가지인데, 1964년 배런과의 공저 《독점자본(Monopoly Capital)》에서도 제시되었던 것이다. 또 공황론에 대해서도 유효수요를 중시하는 케인스=미할 칼레츠키(Michal Kalecki)적인 관점에서 과소소비설적인 이론을 전개하고 있다. 제국주의 부분에서는 니콜라이 레닌(Nikolai Lenin)과 힐퍼딩이 활용되고 있는데, 특히 제국주의에서 이데올로기 측면이 중시되고 있다.

　제2차 세계대전 중에 쓰여진 이 책은 전후의 마르크스 경제학의 발전을 다루고 있지는 않다. 특히 수리 면에서 선형대수를 사용한 다부문 모델이 없다는 것, 화폐·금융이론이 독자적으로 취급되어 있지 않다는 것이 눈에 띈다. 그러나 전자의 면에서 마르크스 경제학의 수리화는 1960-70년대의 오키시오 노부오(置塩信雄), 모리시마 미치오(森嶋通夫)의 작업을 기다리지 않으면 안 되었으며, 후자에 관해서는 여전히 마르크스 경제학자들의 과제로 남아 있다. 따라서 마르크스 경제학에 관한 한 선진국이라고 일컬어진 일본에서도, 1967년 일본어로 번역된 신판이 출간되었을 때도 이 책은 여전히 교과서로 사용되었던 것이다.

　스위지는 1964년 배런과 함께 《독점자본》을 저술했는데, 이 책에서는 경제적 잉여를 획득한 거대기업이 금융자본으로부터도 독립하고, 또 종업원에게도 잉여를 평등하게 나누어주는 강력한 독점자본상으로 묘사되었다. 이와 같은 상태에서는 미국에서 노동운동을 기대할 수 없다고 판단해 한때 〈먼슬리 리뷰〉지는 제3세계에서의 반제국주의 투쟁에 의한 변혁을 기대하는 논문을 게재했다.

　스위지는 소련과 중국의 사회주의에 대해서도 독립적인 자세를 유지했지만, 관료주의와 시장경제로 인해 사회주의의 연대정신이 상실되는 것은 늘 경계했다. 1968년 체코 사태를 둘러싼 논쟁에서는 「시장인가 계획인가」라는 대립의 배후에 있는 권력구조를 문제로 삼았으며, 《혁명 후의 사회》에서는 소련의 노멘클라투라(nomenklatura : 특권적 당=국가관료)의 비판적 인식에 도달했다.

　일본인들에게는, 도브와 다카하시 고하치로(高橋幸八郎)가 추가로 참여한 「봉건제에서 자본주의로의 이행」 논쟁에서 스위지가 유통면에서의 자본주의화를 중시한 것이 기억에 남아 있으리라. 이 주장은 국민경제보다 제3세계를 포함한 세계경제의 전체 구조를 중시한다는 스위지의 기본시각과 일치하는 것이다.

* * *

굴절수요곡선

1939년의 논문 〈과점하에서의 수요〉에서 스위지가 고안한 것이다. 어느 공급자가 현행 가격에서 가격을 인상할 때는 경쟁상대가 거기에 따르지 않고, 반대로 인하할 때는 경쟁상대도 같은 행동을 취한다고 예상되면, 이 공급자가 상상하는 수요곡선(DED')은 현행 가격에서 굴절한다. 이 때 한계수입곡선에는 MM'의 단층이 생겨나기 때문에 한계비용이 다소 변화해도 이 폭 가운데에 있는 한, 가격의 변경은 유리하지 않다는 이론이다(그림 참조).

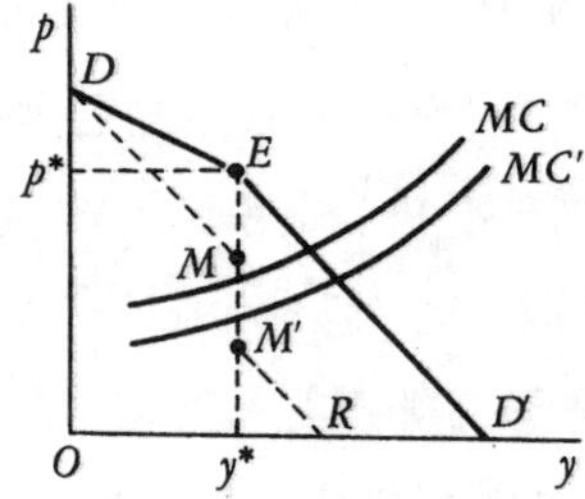

제3세계

서방측의 선진공업국으로 구성되는 제1세계, 소련과 기타 공산권으로 구성되는 제2세계에 대해 기타 후진국 전체를 제3세계라 한다. 이들 여러 나라는 적든 많든 제1세계에 속하는 여러 나라에게 지배되어 경제적 자원을 수탈당하고 있기 때문에, 반제국주의 투쟁이 일어난다고 생각되었다.

가격신축성과 고용

– 오스카어 랑게(Oskar Lange, Price Flexibility and Employment, 1944) –

『경제학자가 10명 모이면 11가지의 다른 대답이 나온다』라는 농담은 경제학(자)을 놀릴 때 상투적으로 사용하는 이야기지만, 때로는 경제학자 자신도 그것을 입에 담는다. 단, 다음과 같은 마지막 부분을 익살스럽게 바꾸어서 말이다. 『케인스가 두 가지 대답을 내기 때문에.』

케인스의 《일반이론》은 그 해석에 관한 정설이 나오기까지 10년 이상의 세월이 걸렸다. 이것은 뒤에 「케인스 혁명」이라는 말이 퍼질 정도로 《일반이론》의 「혁신성」이 「난해」하기 때문이라는 것이 통설이다. 또 《일반이론》에는 혼란스런 기술과 수수께끼 같은 서술이 여기저기에서 나온다는 것도 또한 적지 않은 사람들이 인정하는 사실이다.

《일반이론》 이전의 전통적인 경제이론인 고전학파 경제이론에서는 실업의 원인*을 「임금의 경직성」에 따른 노동의 수급조정 메커니즘의 저해에서 찾았다. 따라서 임금이 신축적으로 되어 하락하면 노동시장에서 초과공급으로써의 실업은 해소될 것이라고 주장했다.

《일반이론》에서 케인스는 이와 같은 논의를 매우 단순한 것으로 간주하고, 실업은 임금과 가격의 경직성으로 나타난 결과가 아니라는 이론 전개에 착수했다. 그리하여 임금의 저하는 오히려 실업을 증가시키는 원인이 된다고 결론을 내렸다. 그러나 동시에 케인스는 현실적으로 관찰되는 임금이 경직적이라는 사실을 인정하며 이에 대해 설명했다. 요컨대, 케인스는 임금 경직성의 존재를 인정하는 점에서는 고전학파와 동일하지만, 그것을 실업의 원인이라고는 생각지 않는다는 점에서 고전학파와는 다르다. 이 때문에 「두 가지 대답」을 했다는 혼란을 준 것일지 모르겠다.

제2차 세계대전 후 주미 폴란드 대사, UN의 폴란드 대표를 역임한 뒤 모국 폴란드의 공산당정권 부통령이 된 랑게(1904~65년)는, 오늘날에는 「시장사회주의」*의 이론적 기초매김이라는 획기적 업적(1936~37년)으로 잘 알려져 있다. 《가격신축성과 고용》은 《일반이론》의 출판(1936년)과 때를 같이하고 있는데, 이 책은 미시건, 캘리포니아, 스탠퍼드의 여러 대학에서 교편을 잡은 뒤 랑게가 시카고 대학 경제학 교수로 있을 때 저술한 그의 중요 저서 가운데 하나다.

랑게는 임금의 신축성과 노동고용의 관계에 관한 고전학파와 케인스의 견해 차이는 각각 토대를 두고 있는 이론적 틀의 차이로 인해 생긴다고 했다. 문제를 분석할 때 고전학파는 노동시장만을 고려하지만, 케인스는 노동시장과 그 밖의 시장 사이에서의 동학적인 상호작용을 고려한다. 『이와 같은 견해 차이는 문제를 일반균형이론의 틀 안에서 고찰할 때 비로소 해결될 수 있다』라는 것이 랑게의 주장이다.

또한 랑게는 현재 신고전학파 일반균형이론의 고전으로 간주되고 있는 힉스의 《가치와 자본》(1939년)에 의거해, 그리고 나아가 새뮤얼슨의 동학적 안정조건 분석(1941년)을 원용함으로써 문제를 일반화해 고찰했다.

랑게는 케인스의 「두 가지 대답」에 관련된 문제를 「불완전고용(이용) 상태에 있는 생산요소의 가격 하락이 그 고용량을 증가시키는 직접적인 효과를 갖는 경우, 그 직접적 효과는 해당 생산요소의 가격 하락의 어떤 간접적인 효과로 인해 억제 내지 강화되는 것일까?」라는 형태로 일반화한다. 일반균형이론의 틀에서는 여기에서의 「간접적인 효과」로 다종다양한 것을 생각할 수 있지만, 랑게는 「화폐 수급의 변화」(제4장), 「기대장래가격의 변화」(제5장), 「불확실성」(제6장), 「불완전경쟁」(제7장), 「국제무역」(제8장)이라는 여러 효과에 대해 차례로 검토한다.

랑게 자신의 논의를 요약해 서술하면 다음과 같다. 『《일반이론》은 고전학파 경제학을 특수한 사례로써 포함한다는 의미에서 「일반적」이지만, 「일반균형이론」은 그와 같은 《일반이론》도 특수한 사례로써 포함한다. 따라서 케인스가 「두 가지 대답」을 내고 있는 것처럼 보이는 것은 《일반이론》에서 그가 문제의 복잡함에 충분히 대응할 만한 일반적인 이론을 전개하고 있지 않다는 것이다….』

말하자면 랑게는 케인스의 「두 가지」를 포함한 「몇 가지 대답」을 준비하는 것으로 논의의 일반성을 확보했다. 이 책의 말미에는 균형의 안정성에 관한 수학 부록이 상세히 담겨있다. 이 책은 1950년대 말부터 1960년대에 걸쳐 활발하게 연구된 가격조정 메커니즘의 동학적 안정성 분석에 큰 영향을 미쳤다. 그것과 비교해보면 본래 있어야 할 거시경제학에 대한 이 책의 영향은 거의 없다고 할 수 있다.

거시경제학은 오늘날에 이르기까지 「고전학파적 답」과 「케인스적

답」을 둘러싼 논의가 지속되면서 그 사이에 생기는 긴장과 대립을 통해 발전해온 측면이 크다. 왜냐하면 케인스가 「두 가지 대답」이 아니라 「하나의 대답방법」을 말했기 때문이다. 「일반균형이론」이라는 말이, 「일반균형」이라는 단어를 포함하기 때문에 일반적이라는 이야기라면 아무런 문제가 없겠지만 말이다.

* * *

실업의 원인

대공황 직후 미국에서는 실업 증가와 동시에 임금과 가격이 급격히 하락했다. 실업이 감소하기 시작한 것은 1933년 임금과 가격 하락이 멈추었을 때부터였다〔국가산업부흥법(National Industrial Recovery Act : NIRA)의 영향도 있었다〕. 이 사실은 임금·가격의 경직성이 실업의 원인이라는 고전학파의 논의와 일치하지 않음을 보여준다. 1920년대 영국에서도 마찬가지 현상이 관찰되었다. 케인스는 자신의 논의의 출발점을, 실업의 원인을 임금의 경직성에서 구하는 것은 역사적인 사실을 무시하는 것과 같다는 것에서 찾았다.

시장사회주의

「시장사회주의(market socialism)」란 시장 메커니즘이 부분적으로 도입된 사회주의 경제다. 생산수단이 국유화된 사회주의 경제에서도 소비선택과 직업선택의 자유로 인해 소비재와 노동의 「시장가격」이 존재한다면 중앙계획국이 기술적 한계대체율에 기초해 「계산가격」(통제가격)을 사용하고, 동시에 「어느 재화의 초과수요(공급)가 존재한다면, 그 재화의 계산가격을 높인다(낮춘다)」라는 완전경쟁경제에서 비인격적인 동학적 가격조정 메커니즘을 모방한다면 효율적인 자원배분이 달성된다. 랑게는 이것을 일반균형이론에 의거해 제시함으로써 사회주의 경제의 제도적 실행가능성을 논증했다. 시장사회주의에 관한 랑게의 고찰은 그 뒤 시스템 이론의 경제학 응용이라는 선구적 업적으로 연결되었다.

게임이론과 경제행동

- 요한 폰 노이만 / 오스카어 모르겐슈테른(Johann von Neumann and
Oskar Morgenstern, Theory of Games and Economic Behavior,
1944, 2nd ed., 1947, 3rd ed., 1953) -

『경제학에서 가장 중요한 것은 고용을 어떻게 안정시킬 것인가, 국
민소득을 어떻게 증대시킬 것인가, 또는 소득을 어떻게 적절히 배분
할 것인가를 아는 것이다.』이는 케인스가 한 말이 아니다. 이 책의
제1장에서 인용한 것이다.

헝가리 출신의 수학자 노이만(1905~57년)은 오늘날에는 「컴퓨터
의 아버지」*로 잘 알려져 있지만, 그는 수학에서도 두 분야를 제외
한 모든 분야에 공헌한 「최후의 고전적 수학자」이기도 하다. 그는
25세인 1928년 〈게임이론을 향하여〉라는 논문을 독일어로 발표했다.

「게임이론」의 대상은 「게임」만이 아니다. 「게임이론」이란 복수의
참가자가, 상호 이해가 대립하는 상황에서 내려야 할 합리적인 의사
결정에 관한 이론이다. 따라서 「게임」이 아니라도 게임일 수 있다.
게임의 특징은 「서로 상대가 갖고 있는 카드의 패를 읽으면서, 자신

의 패를 결정해야 하는 것」, 즉 자신의 의사결정과 상대방의 의사결정이 서로 의존하고 있다는 점에 있다.

독일 출신의 경제학자 모르겐슈테른(1902~77년)은 경기이론과 무역이론에 관한 연구로 알려져 있다. 그는 경제학자 프리드리히 폰 비저(Friedrich von Wieser)*의 마지막 제자이기도 하다. 그는 1928년 26세 때 《경제예견(Wirtschaftsprog nose)》이라는 책을 독일어로 발표했다. 그는 이 책을 통해 종래의 경제학에서 경제주체 간의 의사결정 상호의존성 문제가 다루어져 있지 않은 것을 강하게 비판했다.

1938년 나치스 독일은 오스트리아를 합병했다. 이듬해 노이만과 모르겐슈테른은 미국 프린스턴에서 첫대면을 했다. 서로 10년 전에 혼자서 고안해냈던 문제의 유사성을 확인한 노이만은 모르겐슈테른에게 독일어로 말했다. 『함께 논문을 쓰지 않겠습니까?』

그 논문은 결과적으로 600쪽이 넘는 대저서로 출간되었다. 그것은 독일어 같은 영어로 쓰여졌다.

그들은 『경제행동의 전형적인 여러 문제가 적당한 전략게임의 수학적 개념과 엄밀히 일치한다는 것을 만족할 수 있는 형태로 입증하고 싶다』라고 말함으로써, 경제학의 새로운 수학적 기초매김을 목표로 하는 「공동선언」을 발표했다.

여기에서 말하는 「기초매김」이란 적절한 수학을 선택해 그것이 적용될 수 있도록 경제학의 문제를 정식화하는 것은 아니다. 노이만과 모르겐슈테른은 상호의존관계에서 경제주체의 의사결정이라는 「새로운」 문제에 주목해 그것을 분석하는 「새로운」 수학을 개발함으로써 경제학을 변혁하고자 했다. 「경제균형의 공리적 분석」이라는 부제가 붙은 《가치론(Theory of Value)》의 저자, 드브뢰의 말을 빌리자면, 이 책은 「수리경제학을 미적분학의 전통과 논리적 타협으로부터 해방시킨」 것이다.

「사용할 수 있다」는 것을 중시한 나머지, 미적분학이라는 「낡은」 수학에 의거해 경제학을 「구식으로 시작한다」라는 관례. 이것이 「미적분학의 전통」이다.

노이만과 모르겐슈테른에 따르면, 종래의 경제학에서는 「단지 명제를 설명하는 것만으로 증명을 제시하는 경우는 거의 없다」. 그 결과 「수식을 사용한 명제가, 문장으로 설명된 명제와 비교해 실제로는 조금도 개선되어 있지 않다」. 왜냐하면 「경제학자는 중대한 문제를 항상 지적은 하지만, 그와 같은 문제에 관한 명제를 설명하는 데 방해가 되는 것은 완전히 무시한다」라는 「성급함」 때문에, 분석의 이론적 기초를 명확히 다지지 않기 때문이다. 그것이 「논리적 타협」이다.

「전통」과 「타협」에 의해 생겨나게 된 것은 도구이지 이론은 아니다. 그들이 구축한 것은 「경제행동」의 수학적 구조를 명확히 하는 「게임이론」이었다.

물론 「해방」은 동시에 「지배」이기도 하다.

그러나 이 책의 역사적 경위는 약간 복잡하다. 논조가 구습타파적이며 사용하고 있는 수학이 색다르다는 점도 있다. 이 책이 즉시 「지배적」인 영향력을 발휘한 것은 아니다. 노이만과 모르겐슈테른이 『잘못하다가는 다음 세대까지 기다려야 한다』라고 걱정할 정도였다. 그러나 이상하게도 그 최대의 원인은 이 책이 경제학에서 「사용할 수 있는」 도구를 제공하지 않았다는 점에 있다.

이 책이 출판되고 나서 반 세기가 흐른 뒤 1994년의 노벨경제학상은 존 내시(John Nash), 라인하르트 젤텐(Reinhard Selten), 존 하사니(John Hasani) 등 세 사람의 게임 이론가에게 수여되었다. 그들의 공적은 게임이론을 「사용할 수 있는」 이론으로 만들었다는 것이다. 그 결과 어느 저명한 경제학자에 따르면, 『요즘 우수한 젊은 이

론가들은 다른 형태로 다루는 것이 간단한 경우에도 모든 것을 게임
이론으로 궁리하는 일이 다반사』라고 한다.

『경제이론은 정책에 바로 적용할 수 있는 일련의 확고한 결론을 제
공하는 것이 아니다. 그것은 교의(敎義)라기보다는 수단, 사고장치
이며, 그것을 사용하면 올바른 결론을 도출하는 데 도움이 된다.』이
것은 케인스의 말이다.

새로운 「해방」이 필요한 때가 올 것인가 ?

＊＊＊

컴퓨터의 아버지

오늘날 「컴퓨터」라고 일컬어지는 프로그램 내장방식의 디지털식 전자계산기는
1940년대에 노이만이 손수 기본설계를 한 것이다. 그리고 또 노이만 자신이 「컴퓨터」
였다는 것은 잘 알려져 있다. 그에게 「99」란 99×99이며, 8행의 나눗셈을 암산으로 할
수 있었다. 그는 「컴퓨터」 머리로 50행에 달하는 어셈블리 언어(연산 코드 등을 기호
로 표현하는 프로그램언어의 기본형)의 프로그램을 작성하거나 수정하면서 컴퓨터를
개발했다. 마침내 컴퓨터가 완성되었을 때 노이만은 『나 다음으로 계산이 빠른 놈이
나타났다』라고 말했다고 한다.

프리드리히 폰 비저

비저는 오스트리아 학파의 시조 카를 멩거의 뒤를 이어 빈 대학의 교수로 취임했
다. 그 멩거의 아들로 아버지와 같은 이름의 수학자 카를 멩거는 빈에서 수학자와 철
학자를 중심으로 한 연구회(colloquium)를 주재했다. 모르겐슈테른도 여기에 참가하면
서 그가 생각하고 있던 문제와 노이만의 게임이론이 개념상 같은 문제를 다루고 있다
는 것을 배우게 되었다.

경제분석의 기초

- 폴 앤터니 새뮤얼슨(Paul Anthony Samuelson, Foundations of
Economic Analysis, 1947, enlarged ed., 1983) -

새뮤얼슨(1915~   )은 미국 인디애나 주 게리(Gary)에서 태어났
다. 16세에 시카고 대학에 입학해 20세에 졸업한 뒤, 바로 하버드 대
학 대학원을 졸업한 새뮤얼슨은 하버드 대학의 데이비드 A. 웰즈
상, 미국경제학회의 J. B. 클라크상, 그리고 노벨경제학상 등 수많은
상을 수상했다. 그 뒤 매사추세츠 공과대학(MIT)에서 교수로 재직하
면서 당초 경제학에 관해서는 결코 일류라고 할 수 없었던 MIT를 현
재 모든 경제학자가 인정하는 세계 최고의 대학원으로 끌어올렸다.

새뮤얼슨이 현재의 스탠더드 이코노믹스에 끼친 공헌은, 형식상으
로 말하자면 「모든」 영역의 「모든」 분야에 걸쳐 있다. 그러나 내용상
으로 볼 때 새뮤얼슨의 최대 공헌은 경제학을 철저히 「물리학」화했다
는 것, 달리 말해 「과학화」했다는 것이다. 그리고 이 경제학의 「과
학」화야말로 새뮤얼슨의 학위논문이며, 발표 이래 50년이 지난 지금

까지도 신고전학파 경제학의 가장 뛰어난 교과서로 읽히고 있는 《경제분석의 기초》의 주요 주제인 것이다. 이것을 우리는 두 가지로 나누어 간단히 살펴보기로 하자.

《경제분석의 기초》의 주요 주제 가운데 하나는 경제이론의 「중심」이 되는 부분을 「관찰 가능」한 데이터에만 기초해 다시 한번 새로이 다듬고자 했다는 것이다. 예를 들면 각각의 수요곡선과 공급곡선을 도출할 때 기초가 되는 소비자의 효용최대화가설과 생산자의 이윤최대화가설을 생각해보기로 하자.

일반적으로 이 두 가설은 각각 수행하는 역할에 따라 상호 「대칭적」인 가설이라고 여겨지고 있다. 그러나 잘 생각해보면, 이 두 가지 가설은 본질적인 의미로는 「대칭적」일 수 없다. 왜냐하면 생산자의 「이윤」이 「회계적」으로 정의되어 「외부」에서 「관찰할 수 있는」 데 비해, 소비자의 「효용」(또는 「선호」)은 「주관적」으로 정의되는 데 지나지 않아 「외부」에서 「관찰할 수 없기」 때문이다. 따라서 새뮤얼슨은 형식적으로는 「이윤」과 마찬가지로 「수요량」과 「가격」이라는 「외부」에서 관찰 가능한 데이터만으로 구성되어 있고, 내용적으로는 소비자선호의 일관성을 요구하는 간단한 부등식의 조합에만 기초해 통상의 소비자수요이론을 다시 한번 새롭게 다듬고자—— 현시선호의 이론——했던 것이다. 그리고 사실 현재의 우리는 이 현시선호의 이론으로부터 통상의 「효용」개념에 기초한 소비자수요이론의 네 가지 수요법칙* 전부를 도출할 수가 있는 것이다.

《경제분석의 기초》의 주요 주제 가운데 다른 하나는 경제이론에서의 모든 정성적·정량적 명제를 최적화가설에 기초한 비교정학을 통해 엄밀하게 「형식적」으로 도출하려는 시도다. 예를 들면 독점기업에 각각 정액세와 판매세를 부과했을 때의 생산량과 가격 변화를 알고 싶다고 하자. 새뮤얼슨 이전의 경제학자는 이 문제에 대해 「반성」과

「경험」으로 답한다. 말하자면 자신이 독점기업이었다면, 또는 자신의 과거 연구결과로 보건대, 독점기업은 각각의 과세에 대해 이러이러하게 대처할 것이라고 대답한다.

이에 대해 새뮤얼슨 이후의 경제학자는 독점기업에 각각의 세금이 부과된 뒤의 이윤최대화 문제를 풀고, 그 1회의 조건을 다시 미분해 생산량의 미소변화를 과세의 미소변화로 나눈 분수(미분계수)의 부호를 종이 위에 적어가며 계산한 것으로 답한다. 새뮤얼슨 이후의 경제학자는 이와 같이 「엄밀」하게 형식적인 절차를 거쳐 정액세가 부과된 독점기업은 생산량과 가격을 변화시키지 않지만(자신의 이윤을 줄일 뿐이다), 판매세가 부과된 독점기업은 생산량을 줄여 가격을 상승시킬 것이라고 「자신을 갖고」 답하는 것이다. 훌륭하다! 「과학」적이다!

이와 같이 생각하면 새뮤얼슨의 업적은 실로 언뜻 보기보다 훨씬 「방법론적」이며, 경제이론을 엄밀하게 「주관」과 「반성」으로부터 해방하고자 하는 시도였다고 생각할 수 있을 것이다. 이 새뮤얼슨의 시도가 정말로 경제이론을 「주관」과 「반성」으로부터 해방시켰는가, 또는 정말로 훌륭한 시도였는가를 여기에서 논의할 필요는 없다. 또 새뮤얼슨이 아무리 우수하다고는 하지만, 이 책은 이미 50여 년 전에 쓰여졌으며, 여기에는 불확실성의 경제학과 게임이론 등 최근에 화제가 되고 있는 이론은 포함되어 있지 않다. 그러나 이상과 같은 사정이 있더라도, 이 책을 읽은 것은 현재에도 매우 뜻 있는 작업이라고 「자신을 갖고」 추천하고 싶다. 왜냐하면 위에서 설명했듯이 이 책은 얼핏 보기보다 훨씬 「방법론적」으로 쓰여져 있기 때문이다.

훌륭한 경제서의 조건 가운데 하나는 내용적으로 우수할뿐더러 방법론적으로 쓰여져 있어야 한다는 것이다. 다행스럽게도 이 뜻 있는 작업에 필요한 수학적 지식은 해석학과 선형대수의 기초뿐이다.

＊＊＊
수요의 네 가지 법칙

재화의 가격이 상승하면 수요는 하락한다는「수요의 법칙」과 가격과 소득이 동시에 몇 배로 늘어난 경우에는 수요는 변화하지 않는다는「수요함수의 영(0)차동차성」등이다.

「수학도 또한 언어이며」

새뮤얼슨은 《경제분석의 기초》 머리말 부분을 조지아 윌러드 기브스(Josiah Willard Gibbs)의「수학도 또한 언어이니」라는 말로 장식하고 있다. 이 말은 두 가지로 해석할 수 있다. 하나는 수학이야말로 엄밀과학으로서의 경제학을 기술하는 데 알맞은「참된」언어이며, 그러므로 모든 경제이론은 애매모호한「자연언어」로써가 아니라, 형식적으로 엄밀한「수학어」로써 쓰여지지 않으면 안 된다는 해석이다. 또 하나는 쿠르트 괴델(Kurt Gödel)의 불완전성 정리가 증명하듯이, 또는 루트비히 비트겐슈타인(Ludwig Wittgenstein)이 지적하듯이, 수학도 자연언어와 마찬가지로 잡식적인 개념생성과 발명의 집합체이며, 그런 까닭에 참된 논리성과 엄밀성을 구할 수 없다는 의미에서 본다면 자연언어와 마찬가지라는 해석이다. 새뮤얼슨이 어느 쪽의 의미로 인용한 것인가에 관해서는 나는 잘 모른다.

경제학

- 폴 앤터니 새뮤얼슨(Paul Anthony Samuelson, Economics — An
Introductory Analysis, 1948) -

새뮤얼슨의 《경제학》이라고 하면, 몇십 년 전까지만 해도 경제학 교과서 중에서 압도적인 위치를 차지하고 있던 베스트셀러였다. 그의 《경제학》은 1948년 제1판이 간행된 이래, 대개 3~5년의 간격으로 개정되고 있기 때문에 그 책의 어느 판을 읽었느냐에 따라 대략 그 나이를 짐작할 수 있다. 현재 《경제학》은 윌리엄 D. 노드하우스와의 공저 형식으로 제15판(1995년)이 나와 있다.

이제부터 각 판의 특징에 유의하면서 하나씩 살펴보기로 하자.

하버드 대학원생 시절의 새뮤얼슨이 「케인스 혁명」의 세례를 받은 것은 유명한 사실이지만, 《경제학》의 탄생 역시 케인지언으로서의 그의 활동과 밀접한 관계가 있다. 그 근거로 제1판 서문에 『국민소득이 야말로 이 책의 중심을 차지하는 통일된 주제를 제공하고 있다』라고 언급하고 있는 것처럼, 오늘날 말하는 「거시경제학」 부분에 상당히 많은 지면을 할애하고 있다.

그러나 새뮤얼슨은 케인스 경제학의 계몽에 노력하는 한편, 《경제분석의 기초》(1947년)로 대표되는 바와 같이 그 때까지의 신고전학파 경제학의 성과를 고도의 수학을 구사해 다시 정식화하는 일에도 관여하고 있었다. 여기에서부터 케인스 경제학과 신고전학파 경제학의 관계를 어떻게 생각하는가라는 문제가 발생했지만, 새뮤얼슨은 그것을 「신고전학파종합」이라는 일종의 「타협」으로 실로 깨끗이 정리해버린 것이다. 말하자면 자유방임 아래에서는 완전고용이 실현된다는 보장이 없으므로, 케인스 경제학의 가르침에 따라 총수요관리정책에 의거해 경제를 가능한 한 완전고용의 방향으로 유도한다. 그러나 일단 완전고용이 실현되면 다시 시장기구가 효과적으로 작동하기 시작하므로, 그것에 전폭적인 신뢰를 두는 신고전학파 경제학이 부활한다고 말했던 것이다.

신고전학파종합이라는 말은 일찍이 《경제학》의 제3판(1955년)에 등장하고 있지만, 제6판(1964년)에는 다음과 같이 더욱 명확해지고 있다.

『재정금융정책을 적당히 보강함으로써 우리의 혼합기업제도는 지나친 붐이나 슬럼프를 피할 수 있으며, 또한 건전한 전진적 성장의 전망을 가질 수 있다. 이 기본적인 점을 이해할 수 있으면, 소규모의 《미시경제학》을 다룬 낡은 고전학파의 논리로부터 그 관련성과 타당성의 대부분을 박탈한 패러독스도 그 효력을 상실한다. 결국 소득결정의 근대분석을 근거로 한다면, 기초적인 고전학파의 가격원리의 정당성도 진짜로 확인되므로, 경제학자는 이제야 비로소 미시경제학과 거시경제학 사이의 커다란 간격이 메워졌다고 말할 수 있는 것이다.』

새뮤얼슨의 신고전학파종합은 확실히 1960년대에 경제학계의 정통파 자리를 차지하고 있었지만, 베트남 전쟁 이후 인플레이션의 가속화와 더불어 프리드먼의 「머니터리즘」(인플레이션 억제를 위해서는 화폐 공급을 실질경제성장률과 보조를 맞추어 증가시켜가야 한다는 내용의 학설)이 대두해 점차 수세로 몰리게 된다.

물론 신고전학파종합도 인플레이션 문제에 대해 전혀 대책이 없는 것은 아니다. 즉 좀더 양호한 「필립스 곡선」(Phillips Curve : 실업률이 높을 때에는 임금상승률 또는 물가상승률이 낮고, 반대로 실업률이 낮을 때에는 임금상승률 또는 물가상승률이 높다는 역비례의 관계를 나타낸 곡선으로, 이것이 안쪽으로 올수록 양호하다)으로의 이동을 노린 소득정책을 제언하고 있는 것이다. 이에 대해 프리드먼은, 필립스 곡선은 장기간으로 보면 경제의 실체 면에서 결정되는 「자연실업률」* 부분에서 수직이 되며, 실업과 인플레이션 사이의 트레이드오프(trade-off) 관계는 소멸한다고 즉시 반론을 제기했다(「자연실업률가설」).

머니터리즘의 뒤를 이어 로버트 에머슨 루카스(Robert Emerson Lucas Jr.)의 「합리적 기대형성론」이 한 시대를 풍미하게 된다. 이 이론은 사람들이 합리적인 기대를 형성하게 되면 필립스 곡선은 단기적으로도 수직이 된다는 결론을 도출한다. 이 시기에 이르러 신고전학파종합의 운명은 거의 끝났다고 해도 과언이 아니다.

실제로 새뮤얼슨의 《경제학》도 제8판(1970년)에서는 신고전학파종합이라는 말을 삭제해버렸다. 그 이후 제12판(1985년)에서 처음으로 노드하우스 공저가 되었고, 제14판(1992년)에서 종래의 관행을 바꾸어 미시경제학을 거시경제학의 앞에 가져옴으로써 미시적 기초를 중시하는 루카스의 문제제기 이래의 학계 동향을 배려하는 태도를 취하고 있다.

그러나 그럼에도 불구하고 새뮤얼슨의 《경제학》은 19세기 마셜의 《경제학원리》와 마찬가지로, 20세기 경제학의 확고한 고전으로 남을 것이다.

***

자연실업률

자발적 실업자와 마찰적 실업자의 합계가 전 노동인구에서 차지하는 비율을 말한다. 그러나 이 실업률은 영구불변한 것이 아니라, 사회제도에 따라 바뀔 수 있다. 일설에 따르면, 미국에서 자연실업률은 1960년대 초 4% 정도였지만, 1980년대 초에 이르러서는 6% 정도로 상승했다고 한다. 그래서 일부 경제학자들은 이것을 「인플레이션을 가속화시키지 않는 실업률」이라는 말로 바꾸려고 하고 있다.

동태경제학서설

－로이 포브스 해러드(Roy Forbs Harrod, Towards a Dynamic
Economics, 1948)－

　해러드(1900~78년)는 옥스퍼드의 뉴 칼리지출신으로, 그 뒤 오랫동안 옥스퍼드 크라이스트 처치(Christ Church)에서 경제학을 강의했으나, 케임브리지의 케인스 밑에서 공부한 것이 그를 영국을 대표하는 뛰어난 케인지언으로 성장시키는 계기가 되었다.

　경제학계에서 해러드의 명성은 《동태경제학서설》에서 「불안정성원리」를 제시하면서 확립되었다고 보아도 좋다. 그러나 그 기본적인 아이디어는 이미 제2차 세계대전이 일어나기 전에 쓰여진 논문 〈동태이론에 관한 한 시론〉──── 이코노믹 저널(Economic Journal), 1939년 3월호──── 에 제시되어 있는 데 주의할 필요가 있다. 그의 문제의식은 한 마디로 말해, 「단기의 상정」(인구·자본설비·기술은 일정함)을 함으로써 단기이론에 멈추고 있는 케인스 경제학을 장기화한다는 데 있지만, 해러드의 문제 제기는 그 이후 다양한 경제동학의 시도를 유발했다는 의미에서 실로 혁신적인 것이었다.

해러드의 불안정성 원리는 보증성장률(G_w)과 현실성장률(G)의 비교로부터 시작한다.

먼저, 보증성장률이란 다음과 같이 도출된다. 현재 의도된 저축량(S)은 사회의 소득수준(Y)과 저축성향(s)에 따라 결정된다고 생각한다($S=sY$). 한편 ΔY만큼의 산출량 증가를 뒷받침하기 위해 필요한 자본량의 증가[$\Delta K=$투자(I)]를 필요자본계수(C_r)라고 하면, ΔY만큼의 산출량 증가를 위해 필요한 투자는 $I=C_r\Delta Y$가 된다. 신자본재에 대한 수요와 공급의 균형조건은 $I=S$이므로, $C_r\Delta Y=sY$ 또는 $\left(\dfrac{\Delta Y}{Y}\right)C_r=s$가 된다. 이 경우의 $\dfrac{\Delta Y}{Y}$는 산출량의 수급이 일치하고 기업가에게는 투자 수준이 적절한 것이므로 보증성장률이라고 부르는 것이다. 이리하여 $G_wC_r=s$ ①라는 제1의 기본방적식을 구할 수 있다.

그러나 현실적으로는 보증성장률이 실현된다고 할 수 없다. 따라서 다음으로 현실성장률을 구하지 않으면 안 된다. 지금 실제 산출량의 증가($\Delta Y'$)에 대한 실제 투자량의 비($\dfrac{I}{\Delta Y'}$)를 현실자본계수(C)라고 하면, $I=C\Delta Y'$가 되지만, 사후에는 투자와 저축이 항상 같기 때문에, $C\Delta Y'=sY$ 또는 $\left(\dfrac{\Delta Y'}{Y}\right)C=s$가 된다. 이 $\dfrac{\Delta Y'}{Y}$가 현실성장률이다. 이리하여 $GC=s$ ②라는 제2의 기본방정식이 만들어진다.

그러면 예를 들어, 현실성장률이 보증성장률보다 크다고($G>G_w$) 하자. 이 경우, ①식 및 ②식으로부터, $C<C_r$이라는 것을 알 수 있다. 이것은 자본 스톡의 부족을 의미하므로, 기업가는 다시 투자를 증가시키고자 할 것이다. 따라서 현실성장률은 점점 크게 되어 G는 G_w보다 한층 위쪽으로 벌어져간다.

반대로 현실성장률이 보증성장률보다도 작은($G<G_w$) 경우는 $C>C_r$가 되지만, 이것은 자본 스톡의 과잉을 의미하고 있기 때문에, 기업가는 다시 투자를 감소시키려 할 것이다. 따라서 현실성장률은 점점 작게 되어 G는 G_w보다 한층 아래쪽으로 벌어져간다.

즉 동학적 균형은 정학적 균형과 달리, 일단 거기에서부터 괴리되면 점점 더 괴리되어 간다는 불안정성을 갖고 있는 것이다. 이것을 해러드의 「불안정성 원리」라고 한다.

해러드는 다시 자연성장률(G_n)*이라는 개념을 도입한다. 이것은 인구증가와 기술진보로 가능해진 산출량의 증가율로, 바꾸어 말하면 완전고용을 유지하는 성장률이라고도 할 수 있다. 이와 같은 산출량 증가를 뒷받침하기 위해 필요한 투자는 반드시 의도된 저축과 같다고는 할 수 없으므로, $G_n C_r = or \neq s$ ③라는 제3의 기본방정식을 얻을 수 있다.

자연성장률을 도입하는 이유는, 그것과 보증성장률의 비교에서 경기순환이 발생하는 경제의 장기적인 배경을 설명하기 위해서다. 즉 인구가 급속히 증가해가는 시대에는 일반적으로 $G_n > G_w$가 되지만, G는 장기적으로 G_n의 제약을 받기 때문에, 이 경우에는 $G > G_w$가 될 가능성이 높고, 호황이 비교적 오래 계속된다. 반대로 인구증가가 완만한 시대에는 일반적으로 $G_n < G_w$가 되므로 장기적으로는 $G < G_w$가 될 가능성이 높으며, 경제는 장기적인 정체에 빠진다고 한다.

해러드는 『G_w가 G_n 이하인 경우에만 저축은 미덕이며 유익하다. …이 상황에서 저축은 G_w를 인상함으로써 인플레이션 없는 양호한 고용을 가능하게 하기 때문에 미덕이다. 그러나 만약 G_w가 G_n 이상이 되면, 저축은 불황을 일으키는 힘이 된다』라고 설명하고 있다. 이것은 케인스 경제학의 정신을 동학이론으로 대체한, 가장 훌륭한 시도의 하나로서 평가할 수 있을 것이다.

＊＊＊
자연성장률

인구를 N, 그 증가율을 x, 노동생산성(이것은 기술의 상태를 나타낸다고 생각한다)을 Y/N, 그 상승률을 y라고 하자. 또한 여기에서 Cr을 변화시키지 않는 기술진보(이것을 「중립적 기술진보」라고 한다)라고 가정하자. 이 경우 인구의 증가와 기술진보에 따라 가능한 산출량은 $N(1+x) \times (Y/N)(1+y) = Y(1+x+y+xy)$가 되지만, xy는 아주 작은 값이므로 무시하면 산출량의 증가율은 대개 $(x+y)$와 같아진다.

인간행동

- 루트비히 폰 미제스(Ludwig von Mises, Human Action : A
Treatise on Economics, 1949, 3rd ed., 1966) -

　미제스(1881~1973년)는 오스트리아 빈 대학에서 공부했으며, 졸업한 뒤 모교에서 교편을 잡고 교수가 되었다. 1934년 스위스로 이주했다가, 1940년 미국으로 건너가 전미경제조사회의 회원이 되었다. 1945년 뉴욕 대학의 객원교수가 되어 미국에서 오스트리아 학파의 초석이 되었다. 그 이듬해에 미국에 귀화했다.

　미제스는 당초 경제이론가로서 알려졌다. 그의 화폐적 경기변동론은 하이에크와 로빈스 등에 큰 영향을 미쳤다. 한편 미제스는 자유주의자로서 1920년대 이후의 사회주의 경제계산논쟁*을 불러일으켰다. 이와 같은 시기에 《인간행동》의 기초가 된 《국민경제학－행위와 경제이론》을 집필했다. 뉴욕 대학에 부임한 뒤 《국민경제학》은 영어로 개정·번역되어 1949년 《인간행동》으로 출판되었다.

　인간행동이란 무엇인가? 미제스는 정치·경제의 다양한 현상을

이해하기 위해서는 그 출발점에 독립한 개인을 두지 않으면 안 된다
고 주장했다. 모든 현상은 각 개인의 행위의 상관결과로써 묘사된
다. 따라서 모든 사회현상을 이해하려면 개인의 행위, 특히 행위를
선택할 때의 「판단」에 주의해야 한다고 미제스는 주장했다.

근대경제학은 적든 많든 방법론적 개인주의와 주관주의*에 기초하
고 있지만, 「일반이론」 형성을 목표로 하는 과정에서 이들 주의는 엄
밀성을 잃게 된다. 그 결과 자본주의 설명을 위해 만들어진 이론이
사회주의 경제 설계에 사용되는 모순을 보이게 된다. 미제스는 이 일
반화 과정에서 생기는 유혹을 일체 거절했다. 예를 들면 미제스는,
경제계산은 사적 이익 추구를 인정하는 사회 속에서 행동하는 개인의
내부에서만 유효하며, 그것을 객관적인 가치판단의 기준으로 삼기란
불가능하다고 하면서 개인주의적 사회논리가 사회주의에서 통용되는
것은 아니라고 주장했다.

독립한 개인의 행위가 사회적 현상의 원리가 되고 있음을 설명하기
위해 그는 인간의 선택행위에 관해 하나의 정의를 내렸다. 그는, 사
람들의 행위는 모두 목적을 갖고 있으며, 그 목적달성을 위해 이루어
진 판단은 항상 합리적이라고 했다. 말하자면 사람이 어떤 목적을 갖
고 행동하는 경우, 그때그때마다 목적달성을 위해 가장 좋은 방법을
선택하고 있다고 생각한 것이다. 예를 들어, 그것이 사후에 제3자의
눈으로 보면 반드시 가장 좋다고는 할 수 없는 수단이었다고 해도,
그 판단을 한 시점에서는 가장 좋았다고 생각해야 한다. 때와 장소를
달리하는 사람들이 그 판단의 옳고 그름을 결정하는 것은 (예를 들어
본인이라 해도) 불가능한 것이다.

이처럼 철저한 개인주의, 주관주의적 견해가 왜 유효한 것인가?
그것은 우리 사회가 분업으로 지탱되고 있기 때문이다. 우리는 분업
에 따른 은혜를 개인의 수준으로는 이해할 수 있다(그렇지 않다면 분

업화될 수 없었을 것이다). 우리는 결코 같지 않다. 모든 사람들이 같은 능력밖에 갖고 있지 않다면, 분업화해도 의미가 없다. 미제스는 자유가 있기 때문에 분업화·다양화가 가능하다고 주장했다. 또한 그는 분화한 각각의 기능을, 시간 경과 속에서 생존의 여부라는 측면에서만 평가할 수 있다는 점을 지적했다.

분업화된 사회 속에서 사람들은 불확실한 미래에 대해 다양한 판단을 하지 않으면 안 된다. 미제스는 이와 같은 세계에 살고 있는 사람은 모두「기업가」라고 생각한다. 시간이 흐르고 있는 세계에서는 모든 사람들이 항상 미래를 향해「투기」를 하지 않으면 안 되며, 그 때문에 기업가정신을 발휘해야 한다. 여기에서 미제스는 인간행위를 분석하기 위한 학문으로서「캐터락딕스〔역주 catallactics - 교환의 과학 (the science of exchanges)을 뜻함〕」를 제안했다. 캐터락딕스는 개인이 판매하거나 구입하는 재화의 가격과 수량의 결정이라는 경제계산을 어떻게 할 것인가라는 것을 분석의 중심에 둔다. 미제스는 시장이 존재하지 않는 세계에서는 경제계산이 이루어질 수 없으므로 사회주의 경제는 성립 불가능하다고 했다.

기업가의 노력이 모든 점에서 부정되어야 하는 것은 아니라고 하는 주장에서 통상의 후생경제학적 관점과는 전혀 다른 결론이 도출된다. 참여장벽이라는 개념은 의미를 갖지 못하고, 광고와 제품차별화는 기업 노력의 일환으로서 인정받게 된다. 또 과소소비 때문에 불황이 발생한다는 케인스 이론은, 소비자가 원하는 것을 생산자가 발견하는 것이야말로 시장활동의 유일한 의의라고 생각하는 캐터락딕스적 관점에서는 의미를 갖지 못하게 된다.

이 책은 자유주의적 관점에서 쓰여져 있지만, 인간행위론적 분석을 진행함으로써 경제에 대한 간섭정책이 얼마나 무의미하고 유해한 것인가를 설명하는 방법을 취하고 있다. 자유의 의의를 제시하기 위해

하나의 새로운 학문체계를 처음부터 구축하려 한 데에 거인의 참다운
면모가 있다고 할 수 있을 것이다.

*** * ***

사회주의 계산논쟁

소비에트 연방이 성립한 뒤 경제학자들의 최대 관심은 인위적 계획으로 가격과 생산
량을 결정해 경제성장을 달성할 수 있는가에 모아졌다. 경제계산은 시장을 통해서만
가능하다고 하는 미제스에 대해 랑게를 비롯한 사회주의 지지자들은 국가가 발라적 경
쟁자 역할을 수행하면 가격결정이 가능하다고 주장했다. 이에 하이에크가 사회적 지식
의 관점에서 반비판을 했지만, 1928년 제1차 5개년계획이 시작되었다는 사실이 사회주
의측의 승리를 상징했다. 그러나 미제스는 《인간행동》에서 재비판을 시도하고 있다.
실제로 사회주의 계획당국이 결정할 수 있었던 것은 겨우 2만 품목에 지나지 않았으
며, 자유주의 경제 속에서 존재하는 재화의 종류에는 미치지 못했다. 그리고 1989년
이후 동구혁명은 국가사회주의가 우리에게 선택지로써 주어지지 않았다는 것을 극명히
보여주었다. 혁명 후의 바르샤바 대학에는 미제스의 동상이 건립되었다고 한다.

방법론적 개인주의 · 주관주의

사회현상을 포착할 때 그 기본단위를 같은 종류의 집단이 아니라, 한 사람 한 사람
의 개인과 기업에 두는 방법을 방법론적 개인주의라고 한다. 또 그 때 행위의 선택기
준이 주체의 가운데에 있다고 생각하는 태도를 주관주의라고 한다.

집단행동의 경제학

−존 로저스 코먼스(John Rogers Commons, The Economics of Collective Action, 1950)−

코먼스(1862~1945년)는 퀘이커 신자인 아버지와 엄격한 장로교 신자인 어머니 사이에서 태어났다. 당시 오하이오 주는 「서부」로서, 그의 회상에 따르면 「전원주의, 공화당 지지, 장로교(presbyterianism), 스펜서주의(spencerianism)」가 지배적인 사상풍토 가운데서 자랐다. 아버지가 경영하는 지방신문은 적자가 계속되어 대학의 학비 등은 「인쇄공」으로 일해 버는 수밖에 없었다. 뛰어난 인쇄 식자공이었던 그의 경력은 훗날 노동조합연구 실태조사에 큰 도움이 된다.

코먼스는 여덟 권의 저서와 방대한 산업사 및 노동사 관계 자료집과 조사보고서를 정리해 뉴딜사회입법의 선구인 위스콘신 프로그램을 지도했다. 또한 전국시민동맹과 소비자연맹에서 활약했을 뿐만 아니라, 미국경제학회 회장을 역임한 경제학자였다. 그러나 정규 박사학위는 취득하지 못했다. 분쟁의 현장에 뛰어들어 당사자의 주장을 들으면서 조사해 보고서를 작성함으로써 당사자에게「선택」을 강요하는, 실로 행동주의 경제학자였다.

주요 저서로는《자본주의의 법률적 기초(Legal Foundations of Capitalism)》(1924년),《제도경제학(Institutional Economics)》(1934년), 그가 사망한 5년 뒤 제자가 출판한《집단행동의 경제학》(1950년)이 있다.『나의 이론은 논리적 일관성이 결여되어 있다. 조사를 통해 새로운 사실을 발견하고 그것이 갖는 의미를 알게 됨에 따라 이론도 새로이 만들 필요가 있었다』라는 발언에서 알 수 있듯이, 코먼스의 경제학을 하나의「이론체계」로써 이해하기란 어렵다. 그러나 이 책《집단행동의 경제학》은 예외적이다. 제2차 세계대전 말에 파시즘도 공산주의도 아닌, 새로운「집단행동」을 통해「개인의 자유의지」실현을 가능하게 하는 미국적 민주주의에 대한 뜨거운 지지로 뒷받침된, 에센스이기 때문일 것이다.

이 책은 4부로 구성되어 있다. 제1부「경제활동」에서 경제생활의 중심은 인간의지이며, 개인의 의지와 의지의「만남」이「거래」, 말하자면 양면적인「공동행위」라는 점을 강조했다. 이 공동행위로서의 거래는 사유재산에 기초한 자본주의적 발전과정에서「개인행동을 규제하는 집단행동」인 다양한「제도」*로 나타난다.「공동행위」로서의 거래는 단지「물적인 재화의 자발적 교환」이 아니라, 조직의「정책결정자」에 의한「할당거래」, 고용자와 피고용자 사이의「경영거래」, 유형자산과 사채·주식 등 무형자산의 소유권 양도인「매매거래」*로 구성된다. 코먼스가 강조한 것은 할당거래와 매매거래인데, 이것은「미국의 기본적인 경제제도는 주식회사, 노동조합, 정당이다」라는 기본인식과 직결되어 있다.

제2부「단순화된 전제」에서는 주권·희소성·효율·장래성·습관

등 이론분석상의 틀이 명확히 설명되어 있다. 관습법의 세계에서는 소유권의 대상이「선행하는」행위의 결과뿐만 아니라, 채권·채무와 같이「장래의」권리·의무가「현재의」매매거래로 되어 있다는 사실, 말하자면 장래에 관한 개인적인 예상과 기대가 법적 강제력에 뒷받침된「소유권」으로서 사회에 편성되어 있다는 사실을 강조하고 있다.

제3부「상대성」에서는「개인, 소유권, 시간 및 판단의 상대성에 관한 연구」를 정치경제학 체계 속에 편성하기 위한 방법과 절차를 구체적으로 검토했다. 민주주의적 정치과정에서 경제학자의 역할을 쌍방의 이해로부터 상대적으로 독립한「조사」의 실행 자체에서 찾아 입법과 행정의 중간에 두는 것이다.

제4부「경제문제의 공적 관리」에서는「법의 적정한 절차」에 바탕을 둔 정부에 의한「할당거래」방법이 제시되어 있다. 조직화가 진행되지 않았던 농업에서의「조정」활동에 관한 헌법상의 적법성을 강조한「농업의 관리」, 정부에 의한「통화」가치의 관리는 과거의 결과로서의 현재보다 오히려「장래」에 대한 책임과 의무의 견지에서 실행되어야 한다고 하는「신용의 관리」*, 조직화된 노동조합과 경영자 사이의「경영거래」는「법의 적정한 절차」라는 미국 민주주의 그 자체의 원리에 따라 조정되어야 한다는「자본 - 노동의 관리」의 제언이었다.

요컨대 코먼스는『정치학과 경제학에서의 문제는 공상적인 유토피아를 창출하는 것이 아니라, 조사와 실험을 통해 모든 사람들이 평능한 기회를 갖을 수 있는 것처럼 순리에 맞은 번영된 세계를, 먼저 미국에서 재건하는 것』을 추구하고 있었다. 개인의 자유의지를 널리, 평등하게 실현하기 위해「집단행동」의 법칙을 찾아 실험을 통해 실천하고자 하는 프래그머티즘(pragmatism)인 것이다. 따라서 코먼스는 뉴딜 이후의 경제관리 시스템 그 자체의 유효성을 의문시하는 현대의 자유방임주의적인 신제도경제학자 처지에서도 다시 검토되지 않으면 안 되는 대상이 되었다. 미국 민주주의의 경제사상을 실현하는 하나의 전형이기 때문이다.

* * *

제도

같은 「제도학파」에 속한다 해도 베블런이 말하는 제도는 「사고습관」, 코먼스의 그것은 「개인행동을 규제하는 집단행동」이라는 점에 주의하지 않으면 안 된다. 베블런의 영향을 받으면서도 역시 프래그머틱한 사회개량주의에 철저했기 때문이다.

매매거래(bargaining transaction)

매매계약의 체결로 권리·의무가 발생하고, 장래의 지불로 권리·의무가 소멸한다는 의미에서, 이것은 필연적으로 「시간」을 포함하고 있다. 따라서 장래에 권리·의무의 수행을 약속하는 것은 모두 매매거래의 대상이며, 특히 「양도 가능성」이 부여된 채무가 현대 매매거래의 중심이라고 코먼스는 말한다.

신용의 관리

코먼스는 피셔에 의해 「미국에서 최첨단 화폐경제학자의 한 사람」이라고 높이 평가받았지만, 이미 1920년대의 금본위제도 아래에서도 통화공급은 공개시장조작 등을 통해 「관리되어야 할」 공공적인 성격을 띠고 있다는 점을 설명했다. 「관리통화」제도의 선구적인 제창자이기도 하다.

사회적 선택과 개인적 평가

– 케네스 조제프 애로(Kenneth Joseph Arrow, Social Choice and In-
dividual Values, 1951, 2nd ed., 1963) –

애로는 1921년 미국 뉴욕에서 태어났다. 뉴욕 시티 칼리지, 컬럼
비아 대학 대학원을 수료한 뒤, 시카고 대학과 하버드 대학을 거쳐
현재 스탠퍼드 대학의 교수로 있다. 현재 스탠더드 이코노믹스에 대
한 애로의 공헌은 새뮤얼슨의 그것과 마찬가지로 아주 방대하다.

그리고 이와 같이 실로 전 분야에 걸친 폭넓은 애로의 공헌 가운
데 이 책《사회적 선택과 개인적 평가》는 뒤에 후생경제학 중 「사회
적 선택의 이론」이라는 새로운 분야를 출현시키게 만들 정도로 매우
큰 영향력을 가진, (그리고 현재도 그 영향력을 계속 갖고 있는) 결
정적으로 중요한 업적이랄 수 있다. 원래 이 책은 컬럼비아 대학의
박사학위 논문으로 발표된 것으로, 「애로의 불가능성 정리」로 알려
져 있다.

선거나 입법같이 그 대상이 사람과 법률이든, 또는 경제정책같이

그 대상이 자원배분의 존배방식이든 상관없이, 지금까지 사회 속에서 살아온 (그리고 살아가는) 우리 인간은 여러 개인의 선호와 판단에 기초해 다양한 사회상태에 순서를 매기는 메커니즘을 다양하게 구사해왔다. 바꾸어 말하면 개인의 선호순서를 사회의 선호순서에 종합하는(aggregate) 메커니즘을 각각의 시대와 장소에 따라 다양하게 발명해왔던 것이다. 예를 들면 정치학의 경우, 그것은 시대와 국가에 따라 전제군주제이기도 했으며 다수결 투표제이기도 했다. 후생경제학의 경우를 살펴보면, 그것은 경제학자의 사고와 상식에 따라 만족과 후생의 개인 간 비교가 가능하다고 생각하는 「기수적」 후생 개념에 기초한 피구의 사회적 후생함수, 또는 그것이 불가능하다고 생각하는 「서수적」 후생 개념에만 기초한 에이브럼 버그슨(Abram Bergson)＝새뮤얼슨의 사회적 후생함수였다. 그러나 그것이 구체적으로 어떤 메커니즘이든지 간에, 만족과 후생의 개인 간 비교를 허용하지 않는다는 면에서는 「과학」적이며 또 전제군주의 독재를 허용하지 않는다는 면에서는 「민주」적이라고 하는 경우, 사회 상태에 대한 「개인」의 선호순서에서 「사회 전체」의 선호순서를 정하는 함수──사회적 선택 규칙──는 다음과 같은 조건을 충족해야 한다.

- 약(弱)파레토 원리 : 모든 개인이 사회적 상태 x를 y보다 선호하는 경우 사회적 선택 규칙은 x를 y보다 선호한다.
- 비독재성 : 한 사람의 개인이 x를 y보다 선호하는 경우, 반드시 사회적 선택 규칙이 x를 y보다 선호하는 것과 같은 개인은 존재하지 않는다.
- 관련이 없는 선택대상에서의 독립성 : 어느 사회적 상태의 조합에 대한 개인의 순서가 동일하게 계속되는 경우에는 사회적 선택 규칙의 순서도 동일하게 계속된다.

- 정의역(定義域)의 비한정성 : 사회적 선택 규칙은 논리적으로 가능한 모든 개인의 선호순서의 조합을 정의역에 포함하고 있다.

그리고 애로가 이 책에서 증명한 것은, 우리가 매일매일 살아가고 있는 인간사회에 있어서는 가장 우울한 결과다. 애로는 앞의 네 가지 조건을 만족시키는 사회적 선택 규칙은 전혀 존재하지 않는다는 것을 증명했다. 바꾸어 말하면 최저한의 「과학성」과 「민주성」을 갖고 개인의 선호순서를 사회의 선호순서에 종합한다는, 아주 소극적인 사회적 선택의 메커니즘에서조차 우리는 사회적 선택 규칙을 논리적으로는 전혀 가질 수 없다는 사실을 증명한 것이다.

그런데 수학의 역사에 밝은 사람이라면, 위의 사회적 선택의 논리에서 애로의 불가능성 정리가 수학기초론에서 괴델의 불완전성 정리*와 다양한 면에서 평행하고 있음을 깨닫게 될 것이다. 실제로 이 두 정리는 각각의 영역에서 지배적이었던 버그슨＝새뮤얼슨류의 후생경제학과 다비트 힐베르트(David Hilbert)의 형식주의를 「안쪽에서부터」 파괴하며 손상을 가져온다는 점에서 평행할 뿐만 아니라, 그 뒤의 경제학자와 수학자의 반응까지 동일하다. 사실 애로 이후의 경제학자들은, 애로의 정리는 후생경제학의 죽음을 선고한 것이 아니라, 오히려 자신이 한번쯤은 부정했을 다양한 비·서수적 후생의 요소——선호의 강도, 후생의 개인 간 비교, 효용 이외의 요소(소득배분)…——를 다시 후생경제학에 도입할 필요가 있음을 나타내고 있는 데 지나지 않는다고 생각하며 스스로 위로한다. 마찬가지로 괴델 이후의 수학자는, 괴델의 정리는 형식주의의 죽음을 선고한 것이 아니라, 자신이 한번쯤은 부정했을 「유한의 입장」*의 확장을 다시 수학기초론에 도입할 필요가 있음을 나타내고 있는 것이라고 생각하며 자신들을 위로한다. 그리고 모든 후생경제학자와 수학자에게 실로 다

행스럽게도, 우리는 엄밀한 서수주의를 포기한 경우에는 개인의 선호
순서를 사회의 선호순서로 종합하는 사회적 선택 규칙이 존재한다는
것을 증명할 수 있다. 또 엄밀한 유한주의를 포기하고 초한귀납법*
을 도입한 경우에는 수학이 완전하다는 것을 무사히 증명할 수 있다.

* * *

괴델의 불완전성 정리

산술을 포함한 귀납적으로 모순이 없는 체계에서는 그 자신도 그 부정도 증명할 수
없는 것과 같은 결정 불가능한 명제가 존재한다(제1정리). 또는 자연수론(自然數論)
을 포함한 형식적 체계의 무모순성은 그 체계 내에서는 증명할 수 없다(제2정리).

유한의 입장

모든(메타) 수학적 명제의 증명은 유한의 가설과 기호열을 사용해 유한회(回)의 조
작에 의거해 실행되지 않으면 안 된다는 입장이다. 이 입장의 필요성은 그 반대를 생
각해보면 잘 알 수 있다. 어떤 명제가 증명 가능한데, 그것에 무한회의 프로세스가 필
요하다고 한다면, 현실적으로 그 증명은 시간이 아무리 흘러도 증명될 수 없으므로 과
연 그것이 증명 가능하다고 해도 좋은 것인지 아닌지는 의문일 것이다.

초한귀납법

통상의 수학적 귀납법을 자연수에 대해서뿐만 아니라, 그것보다 훨씬 큰 임의의 정
렬집합에 대해 적용한 것이다. 여기에서 정렬집합이란 최저원(最低元)을 가진 모든 순
서집합이라면 무엇이라도 좋다. 이 초한귀납법이 유한의 입장에 저촉하지 않을 수 없
다는 사실은 분명할 것이다. 그리고 게르하르트 겐첸(Gerhard Gentzen)은 초한귀납법
을 사용하면 체계 내에서 자연수론의 무모순성이 증명될 수 있음을, 바꾸어 말하면 괴
델의 불완전성 정리가 성립하지 않고 수학은 완전하다는 것을 나타내는 데 성공했다.

실증경제학의 방법과 전개

– 밀턴 프리드먼(Milton Friedman, Essays in Positive Economics, 1953) –

재미있다가도 곧 슬퍼지는 것, 그것이 인생인가? 화려한 영광 뒤에는 어두운 그림자가 있는 법이다. 프리드먼은 1912년 뉴욕의 브루클린에서 가난한 유대이민의 아들로 태어났다. 그는 고학으로 러트거스 주립대학, 시카고 대학 대학원을 졸업했으며, 1936년 마찬가지로 가난한 유대이민의 딸 로즈 디렉터와 결혼했다. 같은 해 유대인의 생물적 말살이 규정되어 있는 뉘른베르크법을 시행한 나치스 독일은 로카르노조약을 파기하고 라인란트로 진군했다. 이 때 영국에서는 케인스의 《고용, 이자 및 화폐의 일반이론》이 출간되었다.

파시즘과 대공황. 이렇듯 어두웠던 그의 청춘시대 무렵의 세계 정세를 살펴보지 않고서는 그의 자유주의적 경제사상을 이해할 수 없을 것이다. 1946년 모교 시카고 대학에 부임하자마자, 시카고 학파·머니터리즘*의 우두머리로서 그의 명성은 점점 높아져 《실증경제학의 방법과 전개》, 《소비의 경제이론》, 《가격이론》, 《자본주의와 자유》, 《미국화폐사》 등의 저서를 세상에 내놓았으며, 1976년에는 노벨경제학상을 수상했다. 프리드먼은 그 이듬해 시카고 대학을 퇴직하고 스탠퍼드 대학 후버연구소의 선임연구원으로 활약하고 있다.

《실증경제학의 방법과 전개》는 프리드먼의 처녀작이며, 그 뒤 그의 경제방법론, 경제사상, 화폐경제론의 모든 출발점으로 자리매김된 저서다. 이 책은 4부로 구성되어 있다. 제1부는 서설로서, 실증경제학의 방법론을 논하고 있다. 제2부는 가격이론으로, 마셜적 수요곡선과 소득세 및 물품세의 후생효과를 논하고 있다. 제3부는 화폐이론으로, 완전고용정책, 변동환율론, 상품준비통화론을 논하고 있다. 제4부는 방법에 관한 논평으로, 랑게와 러너의 저서에 관해 논하고 있다. 그의 가격이론과 화폐이론은 뒤에 간행된 저서에서 한 차원 높게 전개되고 있으므로, 여기에서는 방법론에 한해 소개하고자 한다.

프리드먼은 다음과 같이 말한다. 『실증경제학의 과제는 어떤 사태의 변화에 대해서도 그 모든 결과를 정확히 예측할 수 있도록 일반명제의 체계를 제공하는 것이다. 그 성과는 그 체계의 정확함, 범위 내지 그 체계를 통한 예측 경험과의 적합성에 의거해 판단되어야 한다. 말하자면 실증경제학은 어떤 자연과학과도 정확하게 같은 의미로「객관적」과학이든가, 「객관적」과학일 수 있는 것이다』.

프리드먼은 자주 질문받고 있는 두 가지 비판에 대해 다음과 같이 답하고 있다. 첫째, 경제학을 비롯한 사회과학에서 계획된 실험을 통해 테스트될 수 있는 것은 전혀 없다는 비판에 대해, 그는 이른바「관리실험」을 실시할 수 없다는 사실 그 자체는 사회과학과 자연과학 사이의 근본적인 차이가 아니라고 말한다(프리드먼은 천문학을 예로 들고 있다).「경험이 가져다주는 증거」에 따라 경제학도 실증과학일 수 있는 것이다. 둘째, 이론의 옳고 그름의 여부는, 그 가정이 기술적으로 현실적인가 아닌가에 따라 판단되어야 한다는 비판에 대해, 그는 일반적으로 이론이 중요하고 의의가 있으면 있을수록 가정은 비현실적이라고 답한다. 왜냐하면 약간의 가정을 이용해 많은 것을 설명하는 이론은 복잡하고 상세한 상황에서 추출된 공통요소만으로 타당한 예측을 이끌어내는 것이다. 따라서 의의 있는 이론의 가정은 많은 부수적 상황을 제외시키기 때문에 기술적으로 거짓이어야 한다.

신고전학파 미시경제학에서 이윤극대화가설만큼 계속 비판받아온 명제도 적다. 말하자면 기업이 적절한 비용 및 수요함수에 관한 정보를 기초로 복잡한 연립방정식 체계를 푼다는 가설은 비현실적이라는 반론이다. 프리드먼은 이 비판이 잘못되었다고 한다. 실업가의 행동이 이윤극대화와 일치하는 행동에 가까워지지 않는 한, 그는 사업을 계속 할 수 없기 때문이다. 프리드먼의 경제방법론은 프리츠 마하럽(Fritz Machlup)의 방법론과 함께 포퍼주의(Popperism)의 입장에서 재평가된다. 한편 프리드먼의 사고와 반대되는 것은 포스트 케인스파인 샤클의 경제사상일 것이다. 샤클은, 현실의 경제시스템은 마치 만화경과 같으며, 일부분의 미세한 변화에도 예상하지 못한 새로운 모자이크상을 만들어낸다는 것을 강조하면서 이론의 예측 가능성에 의문을 제시했다.

오늘날 자연과학과 사회과학을 불문하고 「복잡계(複雜系)」의 연구가 왕성하게 이루어지고 있다. 복잡계란 아주 다양한 요소가 정(正)과 부(負)의 비선형 피드백 과정을 통해 상호연관하면서 변화해가는 동학 시스템을 가리킨다. 여러 사회경제현상, 새로운 패턴의 형성, 학습유전과정은 한결같이 복잡계의 자기조직화로 해석되어야 한다. 과학방법론의 관점에서 선견성이 칭찬받는 것은 프리드먼이 아니라 샤클 쪽이다. 프리드먼의 방법론은 고전적 순수미로서 시대와 더불어 흘러가는 운명에 처해 있는지도 모르겠다.

✳✳✳
머니터리즘

머니터리즘의 대표적인 주장은 다음과 같다.

명제1 : 화폐량의 증가율과 명목소득의 증가율 사이에는 정합적인 관계가 존재하며, 전자가 후자에 미치는 인과적 영향이 시간적 지체를 수반해 관찰된다.

명제2 : 단기에서 화폐량의 증가는 주로 산출량에 영향을 미친다. 장기에서 화폐량의 증가는 주로 물가에 영향을 미친다. 화폐량의 증가율이 산출량의 증가율보다 급속하게 변할 때는 인플레이션이 발생한다는 점에서 그것은 언제나 화폐적인 현상이다.

명제3 : 금융정책이 중요하며, 그 중요성은 이자율에 대한 효과보다도 그 화폐량에 대한 효과에서 더 현저하게 나타난다. 화폐·물가·산출량 사이의 여러 관계에는 시간적인 지체가 존재하기 때문에, 자유재량적인 정책은 경제성장에 안정적인 영향을 미치지 못한다. 화폐를 안정적인 비율로 공급하는 자동적인 정책이 바람직하다. 이와 같은 정률적인 화폐 공급의 컨트롤을 「k% 룰」이라고 한다.

계량경제학

- 로렌스 로버트 클라인(Lawrence Robert Klein, A Textbook of
Econometrics, 1953) -

클라인(1920~   )의 업적은 크게 두 가지로 나뉜다. 하나는 새 뮤얼슨 등과 나란히 전후 최초로 거시경제학의 수리적 취급의 정식화(定式化, specify)에 공헌했다는 것이다. 다른 하나는 여러 가지 계량경제학 모델의 구축에 힘을 쏟았다는 것이다.

그가 매사추세츠 공과대학에서 새뮤얼슨 밑에서 리서치 어시스던트를 하면서 쓴 박사학위 논문은 3년 뒤 《케인스 혁명》(1947년)으로 새로이 출간되었다. 이 책에서 클라인은 케인스의 《고용, 이자 및 화폐의 일반이론》 출간 이후의 새로운 논의를 담으면서 케인스 이론의 구조를 추출해 명확하게 정식화했다. 그리고 이 책의 제목은 《케인스 혁명》의 호칭의 시초가 되었다. 한편 그는 1955년 미국에 관해 처음으로 계량 모델*을 구축하고, 나아가 브루클린스 모델과 와튼교 모델 등 더 정교하고 치밀한 모델을 개발했다. 클라인은 이들 계량 모델을 구축한 업적으로 1980년 노벨경제학상을 수상했다.

1953년 출간된 《계량경제학》은 당시 빠르게 진전되고 있던 계량경제학 내용을 대학원생용으로 해설한 최초의 교과서다. 이것은 당시 미시건 대학에 있던 클라인이 강의를 위해 작성한 노트에 기초하고 있다. 내용 면으로는 통계의 기초, 최소자승추정법(least squares estimation)* · 최우추정법(maximum likelihood estimation) · 제한 정보추계법 등의 각 추계법, 집계 모델 및 부문분석에서 추계상의 문제에 덧붙여 실제 추계계산에서의 기술상 문제 등을 다루고 있다.

계량경제학이란 개략적으로 말하면 경제이론에 따라 가설적으로 세워진 경제 데이터 간의 관계를 수치적으로 특정하거나, 가설 그 자체의 옳고 그름을 검토하기 위한 방법을 연구하는 것이다. 단순한 예로서 실질소득액(Y)과 실질소비액(C) 사이에

$$Y = a + bC + u \cdots\cdots\cdots\cdots\cdots\cdots\cdots\cdots\cdots\cdots ⊛$$

(a, b는 파라미터, u는 일정한 분포를 가진 확률변수＝보통은 오차를 나타낸다)인 관계가 경제이론의 귀결로서 예측될 때, 계량경제학은 먼저 입수 가능한 Y와 C의 여러 데이터에 기초해 a와 b의 구체적인 값을 구하는 방법을 제공한다. 나아가 이 때 얻어지는 오차(u)의 분포에 기초해 얻어진 a와 b의 값이 어느 정도 신뢰할 수 있으며, 이 관계식 자체가 옳은지 어떤지 등에 관해 통계적으로 검증할 수 있다. 이와 같이 계량경제학은 경제이론에 의거해 세워진 여러 가정의 옳고 그름을 검증할 수 있도록 하는 동시에, 실험을 할 수 없는 경제학에서 실제로 관찰되는 경제측면에서 경제이론의 정당성을 검토하는 중요한 역할을 수행하는 것이다.

이와 같이 단순한 예에서 사용되는 방법은 옛날부터 물리와 화학 등 실험결과 정리에도 사용되어왔다. 그러나 이 방법을 계량경제학에

서 사용하는 데는 몇 가지 문제점이 있다. 첫째, 단 하나의 관계식을 추정해 계산하는 것만이 아니라, 복수의 관계식을 동시에 취급해야만 한다는, 「계량 모델」에서 발생하는 문제가 있다. 예를 들면 이와 같은 연립방정식 가운데 각각의 식에 대해 통상 행해지고 있는 바와 같이 최소이승법으로 추계하면, 얻어지는 매개변수의 추계결과에는 편의(偏倚, bias)*가 생긴다. 따라서 이와 같은 원래의 연립방정식(경제구조를 직접 표현하고 있으므로 구조방정식이라고 한다)을 직접 추계하는 것이 아니라, 먼저 이것을 산술적으로 풀고 그 해(이것은 유도형라고 하여 외생변수*와 교란항의 함수가 된다)를 추계하지 않으면 안 된다. 여기에서 유도형 파라미터의 추계값에서 구조방정식의 파라미터를 구할 수 있느냐의 문제가 발생한다. 이것이 식별성의 문제로 알려져 있는 것이다.

나아가 계량경제학의 경우 실험과학과 현저하게 다른 점은, 계량경제학이 실험실에서와 같이 관계가 없는 요인의 영향을 배제한 가운데서 반복해 실험할 수 없으며, 역사적으로 또는 한 시점에서 관찰된 데이터에 기초하는 수밖에 없다는 점이다. 만약 반복해 실험이 가능하면 그 때마다의 실험환경은 대개 일정하게 유지되기 때문에, 앞의 ✳식에서 u는 단순한 관찰오차로 생각할 수 있으며, 실험마다 독립적이며 일정한 분포를 가진 확률변수로 생각할 수 있다. 이것은 간단히 추계를 하는 데 빼놓을 수 없는 매우 중요한 성질이다. 그렇지만 경제학에서는 역사적 데이터 등을 사용해 관계식의 추계를 하기 때문에, 이 u에는 단순한 관측오차 이외에 관계식에 고려되어 있지 않은 외부요인이 가져오는 영향 등 다양한 요인이 포함되게 마련이다. 이와 같은 경우 u는 더 이상 독립적이며 일정한 분포를 갖고 있다고 할 수 없으며, 최소이승법 등 단순한 추계방법에 의지할 수 있는지는 확실하지 않다. 그러나 대수의 법칙*과 중심극한정리*가 나타내는 것에 의해 이와 같은 환경 아래에서도 마찬가지의 추계방법이 점진적으로 (샘플 수를 늘리면) 적용 가능하다는 것을 알 수 있다. 이 방면에서의 계량경제학 연구도 경제학이 놓인 특수한 환경을 반영해 왕성하게 이루어지고 있다.

***

계량 모델

경제 전체의 구조를 계량경제학의 방법에 따라 추계된 복수의 방정식으로 나타낸 것이다. 경제에 외적 쇼크를 주었을 때와 특정한 정책을 실행했을 때 어떤 영향이 어느 정도 있는가를 구체적으로 조사할 수 있다.

최소자승추정법

가장 고전적인 추계법의 하나다.

편의(bias)

구하고자 하는 매개변수의 추계치와 그 참값은 평균치로 봤을 때 일치하는 것이 바람직하다. 그렇지 않으면 참값보다도 어느 쪽인가로 기울어 추계할 가능성이 높기 때문이다. 만약 추계값의 평균값과 참값이 일치하지 않으면 이 양자의 차이를 편의라고 한다.

외생변수 · 내생변수

외생변수란 모델의 고려 밖에 둔, 모델에 대한 투입(input)으로 주어지는 변수를 말하며, 내생변수는 외생변수의 투입에 반응해 모델 가운데 값이 정해지는 변수를 말한다.

대수의 법칙

일정한 환경 아래에서 추출실험을 한 것의 평균(표본평균)이 실험횟수를 늘릴수록 본체의 평균에 가까워져가는 것을 나타낸 법칙이다.

중심극한정리(central limit theorem)

일정한 환경 아래에서 표본평균의 분포가 실험횟수를 늘리는 데 따라 정규분포에 가까워지는 것을 나타낸 정리. 대수의 법칙과 마찬가지로 몇 가지 유형이 있다.

경제변동이론

– 미할 칼레츠키(Michal Kalecki, Theory of Economic Dynamics, 1954) –

칼레츠키(1899~1970년)는 현 폴란드(당시는 제정 러시아)의 로지에서 태어났다. 아버지는 방적공장을 경영하고 있었지만, 칼레츠키가 어렸을 때 도산했다. 그는 바르샤바와 그다니스크 공업대학에서 공부했다. 경제학에 관한 정규 교육은 받지 않았지만, 이 때부터 마르크스의 재생산표식에 흥미를 갖고 있었다. 영국에 머무를 때 폴란드 정부에 항의해 바르샤바 연구소를 사임한 뒤, 옥스퍼드 대학 통계연구소, UN 등에서 근무했다. 1954년 미국을 휩쓴 매카시즘 시기에 UN 근무를 그만두고 폴란드로 귀국했다. 귀국 뒤 폴란드의 경제계획 수립에도 참여했으나, 1968년의 위기 때 정부에 항의해 또다시 사임했다. 칼레츠키가 1933년 폴란드어로 발표한 논문 〈경기순환이론에 관하여〉는 《일반이론》의 내용을 먼저 도입한 것으로 유명하다.

《경제변동이론》에서는 재화의 가격결정에 관한 방법을 두 가지로 나눈다. 말하자면 공급이 비탄력적인 원료와 식료품의 가격은 수요에 따라 결정되는 데 비해, 공급이 탄력적인 완성재의 가격은 비용에 따라 결정된다는 것이다. 이와 같은 가격론 2분법의 사고는 그 뒤 칼도어, 힉스, 모리시마 미치오 등으로 이어진다. 단, 이 책에서 문제가 되는 것은 오로지 완성재의 가격이다. 공급탄력적이고 단위 주요비용이 일정한 완성재의 시장은 과점적인 시장이다. 이와 같은 과점적인 시장 가격은 그 재화를 생산하기 위한 비용과 다른 동종 회사와의 가격에 따라 결정된다. 여기에서 칼레츠키는 $\left(\dfrac{\text{가격}}{\text{단위주요비용}}-1\right)$을 「독점도」라고 이름붙였다. 칼레츠키의 가격이론은 상호의존적이고 과점적인 시장에서 가격결정을 문제로 삼았다는 면에서는 선구적인 업적이다. 그렇지만 칼레츠키 자신의 모델이 반드시 성공했다고는 보기 어렵다.

그런데 정부부문이 존재하지 않는 폐쇄경제에서의 국민소득은 분배 면에서 보면 임금과 이윤이며, 지출 면에서 보면 소비와 투자다. 따라서,

$$\text{이윤} + \text{임금} = \text{투자} + \text{자본가소비} + \text{노동자소비}$$

가 된다. 여기에서 노동자는 저축을 하지 않는다고 하면,

$$\text{이윤} = \text{투자} + \text{자본가소비}$$

가 된다. 여기에서 칼레츠키는 투자와 자본가소비가 이윤을 결정한다고 생각했다. 즉 개개의 기업가는 지출을 증가시킴으로써 자신의 이윤을 증가시킬 수는 없지만, 자본가계급은 전체로서 지출을 증가시킴으로써 이윤을 증가시킬 수 있다. 이와 같은 칼레츠키의 생각은 「케임브리지＝거시분배론」*로 발전시킬 수 있다. 또 「독점도」와 자본가의 저축성향이 일정한 경우, 투자의 증가는 이윤을 늘리므로 국민소

득을 증가시킨다. 이것은 본질적으로 케인스의 승수와 같은 성질을 갖는다. 단, 투자가 일정해도 「독점도」가 낮으면, 임금분배율이 상승하기 때문에 국민소득도 상승한다. 말하자면 칼레츠키의 승수는 소득분배에 따라 영향을 받는 것이다.

따라서 기업의 규모를 확대하기 위해서는 외부로부터 자금을 조달하지 않으면 안 된다. 그렇지만 외부로부터의 차입에 의존한다는 것은 그만큼 위험을 수반할 것이다. 따라서 기업이 차입할 수 있는 자금에는 제약이 있으며, 그 결과 기업의 규모도 제약을 받는다. 차입자금의 위험도는 기업의 내부 축적이 커짐에 따라 저하될 것이다. 따라서 기업의 저축이 커지면 차기에 기업은 그만큼 투자를 늘릴 수 있다. 반대로 투자가 늘면 이윤도 증가하므로 기업의 저축도 증가한다. 이상과 같이 기업의 저축과 투자 관계는 누적적인 관계가 이루어진다. 그러나 기업의 저축과 투자 변동에는 차이가 발생하기 때문에 그 차이가 경기순환을 가져오는 것이다.

마지막으로 케인스의 《일반이론》과 칼레츠키의 《경제변동이론》의 모델을 비교해보자. 《일반이론》이 완전경쟁시장을 고려한 데 비해 《경제변동이론》은 과점적인 시장을 고려한다. 또 유동성선호설에서 볼 수 있듯이 케인스가 화폐수요를 문제로 삼은 데 비해, 칼레츠키는 오히려 화폐공급의 과정을 문제로 삼았다. 한편 케인스는 소득분배에 그다지 관심을 갖고 있지 않았다. 그러나 칼레츠키는 소득분배 이론을 매개로 미시의 가격이론 문제와 거시의 유효수요 문제를 통합하고자 시도했다. 물론 실업의 원인은 유효수요의 부족이라고 생각하는 점에서 양자는 일치한다. 그러나 케인스는 유효수요의 부족 원인을 금리생활자의 「화폐애」 때문에 이자율이 하락하지 않는 데에서 찾고 있다. 한편 칼레츠키의 모델은 「독점도」가 저하하면 유효수요가 증가하는 것을 보여주고 있다. 이와 같이 실업에 관한 양자의 견해 차이

가 빚어진 원인은, 화폐적 요인을 중시하는 케인스와 소득분배를 중
시하는 칼레츠키의 모델 설정 차이에서 찾을 수 있을 것이다.

*** * ***
케임브리지＝거시분배론

유효수요론을 응용한 분배이론이다. 투자의 증가가 이윤의 증가를 가져온다고 생각
하는 점에서는 공통된다. 그러나 칼레츠키가 분배관계는 「독점도」에 따라 결정되며 투
자의 증가는 소득을 증가시킨다고 생각한 데 비해, 완전고용을 가정하는 칼도어, 패시
네티는 투자의 증가가 이윤분배율을 증가시킨다고 주장했다.

자본축적론

- 조안 바이올렛 로빈슨(Joan Violet Robinson, The Accumulation of
Capital, 1956) -

로빈슨은 「서커스」 그룹의 일원으로서 리처드 퍼디낸드 칸 (Richard Ferdinand Kahn), 제임스 에드워드 미드(James Edward Meade), 스라파, 오스틴 로빈슨(Austin Robinson) 등과 함께 케인 스 혁명에서 큰 역할을 수행했다. 그러나 케인스의 《일반이론》이 의 도하는 것은 단기에 그쳤으며, 그의 이론을 장기화하는 일은 그의 제 자들 몫이었다. 해러드는 《경기순환론》(1936년)에서 《일반이론》을 경기순환론으로 확충했다. 한편 《자본축적론》은 《일반이론》을 장기 자본축적의 문제로까지 확충하는 것을 목적으로 했다.

경제에 노동자·기업가의 두 계급이 존재하며, 노동자는 저축하지 않고 기업가는 소비하지 않는다고 하자. 투자(I)는 투자재부문의 임 금(W_I)과 이윤(P_I)의 합계와 같아지며, 소비(C)는 소비재부문의 임 금(W_C)과 이윤(P_C)의 합계와 같게 된다. 또 소비는 양 부문의 임금

합계와 같다. 따라서

$$C = W_C + P_C = W_C + W_I$$

가 된다. 이 때 경제 전체의 이윤 P는

$$P = I$$

가 된다. 즉 이윤은 경제 전체의 투자액에 따라 결정되는 것이다. 한편 소비재부문의 이윤(P_C)은,

$$P_C = W_I$$

가 된다. 말하자면 소비재부문의 이윤은 투자재부문의 임금과 전적으로 같게 된다. 또 실질임금률은 소비재부문의 노동생산성, 그리고 투자재와 소비재의 생산에 고용되어 있는 노동자의 비율에 따라서만 결정된다.

자본축적은 기업가가 결정하는 것이며, 기업가의 축적의욕에 따라 달라질 것이다. 그러나 기업가가 희망하면 투자를 무한으로 증가시킬 수 있다는 것은 아니다. 축적이 증가하면 노동이 투자재부문으로 이동하기 때문에 실질임금률이 저하된다. 그렇지만 실질임금의 저하에 대해 노동자가 감수할 수 없는 수준이 존재한다. 따라서 자본축적은 노동자가 감수할 수 있는 최저실질임금률의 제약도 받는다. 또한 장기적인 축적률의 경우에는 노동력의 증가율에 따라서도 제약받을 것이다.

그러면 기술은 주어진 임금률 아래에서 가장 높은 이윤율을 달성하도록 선택될 것이다. 임금률이 상승한 경우, 대개는 좀더 자본집약적인 기술을 채용하는 편이 유리하게 된다. 그렇지만 기술의 선택에서 중요한 것은 자본재의 물적인 수량이 아니라 자본의 가치다. 이자율

이 저하됐을 때 자본집약적인 기술이 사용되는 자본재의 가치가 저하되었다고 하면, 임금률이 상승한 경우에 좀더 자본집약적인 기술이 채용될 가능성이 존재한다. 이러한 로빈슨의 주장은 「자본논쟁」을 통해 논리적으로 올바르다는 것이 증명되었다. 단, 《자본축적론》에서는 이와 같은 경우는 예외적이라고 되어 있다.

그러므로 기술진보에 따라 경제의 실질임금률은 시간이 경과됨에 따라 상승한다. 로빈슨은 자본의 정상산출능력의 상승률이 노동 한 단위당 소비재 생산량의 상승률과 같아지게 되는 기술진보를 중립적인 기술진보라고 부른다. 기술진보가 중립적인 경우, 일정한 축적률 아래에서 투자재부문과 소비재부문에서 고용되는 항상적인 노동량이 장기간에 걸쳐 일정한 비율로 유지된다.

또 로빈슨은 중립적인 기술진보 아래에서 축적률이 인구성장률과 1인당 소비재 생산량의 상승률의 합계와 동일한 경제를 황금시대라고 이름붙였다. 황금시대에서는 노동의 수요와 공급이 같은 비율로 상승하기 때문에 장기적인 실업문제를 해결할 수 있다. 이윤율은 축적률과 균형이 잡힌 수준에서 결정되지 않으면 안 되기 때문에 이윤율도 일정한 수준으로 유지된다. 소비재부문과 투자재부문에서 고용되는 노동자 비율은 장기간에 걸쳐 일정해진다. 단, 비율의 절대치는 자본 축적률에 따라 결정되므로, 임금률이 낮은 황금시대에는 투자재부문의 비율이 높아진다. 기술진보가 자본절약적인 경우 완전고용·완전이용을 유지하려면 장기적으로 소비재부문으로 노동력을 이동시키지 않으면 안 된다. 그 때문에 실질임금률의 상승률은 기술진보율을 초과한다.

반대로 기술진보가 자본사용적인 경우에는 실질임금률의 상승률은 기술진보율 이하가 된다. 단, 이상의 논의는 완전고용을 달성하기 위한 조건을 나타낸 것이며, 현실경제가 항상 완전고용을 달성하고 있다는 것을 의미하지 않는다. 자본가의 축적의욕이 낮기 때문에 축적률이 낮은 경우, 또는 독점 등의 이유로 이윤율이 높은 수준에서 유지되는 경우에는 유효수요의 부족이 발생, 완전고용이 유지되지 않을 것이다.

《자본축적론》은 난해한 책으로 알려져 있다. 또 로빈슨 자신의 논의도 정리되어 있다고는 말하기 어려울지도 모른다. 그렇지만 두 부문의 모델(소비재와 투자재부문)을 전개함으로써 《자본축적론》은 장기적인 발전과정에서 완전고용·완전이용을 유지하려면 축적률, 실질임금률, 이윤율, 고용비율 사이에는 일정한 관계가 없으면 안 된다는 것을 보여주고 있다. 이상의 사항만을 고려하더라도 《자본축적론》이 현대 경제학에서 매우 중요한 책이라는 점을 알 수 있을 것이다.

화폐·이자 및 가격

－돈 패틴킨(Don Patinkin, Money, Interest and Prices, 1956, 2nd ed., 1956)－

　패틴킨(1922～　　　)은 미국에서 태어났다. 시카고 대학을 졸업한 뒤 시카고 대학 조교수와 일리노이 대학 부교수를 거쳐 이스라엘 건국 이후 이스라엘로 이주해 현재 헤브라이 대학의 교수로 재직하고 있다.

　패틴킨이 원래 시카고 대학의 박사학위 논문으로 발표하고, 그 뒤 다양한 수정과 보완을 거쳐 출판한 《화폐·이자 및 가격》은 얼핏 보면 상호 모순된 명제를 주장한 책이다. 패틴킨은 이 책에서 미시경제학의 논리로서는 신고전학파 경제학을 비판하면서, 다른 한편 거시경제학의 이론으로는 케인스 경제학을 비판한 것이다. 아마 독자들은 도대체 어떻게 미시의 수준에서 시장의 효율성과 자기조정기능을 전면적으로 신뢰하는 신고전학파 경제학을 비판하면서, 다른 한편으로는 거시의 수준에서 그것을 전면적으로 부정하는 케인스 경제학을 비판하는 곡예를 할 수 있을까 하고 생각할 것이다. 모든 곡예와 마찬가지로 실로 그 계략은 단순하다. 패틴킨 곡예의 계략을 간파하는 열쇠, 그것은 일반물가수준의 변화에 따른 실질화폐잔액의 변화가 상품의 실물수요에 크게 영향을 미친다고 하는, 유명한 「실질잔액효과」에 있다.

패틴킨은 화폐*(특히 명목화폐액을 일반물가수준으로 나눈 실질잔액)가 일반 소비재나 생산재와 마찬가지로 모든 소비자의 효용함수 가운데 포함될 수 있으며, 나아가 소비자의 효용함수는 일반물가수준의 변화에 따른 실질화폐잔액의 변화에 관해서는 0차동차함수*가 아니라고 주장한다. 왜냐하면 전자에 관해서는, 화폐 스톡에는 교환과 거래의 비동시성에서 생기는 수입과 지출의 틈(모든 사람은 물건을 사고 싶을 때마다 급료를 받는 것은 아니다!)을 메운다는, 일종의 「저축 서비스」 기능(효용)이 준비되어 있기 때문이다. 후자에 관해서는, 명목화폐잔액은 경제주체가 지난번 회기에서 이번 회기로 이월된 화폐액이며, 그러한 까닭에 이번 회기의 소득처럼 일반물가수준과 연동해 움직이는 것은 아니다. 바꾸어 말해 물가가 상승하면 실질화폐잔액은 감소하기 때문이다. 그리고 실제로 미시 수준에서 신고전학파 경제학의, 거시 수준에서 케인스 경제학의 근간을 이루고 있는 중요한 학설을 비판하려면 이 화폐의 실질잔액이 각각의 경제에서 수행하는 역할을 생각해보는 것이 좋다는 것이다.

먼저, 미시경제학으로서의 신고전학파 경제학을 생각해보자. 잘 알려져 있는 바와 같이 신고전학파 경제학의 일반균형체계에서 상품의 수량과 상대가격은 모든 「상품」의 수요와 공급이 같다는 것을 의미하고 있는 「실물」부문의 방정식에 의해, 또 일반물가수준(절대가격)과 실질화폐잔액은 「화폐」잔액의 수요와 공급이 같다는 것을 의미하고 있는 「화폐」부문의 방정식에 의해 각각 「따로따로」 결정된다(실물과 화폐의 2분법 명제). 때문에 외생적인 화폐 공급량의 변화는 실물부문에 아무런 영향을 미치지 않는 일반물가수준을 변화시킬 뿐(화폐의 중립성 명제)이라고 생각되어왔다. 그러나 만약 패틴킨이 말하는 바와 같이, 여기에서 우리가 효용함수의 화폐잔액에 관한 0차동차성을 부정하고 모든 경제주체의 행동에 일종의 「화폐착각」*을 도입하는 것이라면, 당연히 일반물가수준(절대가격)의 변화는 실물부문에 큰 영향을 미치게 된다. 따라서 신고전학파 경제학이 옛날부터 주장해 온 실물과 화폐의 2분법 명제와 화폐의 중립성 명제는 성립하지 않는다. 한 마디로 말해 신고전학파 경제학은 일반물가수준의 변화에 따른 실질화폐잔액의 변화가 상품의 수요에 큰 영향을 미친다는 「실질잔액효과」를 너무 과소평가하고 있다는 것이다.

다음으로 거시경제학으로서의 케인스 경제학을 살펴보자. 잘 알려져 있는 바와 같이 케인스 경제학은 화폐임금의 인하가 고용수준을 높인다고 생각하는 신고전학파 경제학을 비판할 때, 유동성 트랩(trap) 논의를 사용했다. 채권이자율이 더 이상 내려가지 않는 최저수준(유동성 트랩 상태)에 있을 때에는 화폐임금의 인하(물가수준의 하락)에 따른 실질화폐공급량의 증대는 원래 더 이상 이자율을 내릴 수 없기 때문에, 투자수요를 촉진하고 고용수준을 높이는 효과를 갖지 못할 것이다. 그러나 만약 패틴킨의 말처럼 물가수준의 하락에 따른 화폐의 실질잔액 상승이 간접적으로 투자수요를 개입하지 않고, 직접적으로 소비자수요를 촉진시킨다면 케인스 경제학이 주장해 온 유동성 트랩 논의는 성립하지 않는다. 이번에는 미시의 경우와는 반대로, 케인스 경제학은 일반물가수준의 변화에 따른 실질화폐잔액의 변화가 상품 수요에 큰 영향을 미친다는, 「실질잔액효과」를 너무 과소평가하고 있다는 것이다.

곡예의 계략인 「실질잔액효과」의 존재가 정말로 단순히 실증적인 문제에 지나지 않는지, 그것은 독자의 판단에 맡기기로 하자.

* * *

화폐이론

패틴킨과 같이 화폐를 어떤 종류의 소비재·생산재와 동등한 상품이라고 간주하는 사고방식은 발라 이후 신고전학파 경제학의 화폐이론에서 전통적인 사고방법이다. 그러나 이와 같이 생각하면 화폐의 효용은 화폐가 구입하는 상품의 효용에서 오는지, 아니면 화폐 그 자체가 지니고 있는 효용에서 오는지를 형식적으로는 구별할 수 없게 된다. 중요한 것은 보유하고 있는 화폐의 효용이 실제로 상품을 구입할 때 지출하는 화폐의 효용으로부터 어떻게 도출되는지를 정확히 설명하는 일일 것이다. 이와 같은 문제를 포함한, 좀더 현대적인 화폐이론의 취급에 관해서는 J. 니한스(J. Niehans)의 《화폐이론(The Theory of Money)》을 참고하기 바란다.

0차동차함수

투입을 t 배로 해도 산출(output)이 변화하지 않는 함수를 가리킨다.

화폐착각

모든 상품의 가격이, 상대가격은 그대로, 같은 비율로 변화했을 때, 합리적인 소비자는 자신의 의사결정을 변화시키지 않는다. 왜냐하면 그의 임금도 동시에 같은 비율로 변화하고 있어 그가 직면하고 있는 예산이 제약된 상황에서의 효용최대화 문제는 이전과 아무것도 변하지 않기 때문이다. 반대로 같은 조건 아래에서 소비자가 자신의 의사결정을 변화시킨다면 이와 같은 소비자는 화폐착각에 빠져 있다고 한다.

인간행동모델

−허버트 알렉산더 사이먼(Herbert Alexander Simon, Models of
Man, 1957)−

사이먼(1916~   )은 미국의 위스콘신 주 밀워키에서 태어났다.
20세로 시카고 대학을 졸업한 후 시카고 대학 대학원에 진학해 정치
학 박사학위를 취득한 사이먼은 1942년부터 일리노이 공과대학에서
정치학을, 1949년부터는 카네기멜런 대학에서 경영학과 심리학을 가
르치다가 1965년부터는 컴퓨터 사이언스 교수로 재직해 오늘에 이르
고 있다.

이와 같은 경력을 보고 독자는 사이먼에 대해 아주 독특한 인상을
갖게 될 것이다. 왜냐하면 원래 정치학 박사학위를 취득해 경영학 교
수로 출발한 사이먼이, 언젠가부터 경영학 교수를 그만두고 컴퓨터
사이언스 교수로 변신했기 때문이다.

실제 사이먼은, 컴퓨터학자들에게는 인간의 문제해결행동 중에서
사용되는 탐색 알고리듬과 휴리스틱스(heuristics : 경험적, 문제발견

적)를 컴퓨터 시뮬레이션을 이용해 처음으로 정식화한 GPS(General Problem Solver)의 개발로 1975년 미국계산기학회의 튜링(Turing)상을 수상한 인공지능이론의 창시자로 알려져 있다. 또 모든 경제학자·경영학자에게는 「경제조직 내부의 의사결정과정에 관한 선구적 연구」*로 1978년 노벨경제학상을 수상한 내부조직이론의 창시자로서 익히 알려진, 박학다식한 사람이다.

그리고 실제로 《인간행동모델》은, 사이먼이 주요 연구대상을 내부조직의 경제학으로부터 인공지능이론으로 이행시켰던 시기에 쓴 책이다. 그런 까닭에 여기에서 우리는 언뜻 보기에 아무런 연관도 없는 것같이 보이는 두 연구대상 간의 「이동」이, 실은 내적으로 아주 긴밀한 필연성을 갖고 있다는 사실을 간단히 설명하고자 한다.

경영학자로 출발한 사이먼이 당초 자기의 연구과제로 선택한 주제는 경영학에서는 이례적일 정도로 「기초적」인 물음이다. 사이먼은 『도대체 왜 모든 조직 속에는 다양한 「조직관리」—— 작업의 분업·표준화, 충성심·조직으로의 일체화, 의사결정의 권한화 등 —— 가 존재해야만 하는 것일까?』하고 자문했다.

그리하여 다양한 조직 내부, 특히 공공조직 내부의 연구를 통해 사이먼이 찾은 해답은 다음과 같다. 원래 다양한 조직관리의 존재방식은 모든 의사결정 때 완전한 최적화 문제를 해결해야 한다. 따라서 지식·정보의 결여와 계산기능의 불완전성 때문에 그렇게 할 수 없는 우리 인간은 본래의 최적화 문제에 포함되어 있는 선택지의 범위를 자기 능력으로 다룰 수 있는 범위 내로 축소시킴으로써 모든 의사결정상의 다양한 어려움을 극복하고자 하는, 매우 실용적이고 유사적인 절차로써 조직관리가 성립한 것이다.

예를 들면 작업의 분업화와 표준화는 일의 범위와 성질을 한정하거나 그 처리방법을 획일화함으로써 이루어진다. 충성심·조직으로의 일체화는 의사결정의 범위를 조직이 정한 목표에 한정함으로써, 또 의사결정의 권한화는 의사결정의 자주권을 일부 박탈함으로써 이루어진다 등등. 만약 우리 인간이「완전한 합리성」을 갖고 있다면, 조직관리의 문제는 다음과 같은 유일한 교훈으로 구성되어 있음에 틀림없을 것이다. 말할 필요도 없이 그것은『이용 가능한 선택지 가운데에서 항상 목표를 완전하게 달성하는 선택지를 선택하라』라는, 말하자면 자명한 명제인 것이다. 그런 까닭에 조직관리란, 근대경제학이 통상 상정하는 바와 같은「완전한 합리성」을 우리 인간이 갖고 있지 않다는, 바꾸어 말하면「한정된 합리성」밖에 갖고 있지 않다는 사실의 필연적인 귀결로서 성립한 것이다.

이제 경영학 교수로 출발한 사이먼이 컴퓨터 사이언스 교수로 변신한 이유를 알 수 있을 것이다. 사이먼은 우리가 지금 설명했듯이, 인간의 모든 의사결정은 그 합리성이 한정되어 있기 때문에 최적해를 구하고자 하는 알고리듬이 아니라, 휴리스틱스를 사용한 문제해결행동으로써 도식화할 수 있다고 생각했다.

1950년대 중반부터 앨런 뉴웰(Allen Newell)과 함께 리스트 처리형의 프로그래밍 언어를 개발해 인간의 문제해결행동을 컴퓨터 시뮬레이션하는 프로그램 GPS를 만들어낸 것은, 그것을 통해 인간의 의사결정 움직임을 충분히 이해할 수 있다고 생각했기 때문임에 틀림없다. 현재 우리는 그와 같은 프로그램을「인공지능」(artificial intelligence : AI)이라고 부른다. 사이먼에 관한 한「인공지능」의 기원은 얼핏 그것과는 아무런 관계가 없는 것같이 보이는, 내부조직의 경제학 가운데에 있었던 것이다.

＊＊＊

비교제도분석

현재 경제학의 세계에서는 경제조직 내부의 다양한 의사결정 존재방식, 예를 들면 종업원의 고용 시스템, 기업의 정보처리 시스템, 상품거래 시스템, 자본조달 시스템 등등의 성립을 인간의 정보수집능력과 계산능력의 불완전성의 결과, 즉 합리성이 한정된 데 따른 필연적인 결과로 보고, 불완전정보의 경제학과 게임이론 등을 사용해 형식적으로 분석하는 비교제도분석의 이론이 점차 커다란 영향력을 갖기 시작하고 있다. 그러나 이와 같은 비교제도분석의 기원은 1940년대에 경영학자로서 사이먼이 행한 연구에 있다고 할 것이다. 우리가 이미 설명했듯이 사이먼은 (경제조직에 한정하지 않고) 모든 조직 내부의「조직관리」＝「제도」를 인간의 정보수집능력과 계산능력의 불완전성의 결과로, 바꾸어 말하면 합리성이 한정되어 있기 때문에 생기는 필연적인 결과로써 설명했다. 사이먼의 기본적인 통찰은 50여 년이 지나 드디어 주목받기 시작한 것 같다.

풍요한 사회

-존 케네스 갤브레이스(John Kenneth Galbraith, The Affluent
Society, 1958)-

갤브레이스(1908~   )는 오랫동안 하버드 대학 교수로 재직한
인물로 알려져 있다. 그러나 그는 결코 상아탑 속의 경제학자가 아니
라, 프랭클린 D. 루스벨트(Franklin D. Roosevelt)정권의 가격통제
관과 존 F. 케네디(John F. Kennedy)정권의 인도 대사로 근무하는
등「정치적」인 학자이기도 하다.

《풍요한 사회》는 베블런 이후 제도학파의 흐름을 흡수한 이단파 경
제학자*로서 갤브레이스의 재능이 솟핀 명저다. 그의 매력은 훌륭한
직관력에 기초해 경제학계에서의「통념」의 허구성을 폭로한 데 있지
만, 《풍요한 사회》에서 거론한 정통파 경제학의 통념은「소비자주
권」과「사회적 밸런스」의 두 가지다.

소비자주권이란 기업의 생산활동이 궁극적으로는 소비자의 기호와
선택에 따라 규정된다는 사고방식을 가리킨다. 그러나 이것은 소비자

의 욕망이 생산자의 광고와 판매술에 힘입어 적극적으로 창조되고 있는 현실을 전적으로 무시하고 있다. 갤브레이스는「소비욕망을 만족시키는 과정 자체로 인해 소비욕망이 만들어진다」는 것을「의존효과」라고 부르고 있다. 그러나 유의해야 할 것은 그것이「풍요한 사회」의 특유한 현상이라는 것이다. 왜냐하면 식량이 부족할 정도로 빈곤한 사회에서는 그 중요성에 관해 아무것도 광고회사로부터 배울 필요가 없기 때문이다. 말하자면『부자유한 것이 없어 무엇을 바라는가를 알 수 없는 듯한 사람에 대해서만 광고는 유효하게 작용한다』는 것이다.

만약 의존효과가 소비자에게 그다지 절박하지 않은 필요를 환기시킬 뿐이라는 것이 진실이라면, 의존효과를 목표로 생산된 것의 총액(예를 들면 GNP)이 아무리 높아도 그것은 반드시 사람들의 복지수준이 높다는 것을 의미하지는 않을지도 모른다.

「소비자주권」다음으로 도마 위에 오르내리는 통념은「사회적 밸런스」다. 이것은 구속받지 않는 자유시장에 맡겨두면 모든 자원은 저절로 민간부문과 공공부문 사이에 균형 있게 배분된다는 사고방식이다. 그러나 이미 살펴본 바와 같이「풍요한 사회」에서는 의존효과가 민간부문에 강력하게 작용하고 있기 때문에, 모든 자원은 아무래도 공공부문을 희생해 민간부문에 우선적으로 배분되는 경향이 있다(이른바「사회적 불균형」발생). 갤브레이스는『지금 최고 발전단계에 도달한 매스컴의 힘은 사회의 이목을 더 많은 건물로 향하게 할 뿐, 많은 학교로는 향하게 하지 않는다』라고 불만을 토로하고 있다.

사회적 불균형은 강력한 의존효과에 유혹된 소비자가 바라는 물건을 손에 넣기 위해 소비자금융까지 이용하게 되면 인플레이션 압력이 발생함으로써 악화될 가능성이 있다. 왜 그런가 ? 갤브레이스는 다음 두 가지 이유를 들고 있다. 첫째, 인플레이션기에는 공무원의 급여가 민간산업의 급여에 미치지 못하는 경향이 있기 때문에, 이것이 관공서로부터 민간산업으로 직업의 이전을 가져온다는 것이다. 둘째, 인구증가, 도시화의 진전, 풍요의 증대 등에 따라 대도시에서 공적인 업무의 중요성이 비약적으로 높아짐에도 불구하고, 지방자치체의 수입 중 상당 부분이 고정자산세에 의존하기 때문에 인플레이션기에는 뒤처지는 경향이 있다는 것이다.

그러면 사회적 불균형을 시정하려면 어떻게 해야 할까? 갤브레이스 개혁안의 첫번째는 소비재와 서비스의 전부를 커버하는「판매세」의 도입이다. 말하자면 판매세를 통해 의존효과로 조종된 소비를 억제하고, 그 수입을 공적 부문에 투입한다는 아이디어다.

개혁안의 두번째는 인플레이션을 억제하기 위한「가격·임금의 공적 심사제」다. 그 밖에도 인플레이션 대책으로 재정지출 삭감과 증세·금융긴축 등도 고려할 수 있지만, 갤브레이스에 따르면 이러한 방안은 각각 문제를 안고 있다고 한다. 즉 재정지출 삭감은 완전고용의 실현을 어렵게 하여 경제적 보장을 위협한다. 증세는 정치적인 이유로 지지받기 어렵다. 그리고 금융긴축은 투자와 소비에 부정적인 영향을 미칠 뿐만 아니라, 그 효과가 차별적(고금리는 내부금융방식이 보급된 대기업에는 거의 영향을 미치지 않는 반면, 외부 자금에 의존하지 않을 수 없는 중소기업에는 큰 부담을 준다)이라는 식으로 말이다. 여기에서 갤브레이스는「경제 가운데 고도로 조직화된 부문」(대기업과 강력한 노농조합이 대치하는 부문)을 대상으로 하는 가격·임금의 공적 심사제 도입을 제안하는 것이다.

가격·임금의 공적 심사제는 일종의 소득정책이지만, 새뮤얼슨으로 대표되는 신고전학파종합이 그것을 일시적인 수단으로 이용하려는 데 비해, 갤브레이스의 그것은「강한 의도를 갖고 착실히 운영되며, 더구나 영속적이어야 한다」는 데 특징이 있다고 할 수 있을 것이다.

＊＊＊

정통과 이단

《풍요한 사회》가 출판되었을 즈음의 경제학계에서 정통파는 새뮤얼슨의 《경제학》 항목에서 설명한 「신고전학파종합」이었다. 이것은 케인스 경제학과 신고전학파 경제학을 「평화공존」시킨 것이지만, 갤브레이스의 《풍요한 사회》는 케인스에게도 신고전학파에게도 비판적인 관점을 제공하고 있다는 점에서 「이단」이라고 불리는 것이 타당한 것처럼 생각된다. 왜냐하면 첫째, 의존효과에 주목한 그의 소비자주권 비판은 GNP지상주의에 대한 의문으로까지 연관된다는 점에서 케인스 정책의 맹점을 찌르고 있기 때문이다. 둘째, 그의 사회적 불균형 논의는, 신고전학파가 믿었던 시장기구의 명백한 한계를 폭로하고 있기 때문이다. 이러한 이유에서 갤브레이스의 경제사상을 가리켜 「이단」이라고 하는 것이다.

화폐의 안정을 목표로

– 밀턴 프리드먼(Milton Friedman, A Program for Monetary
Stability, 1959) –

프리드먼은 머니터리즘(신화폐수량설)의 중심인물로 유명하다. 그러나 제2차 세계대전 전에 시작된 경제학자로서 프리드먼의 경력은 오히려 가격이론(미시경제학) 또는 방법론의 연구자로서 유명하다. 1960년 출간된 이 책은 화폐에 관한 그의 연구가 모습을 드러낸 시기에 쓰여진 것이다.

이 책은 총 4장으로 구성되어 있다. 제1장에서 미국을 중심으로 화폐정책의 역사를 회고하고, 제2장에서 연방준비제도의 실제 기능을 분석하고 있다. 이것은 1950년대 미국의 상황을 근거로 비판적으로 쓴 부분이다. 이에 비해 제3장과 제4장은 분석이라기보다는 프리드먼의 적극적인 정책적 제언으로 구성되어 있다. 제3장은 「국채관리와 은행개혁」이라는 제목의 장으로, 당시의 국채관리가 연방준비제도와 재무부의 이중 구조로 되어 있는 것을 비판하고, 일원화할 것을 제안하고 있다. 또 은행개혁에 관해서는 100% 준비제도를 제안하고 있는 점이 독특하다.

이 책에서 가장 주목해야 할 것은 오늘날 「머니터리즘」으로서 알려져 있는 교의의 원초적인 형태가 나타나 있다는 점일 것이다. 그러나 그 당시에는 아직 확실한 형태를 취하고 있지 않았으며, 머니터리즘이라는 용어 자체는 태어나지도 않았다. 그러나 머니터리즘에서 가장 중요한 핵심인, 규칙에 따른 화폐량의 증가(오늘날에는 k% 룰이라고 한다)의 제언은 이미 확실히 나타나 있다. 이 책에 담긴 주장의 대부분은 A. J. 슈왈츠와 행한, 미국 화폐의 역사에 관한 방대한 양의 공동연구에서 도출되었다. 뒤에 이것은 공저 《미국의 화폐역사(A Monetary History of the United Stated 1867-1960, 1963)》라는 대저서로 결실을 맺었다. 이 연구에서 화폐의 증가량과 가격수준의 관계, 그것도 가변적인 래그(lag)를 수반한 관계를 볼 수 있는 것이 발견되었다. 그러나 정책당국의 경험 축적으로는 이들의 관계를 명확히 밝히는 것이 불가능하므로 재량이 아니라 규칙을 기본으로 행동하지 않으면 안 된다고 주장하고 있는 것이다. 이와 같은 주장에는 시카고 학파의 머니터리즘의 중요한 선구자인 헨리 사이먼스(Henry Colvert Simons)의 영향을 엿볼 수 있다.

그런데 자유주의자이기도 한 프리드먼에게는, 화폐발행의 권한, 나아가 회폐정책의 권한을 일원적으로 연방준비제도에 「독점」시킨다는 주장은 모순되지 않을까? 같은 자유주의자인 하이에크는 이 점에서 처음부터 끝까지 일관성이 없다면서 비판하고 있다. 확실히 교환할 때의 기본수단인 화폐 발행을 정부가 독점한다는 것은 자발적인 의지에 의거한 자유로운 거래(캐터락딕스)를 중시하는 처지에서는 쉽게 인정할 수 없을지도 모른다. 그러나 프리드먼이 그 점을 깨닫지 못한 것은 아니다. 그는 이 책 이전에 발행된 《실증경제학의 방법과 전개》(1953년) 중에서도, 그리고 이 책의 제1장에서도 이 점을 설명함으로써 자신이 주장하는 정책의 근간을 이루는 화폐관리의 일원화를 정당화시키고 있다. 예컨대, 화폐 발행을 자유화하거나 실물로 준비시킨다고 하는 것은 매우 비효율적이며, 준비되는 실물자산은 유익한 용도로 쓰이지 않게 된다. 또 화폐제도 자체가 바로 자유주의에서의 자제적(自制的) 질서인 법률과 같이 움직이지 않으면 안되기 때문에, 그 관리가 필요하다고 설명하고 있는 것이다. 때문에 화폐당국의 재량을 애매하게 하는 약간의 조정적인 정책도 비판하고, 공개된 규칙에 따른 화폐정책을 전개해야 한다고 주장하고 있는 것이다. 이 논점은 뒤에 케인지언과의 논쟁 중에는 표면화되지 않았지만, 중요한 것이다.

그런데 1960년대부터 격심한 인플레이션과 1970년대 스태그플레이션을 전제로 전개된, 세련된 「머니터리즘」에 비하면, 이 책의 논의는 지나치게 신중하고 근거가 약하다는 느낌을 받을지도 모른다. 예를 들면 k% 룰 주장 가운데서도 1970년대부터 거시경제학의 주요 논점이자, 머니터리즘이 중시하는 「기대」요인은 전혀 설명되어 있지 않은 것이다. 이 점은 격세지감도 있다. 그러나 이 책의 출판년도를 보면, 그것도 어쩔 수 없는 것처럼 보인다. 1960년대는 진정한 뉴 이코노믹스* 전성시대였다. 경제학 이전에도 이미 경기순환은 해결 가능한 문제로 여겨지는, 그러한 시대가 시작되었기 때문이다. 이러한 이유에서 프리드먼이 마지막으로 했던 말, 『결국 불확실성과 불안정성은 진보와 변화의 피할 수 없는 부수물인 셈이다. 이들은 다른 한쪽 면이 자유인 동전의 또다른 한쪽 면이다』라는 말은 어느 의미에서 진부하지만, 이 시기에 발표하게 된 것을 생각하면 혜안이라고 하지 않을 수 없다.

＊＊＊

뉴 이코노믹스

거시경제이론으로서의 케인스 경제학과, 시장을 다루는 미시경제학을 종합할 수 있다고 생각한 사람들, 또는 그 경제학을 말한다. 신고전학파종합이라고도 한다. 케네디 정권시대에는 토빈과 같은 케인지언들이 경제정책을 이용해 경기순환을 동결하고 인플레이션을 억제하면서 성장률을 높일 수 있다는 자신감으로 충만했었다.

가치론

-제라르 드브뢰(Gerard Debreu, Theory of Value, 1959)-

드브뢰(1921~   )는 프랑스 칼레에서 태어났다. 파리의 에콜 노르말 쉬페리외르(Ecole Normale Supérieure, 고등사범학교)에서 〔부르바키(Bourbaki)*의〕 수학과 물리학을 배운 뒤, 록펠러 재단과 코울즈 재단의 연구원 등을 거쳐 1962년부터 캘리포니아 대학 버클리 분교의 경제학 교수로, 그리고 1975년부터는 수학 교수를 겸임하고 있다.

드브뢰의 《가치론》은 모든 시장을 동시에 청산하는 일반균형가격체계가 존재하기 위해, 소비자의 수요함수(대응)와 생산자의 공급함수(대응)가 충족해야 할 다양한 수학상의 성질, 또는 소비자의 선호와 생산자의 기술이 충족해야 할 다양한 수학상의 구조를 분명히 보여준 저서다.

이 책은 경험적인 경제학자에게는 아주 평가가 나쁜 책이다. 그리고 사실 상당히 무미건조한 책이다. 그 가장 큰 이유는 이 책에서 소비자와 생산자의 이론, 나아가 균형이론 그 자체를 기술하고 있는 수학=언어가, 우리 모두에게 친숙한 미적분학이 아니라, 위상수학과 볼록집합의 이론이라는 데 있다. 그러나 드브뢰는 친숙한 미적분학이 아니라, 적의와 혐오를 불러일으키는 위상수학과 볼록집합의 이론을 왜 일부러 사용했을까? 수학자로서 교육을 받은 이상, 한번 사용해보고 싶었기 때문이었을까? 그렇지 않다. 사실 그 해답은 얼핏 경제학과는 전혀 관계 없이 보이는, 힐베르트가 제창한 수학상의 한 가지 입장, 즉「형식주의」*에 있는 것이다.

예를 들면 애로나 드브뢰 이전의 후생경제학 기본정리*와 애로=드브뢰 이후의 후생경제학 기본정리*를 비교해보자. 애로=드브뢰 이전의 기본정리는「효용」과「미분연산자」를 사용한, 낯익은「한계대체율」의 개념에 의존해 도식화되어 있다. 한편 애로=드브뢰 이후의 기본정리는 선호집합과 생산집합 그 자체, 그리고 낯설은「초평면」의 개념에 의존해 도식화되어 있다.

그 이유는 무엇일까? 간단하다. 그것은 이론체계를 그 이상 근원적인 요소로 환원할 수 없는「원시적(Primitive)」개념에만 기초해 건설할 것을 요구하는「형식주의」의 필연적인 귀결이다. 말할 나위도 없이「미분연산자」를 사용한「한계대체율」(이 같다)이라는 요소는「원시적」이지 않다. 왜냐하면 제로의 수요와 공급을 포함한 원점균형에서는「한계대체율」이 같다는 조건은 파레토 최적에서는 필요하지도 충분하지도 않기 때문이다. 또 마찬가지로「효용」을 사용한「한계대체율」(이 같다)이라는 요소는「원시적」이지 않다. 왜냐하면 수학적으로「효용함수」는「선호관계」로부터 조건부로써,「부차적」으로 도출되는 개념에 지나지 않기 때문이다.

또는 힉스=새뮤얼슨의 일반균형이론과 애로=드브뢰의 일반균형

이론을 비교해보자. 힉스=새뮤얼슨의 일반균형이론이 일반균형가격
체계의 존재증명에 전혀 관심을 보이고 있지 않은 데 비해, 애로=드
브뢰의 일반균형이론은 반대로 일반균형가격체계의 존재증명에 거의
모든 관심을 집중시키고 있다. 그것은 이론과 공리의 경험적인 의미
를 일단 괄호에 묶어, 순수하게 형식적인 내적 정합성만을 추구하는
것을 수학의 임무로 생각하는 「형식주의」의 필연적인 귀결이기 때문
이다. 일반균형 모델에 균형이 존재한다는 것을 증명하지 않는다는
것은, 일반균형 모델 속의 다양한 가정이 상호 모순될 가능성을 남겨
두고 있다는 의미다. 그런 까닭에 「형식주의」의 정신에 있어서 일반
균형가격의 존재 증명을 하지 않는다는 것은 이론 그 자체의 내적 정
합성·일관성을 포기하는 것과 같다. 바꾸어 말해 이론 자체를 「무의
미」한 잡담으로 업신여기는 것과 같은 것이다.

　우리는 앞에서 이 《가치론》이라는 책이 일부 사람들에게 적의와 혐
오를 불러일으키는 무미건조한 책이라고 설명했다. 이제 독자들은 그
이유를 정확히 이해할 수 있을 것이다. 이 책은 「경험적」인 관심에서
쓰여진 것은 아니다. 오히려 이 책은 1932년 출판된 노이만의 《양자
역학의 수학적 기초》 등과 마찬가지로, 여러 경험과학에 「형식주의」
적으로 엄밀한 수학적 기초매김을 부여하려는 목적 아래 지극히 「방
법론적」인 관심에서 쓰여진 것이다. 원래 에콜 노르말 쉬페리외르에
서 부르바키스트로서 수학과 물리학을 배운 드브뢰가, 처음 경제학을
배웠을 때 수학적 기초매김에 관심을 가지리라는 것은 쉽게 상상할
수 있을 것이다. 실제 이 책은 (엄밀한 의미에서) 「근대경제학의 수
학적 기초매김」의 최초 시도, 또는 (참된 의미에서) 「경제균형의 공
리적 분석」의 최초 시도라고 할 수 있을 것이다.

＊＊＊

부르바키

앙드레 베유(André Weil)와 J. 디외돈(J. Dieudonné) 등 프랑스의 유명한 수학자가 모여 니콜라스 부르바키(Nicholas Bourbaki)라는 가공의 이름으로 현대 수학의 모든 영역을 주로 「구조」개념(순서·대수·위상의 3구조)에 의거해 통일적으로 새롭게 정리했다.

형식주의

힐베르트가 비유클리드 기하학 등이 초래한 수학의 위기에 대해 제안한 것이다. 수학을, 그 자체는 경험적 대응물을 가질 필요가 없는 공리체계로부터 순수하게 형식적으로 명제를 도출한 것만을 그 목적으로 하는, 내용이 없는 형식적인 학문으로 환원했다. 상세한 것은 임의의 수학기초론 책, 또는 근대수학에 관한 역사책을 참조하기 바란다.

애로=드브뢰 이전의 기본정리

완전경쟁경제의 균형에서 임의의 상품조합에 대한 모든 소비자의 한계대체율은 같으며, 임의의 생산요소 조합에 대한 모든 생산자 사이의 한계대체율은 같다. 상세한 것은 미시경제학의 교과서를 참조하기 바란다.

애로=드브뢰 이후의 기본정리

완전경쟁경제의 균형에서 모든 소비자의 소비집합은 균형가격체계가 결정하는 동일한 초평면(超平面)에 접해 있으며, 마찬가지로 모든 생산자의 생산집합은 균형가격체계가 결정하는 동일한 초평면에 접해 있다. 상세한 내용은 《가치론》 제6장을 참조하기 바란다.

경제발전의 제단계

- 월트 휘트먼 로스토(Walt Whitman Rostow, The Stages of
Economic Growth : A Non-Communist Manifesto, 1959, 2nd ed.,
1970) -

　　1960년 일본에서는 격렬한 안보투쟁이 일어났다. 그 뒤 일본 지식
층 사이에서의 반미풍조를 우려한 미국은 일본통인 에드윈 O. 라이
샤워(Edwin O. Reischauer)를 대사로 임명해 미·일문화교류의 강
화에 착수했다. 바로 그 때 일본의 경제발전사례를 중시하면서 「하
나의 비공산당선언」이라 주창하며 출현한 이 책은, 일본 학계에서는
처음부터 미국 정부의 외교적 의도에 따른 정치적인 책으로 받아들
여졌다.

　　확실히 이 책에는 러시아의 경제성장에 대한 평가를 비롯해 그 군
사적 위협에 대처하는 방안 등 서방측의 맹주 미국의 관점에 입각한
논문이 포함되어 있으며, 또 강도 높은 마르크스주의 비판이 그 마지
막 장에 구성되어 있다. 그러나 서방측 세계를 문명과 동일시한 부분
이 눈에 거슬리기는 하지만, 경제학자가 정치와 사상을 논한다고 해

서 안 될 것은 없다. 마르크스주의 비판 내용 자체는 최근의 개발독
재론에 가까운 논리를 갖고 있는 점에서 흥미롭지만, 사상내용 자체
에 대한 이해는 배런=에릭 J. 홉즈봄(Eric J. Hobsbawm)이 비판하
는 바와 같이 천박하다고 말하지 않을 수 없다. 그러나 이 책의 배후
에 있는 계량적인 성장사학은 우리의 역사관을 변혁하는 힘을 갖고
있다. 러시아 혁명은 근대화 과정의 교통사고라는 로스토의 견해는
역사가들 사이에서도 농담 반 진담 반 이야기되고 있다. 다소의 반공
적 언어가 포함되어 있다고 해서「라이샤워=로스토의 근대화론」*이
라고 하여 금지시켰던 1960년대 일본의 진보적 역사학 또한 우습기만
하다.

이 책의 기본 생각은 전통사회가 근대산업사회로 결정적으로 이행
하는「이륙」(take off)의 지표를 설정해, 그것을 축으로 경제성장의
여러 단계를 정리하고 그것을 사용해 각국을 비교한다는 데 있다.

이륙기는 그 이전부터 진행되어오던 실질적인 경제진보의 누적이
예로부터 내려오는 전통적 사회의 구조를 깨는 경계점에 도달하면서
경제와 사회에「거대한 진보적 구조변형」이 일어난 시기다. 그 전에
는 이륙의 선행조건이 정비되는 단계가 있으며, 다시 그 전에는 순수
한 전통사회의 단계가 있다. 이륙기에는「성장이 사회의 정상적인 상
태」가 되며「복리적 관계가 관습과 제도적 구조 가운데 편입된다」.
로스토(1916~   )는 자본·산출 고비율을 통상 3~3.5로 보고 지
속적인 성장이 시작되려면 10% 가까운 저축률이 선행되어야 한다고
생각하고 있다. 이와 같은 저축률 상승과 성장산업의 확립을 통해 이
륙이 이루어진 뒤, 산업과 기술의 고도화가 일어나는 성숙기에 도달
하고, 그 뒤 내구소비재와 서비스 부문이 주도하는 고도대중소비시
대*에 들어서는 것이다.

로스토에 따르면 각국의 이륙기는 다음과 같으며, 이륙기를 거쳐

통상 60년이 흘렀을 즈음 성숙기에 도달한다고 한다. 영국에서의 이류기는 1783년 이후의 20년이며, 성숙기는 1850년경이다. 프랑스와 미국에서의 이류기는 1860년 이전의 20~30년이며, 성숙기는 1910년경이다. 독일의 이류기는 1850~73년이며, 성숙기는 1910년경이다. 일본의 이류기는 1878~1900년이며, 성숙기는 1940년경이다. 러시아의 이류기는 1890~1914년이며, 성숙기는 1950년경이다. 그리고 인도와 중국은 1950년대에 비로소 이류을 개시했다고 한다.

이류기의 투자율 상승이라는 지표에 대해서는 사이먼 쿠츠네츠(Simon Kuznets)와 같은 실증사가로부터 비판이 있었다. 이에 대해 로스토는 자신이 주장하는 이론의 본질은 성장산업부문의 출현·확대와 그 파급효과에 있으며, 국민경제 전체에 관한 집계수준의 투자율은 충분한 지표라고 할 수는 없다고 답하고 있다. 로스토는 요약부분에서 이류의 수량적 지표를 전면에 내걸고 있지만, 이류의 내적 메커니즘으로서는 이러한 근대적 성장산업(제조업)을 통한 색인과 아울러 성장을 지지·촉진하는 정치적·사회적·제도적 틀을 중시하고 있다. 로스토가 시사하는 것은, 후진국이 이류하려면 종래 비생산적으로 소비되거나 농업 등의 전통적 산업에 투입되고 있는 잉여가 성장부문으로 바꾸어 배분될 수 있는 제도적 틀이 필요하다는 것이다.

구체적으로 말하자면, 지주의 지대소득을 산업자금으로 전화하는 금융기구의 확립, 그리고 집단화와 국유화를 통한 경제잉여의 집중이다. 소련과 같은 사회주의뿐만 아니라, 신흥독립국의 반발형 민족주의도 이러한 이류을 위한 제도적 틀의 정비와 결부시켜 해석할 수 있다. 그러나 이 단계에 성립한 틀이, 기술과 산업의 고도화가 당면과제인 성장기에 대응할 수 있다고는 할 수 없다. 하물며 개인의 고도소비를 실현하는 고도대중소비시대로의 진전에 대해서는 체제적 저항이 있을지도 모른다.

로스토의 성장단계론은 산업화의 진전을 축으로 각국 경제의 위치
를 일원적으로 표시하는 도식을 제공했다. 로스토의 관점은 그 중에
서도 최선진국, 고도대중소비사회*를 통과하고 있는 미국에 있었
다. 이 책의 번역자 중 한 사람이었던 무라카미 야스스케(村上泰
亮)의 개발주의론*은 로스토의 성장단계론을 후진국의 처지에서 이
어받은 것이리라. 근대화론 다음에는 개발주의를 둘러싼 논쟁이 올지
도 모른다.

*** * ***

근대화론

근대화를 저축률과 국민소득성장률, 또는 보편주의, 합리주의, 업적지향적 가치관의
보급이라는 지표를 사용해 정의하면서 국제비교를 하고자 하는 사고다. 1950~60년대
미국에서 성립해 사회구조와 그 변동을 중시하는 마르크스주의 역사관에 대항하는 것
으로 간주되었다.

고도대중소비사회

산업화의 성숙과 고도대중소비시대의 도래는 같은 뜻이 아니다. 미국은 성숙기에 도
달하면서 (영국에 앞서) 자연스럽게 고도대중소비시대로 접어들었고, 캐나다와 오스트
레일리아에서는 산업화의 성숙기에 도달하기 전에 고도대중소비가 시작되었다. 이에
비해 러시아는 산업의 성숙기를 맞이해 경제적 조건은 정비되어 있음에도 불구하고,
고도대중소비단계에 들어서지 못하고 있다. 로스토의 뇌리에 자가용과 대형냉장고가
있는 미국적 생활양식이 자리잡고 있는 것은 분명하지만, 이러한 차이는 확실히 사
회·경제구조의 문제를 보여준다.

개발주의

기본적으로는 시장경제이지만, 정치적 민주화에 선행해 산업화를 수행하고자 하는
집단에 의해 지도되며, 자유주의에 저촉되는 국가 개입도 허용하는 정치체제를 말한
다. 무라카미에 따르면 경제 면에서의 합리적 핵심은, 동학적인 수확체증을 미리 예측
할 수 있는 산업을 기존 이해에 역행해서라도 선택·육성하는 데 있다.

자유의 조건

– 프리드리히 아우구스트 폰 하이에크(Friedrich August von Hayek,
The Constitution of Liberty, 1960) –

하이에크는 20세기 선진국이 직면하고 있는 문제를 다음과 같이 지적한다. 인류는 산업혁명 이래 자유의 깃발 아래에서 눈부신 발전을 이룩해왔다. 특히 19~20세기에 걸쳐 이루어진 경제성장은 보통 사람들에게 과거 어떠한 왕국의 왕도 손에 넣을 수 없었을 정도의 물질적 번영을 가져다 주었다. 그러나 지금 우리는, 이 번영이 사람들의 자유로운 활동에 바탕을 두고 있다는 사실을 망각하고 번영을 확보하는 다른 수단을 모색하고 있다. 그것은 번영으로의 길이 아니라, 복종과 침체로의 길인 것이다.

이 주장은 하이에크가 쓴 책 《복종으로의 길》(1944년)에서부터 다음 저서인 《법과 입법과 자유》(1973년, 1976년, 1979년)로 계승되는 그의 자유론 입문이다. 자유주의자로서 그의 지위는 《복종으로의 길》에서 확립된 것이지만, 이에 대한 평가는 주로 총론 찬성, 각론

반대의 경향이 강했다. 특히 나치스 독일과 사회주의국가, 복지국가를 같은 범주에 넣어 비판하는 방법은 모든 사람들로부터 공격을 받았다고 보아도 무방하다. 그래서 하이에크는 좀더 깊은 자유주의의 의미를 알리기 위해 《자유의 조건》을 집필한 것이다.

하이에크의 자유주의를 이해하려면 먼저 「자생적 질서」*라는 개념을 이해하지 않으면 안 된다. 여러 사람들이 서로 다른 사람과 관계되는 행동계획을 수립할 때, 다른 사람의 행동계획은 불확실성을 낳는다. 서로의 행동계획을 알 수 없는 경우, 다른 사람의 행동이 자신의 행동에 장해가 될 가능성도 있으며, 당초의 계획을 실행할 수 없는 사태로 발전할 수도 있다. 사람들의 관계가 한 번으로 끝날 경우, 정보의 부족은 피할 수 없을 지도 모른다. 그러나 그것이 반복되면, 다른 사람의 행위가 경험으로 축적되어 다음 행동계획을 수립할 때의 여건이 된다. 그 관계가 계속되면, 사람들의 행동 가운데 일정한 패턴이 형성되게 된다. 관습화된 행동은 원래 「사람들의 행위의 결과로써」 생겨난 것임에도 불구하고, 반대로 규칙으로써 사람들의 행동을 속박하게 된다. 그리고 적어도 그 규칙에 따라 행동하는 한 큰 불확실성에 빠지지 않는다. 또 이 규칙은 만들어낸 규제가 아니기 때문에 사람들을 폭력적으로 규제하지 않는다. 그 규칙에 의문을 가진 사람이 있으면 확실성을 감수해 속박을 깨고 큰 이익을 얻을 수도 있다.

하이에크는 이와 같은 규칙을 「자생적 질서」라고 말했다. 자생적 질서는 원래 사람들의 구체적인 행동과 결부되어 있기 때문에 상세하고 광범위하다. 또 구체적 행동과 결부된 규칙이기 때문에 사회에 분산된 지식*을 이용할 수 있는 것이다. 하이에크는 우리의 사회가 이와 같은 규칙에 따라 유지되고 있으며, 이들 규칙을 존중하는 것이 자유로운 사회를 지키는 데 필요하다고 주장했다.

자생적 질서 중 하나의 예가 시장이다. 시장은 단순한 교환의 장이 아니라, 약속을 지킨다거나 물건에는 허락없이 손대지 않는다는 관습적 규칙으로부터 상법과 형법이라는 성문화된 법률까지 수많은 규칙의 묶음으로 생각할 수 있다. 이러한 규칙의 묶음이 있기 때문에 사람들은 자유로운 경제활동을 유지할 수 있으며, 그 성과를 누릴 수 있다. 그러나 이와 같은 자생적인 질서를 무시하고, 특정한 목적을 위해 설계주의적 합리주의적* 법률을 강요하면 어떻게 될까? 이 때 그와 같은 법률은, 이 질서가 시장에서 어떠한 작동을 하고 있었는가와는 관계없이 일방적으로 사람들의 행위를 규율하게 된다. 그 결과 강요된 법률은 당초의 목적을 달성할 수 없을 뿐만 아니라, 그와 같은 법률이 없었다면 얻을 수 있었을 많은 이익을 상실하게 된다.

하이에크가 주장하는 자유론의 특징은, 자유를 통해 얻을 수 있는 것을 사전에 알 수 없다는 점을 인정하는 데 있다. 그러나 이것이 그의 자유론의 한계를 의미하지는 않는다. 왜냐하면 이성을 통한 전체적인 이익의 파악을 부정한 하이에크에게는, 「시장의 이익」을 제시하는 것 또한 설계주의적 합리주의의 우쭐거림에 지나지 않기 때문이다.

이 책에서는 복지국가의 구체적인 제도(누진과세·사회보장 등)에 대한 구체적인 비판도 가하고 있다. 그 가운데 주목해야 할 것은 민주주의 비판일 것이다. 우리 사회에서 불가침으로 생각되고 있는 민주주의라는 성역도 맹신하면 자유를 억압하는 기초가 된다고 하이에크는 생각한다. 민주주의는 어디까지나 의사결정의 수단이며, 다수파의 지배를 정당화하는 것은 아니다. 민주주의를 존경하는 것 자체를 목적으로 삼는다면, 그것은 소수파에 둘러싸인 사람들의 자유에 대한 심각한 억압을 낳게 된다.

1980년대 신자유주의가 한계를 드러내고, 그 뒤 자유주의-공동체

주의 논쟁 등을 거쳐 지금은 상당히 궁지에 몰려 있는 자유주의이지
만, 그럼에도 불구하고 20세기의 사상으로서 계승될 게 하나 있다
면, 그것은 하이에크의 자유론이 틀림없다.

* * *

자생적 질서

사회 가운데 사람의 이성에 의거한 설계에 기초하지 않는 규칙이 존재한다는 사고의
기원은 D. 흄(D. Hume)으로까지 거슬러 올라간다. 그러나 하이에크가 직접적으로
참고로 삼은 것은 멩거의 유기체적 사회현상론일 것이다. 「자생적 질서」라는 말 자체
는 미카엘 폴라니(Michael Polany)의 발명이지만, 하이에크와 폴라니의 논의는 뒤에
점점 달라지게 되었다.

사회에 분산된 지식

사회주의 계산논쟁에서 사회주의계산의 가능성을 주장하는 랑게 등에 대해 하이에크
가 행한 반론 가운데 나타나는 개념이다. 가격결정이라는 경제계산은 시장을 통해서만
가능하다고 주장한 미제스에 대해, 랑게와 테일러는 가격의 초기값까지 결정되면 시행
착오의 과정을 거쳐 균형가격이 결정될 수 있다고 주장했다. 이에 대해 하이에크는 그
와 같은 조정이 이루어지려면 각 개인이 갖고 있는 구체적이며 매뉴얼화될 수 없는 지
식이 필요하며, 정책당국이 그것을 모두 수집하는 것은 불가능하다고 반론하고 있다.

설계주의적 합리주의

하이에크는 데카르트로 시작되는 대륙합리론을 설계주의적 합리주의라고 부정한다.
그는, 이 이론이 사회의 모든 것을 어떤 형태로든 분류해 그것을 다시 합리적으로 조
합함으로써 이상적인 사회가 건설될 수 있다고 주장하는 사고라고 설명하고 있다.

상품에 의한 상품의 생산

– 피에로 스라파(Piero Sraffa, Production of Commodities by Means
of Commodities, 1960) –

스라파(1898~1983년)는 이탈리아 북부 토리노에서 저명한 법률가
의 외아들로 태어나 토리노 대학에서 공부했다. 1927년에는 케인스의
초청에 따라 케임브리지 대학으로 옮겼다. 스라파의 저서는 그다지
많지 않지만, 사회에 미친 영향은 매우 크다.

1925년 이탈리아어로 쓴 논문 〈생산비용과 생산량의 관계에 관하
여〉, 그 이듬해에 영어로 쓴 논문 〈경쟁조건하의 수익법칙〉에서는 마
셜을 비판해 수확체증과 완전경쟁은 양립하지 않는다는 것을 제시하
고, 로빈슨이 《불완전경쟁의 경제학》을 쓸 수 있는 기회를 만들어주
었다.

1930년대 하이에크와의 논쟁에서는 자기이자율*을 제기하고, 케인
스의 《일반이론》에도 영향을 미쳤다. 심혈을 기울여 《리카도 전집》을
편집할 때 쓴 제1권 「편자서문」에서는 리카도적인 가치론의 기초로서

「곡물비율론」*을 제기하고 있다. 경제학에 대한 그의 마지막 공헌이 바로 1960년 출간된 《상품에 의한 상품의 생산》이다.

이 책은 신고전학파적인 패러다임에 대신하는 고전학파적인 패러다임을 제공한다. 여기에서 부(wealth)는 희소성의 결과가 아니라 노동의 결과다. 경제를 보는 관점도 경제주체의 주관적인 선택에서 객관적인 기술로 전환되고 있다. 나아가 경제주체의 선호 결과로서의 균형에 대신해 체계의 존립 가능성이 문제가 된다.

철·석탄·소맥의 세 가지 상품이 생산되는 경제를 고려해보자. 이들 산업은 다음과 같은 방법으로 생산을 한다고 한다.

철 90톤＋석탄 120톤＋소맥 60쿼터＋노동 3/16 → 철 180톤
철 50톤＋석탄 125톤＋소맥 150쿼터＋노동 5/16 → 석탄 450톤
철 40톤＋석탄 40톤＋소맥 200쿼터＋노동 8/16 → 소맥 450쿼터

여기에서 석탄업에 3/5을 곱하고, 소맥 재배업에 3/4을 곱한다고 하면,

철 90톤＋석탄 120톤＋소맥 60쿼터＋노동 3/16 → 철 180톤
철 30톤＋석탄 75톤＋소맥 90쿼터＋노동 3/16 → 석탄 270톤
철 30톤＋석탄 30톤＋소맥 150쿼터＋노동 6/16 → 소맥 360쿼터

가 된다. 이 때 경제 전체의 투입량은 철 150톤, 석탄 225톤, 소맥 300쿼터이며 산출량은 철 180톤, 석탄 270톤, 소맥 360쿼터이기 때문에 각 상품의 투입과 산출로부터 투입을 뺀 순생산물의 비율은 모두 1 : 0.20이 된다. 이 비율을 스라파는 표준비율이라고 명명했다.

이 경제는 전체로서 3/4의 노동 투입을 통한 산출에서 투입을 뺀 잉여로써 철 36톤, 석탄 54톤, 소맥 72쿼터를 생산하고 있다. 따라서 1의 노동 투입으로는 철 48톤, 석탄 72톤, 소맥 96쿼터가 생산 가능

하다. 이 합성상품의 조합을 스라파는 표준상품이라고 이름 붙여 표준상품의 가격을 1이라고 한다. 경제 전체의 노동 투입이 1이므로, 표준상품의 임금분배율은 동시에 임금률을 나타낸다. 한편 표준비율은 자본과 생산물의 비율을 나타내므로, 이윤분배율을 표준비율의 역수로 나누면 이윤율이 된다. 따라서 임금률과 이윤율의 관계는,

$$이윤율 = 표준비율(1 - 임금률)$$

이 된다. 이상에서 임금률과 이윤율에는 상반관계가 있다는 것을 알 수 있다. 또 임금률이나 이윤율 중 어느 하나가 주어지면 다른 쪽도 결정되어 각 상품의 가격도 결정된다. 그런 의미에서 분배관계는 가격관계보다 선행해 결정되지 않으면 안 된다. 단, 고전학파 경제학은 임금률이 생존 레벨에 따라 결정되고 이윤율은 남은 차액으로 결정된다고 생각하는 데 반해, 스라파는 이윤율이 이자율에 따라 결정되고 임금률이 남은 차액이 된다고 생각한다. 그 밖에도 분배의 결정에는 다양한 사고가 성립되어 있어 현재에도 합의가 이루어져 있다고 보기는 어렵다.

그러면 여러 가지 기술선택이 존재하는 경우, 동일한 이윤율에서 가장 높은 임금률을 만드는 기술이 채용될 것이다. 신고전학파는 이윤율이 높아짐에 따라 좀더 노동집약적인 기술이 채용된다고 생각해 왔다. 그렇지만 스라파는 이것이 일반적으로 옳지 않을 뿐만 아니라, 낮은 이자율에서 최적이었던 기술이 중간 이윤율에서는 최적이 아니었다가 높은 이윤율에서는 다시 최적이 된다는 「리스위칭(reswitching)」이 존재한다고 주장했다. 이것은 「자본논쟁」*에서 로빈슨 등의 영국=케임브리지학파가 새뮤얼슨 등의 미국=케임브리지학파를 논박하는 데 중요한 역할을 한다.

＊＊＊

자기이자율

스라파는 소맥과 같이 선물시장이 존재하는 재화의 경우, 실물을 통한 대차(貸借)도 가능하다고 지적한다. 그것은 소맥을 현물로 팔고 선물로 사게 된다면, 실질적으로 소맥을 빌리는 것과 마찬가지이기 때문이다. 소맥을 현물로 팔아버림으로써 얻은 화폐는 빌려줄 수 있으므로, 소맥의 자기이자율은 화폐이자율－소맥의 가격상승률이다.

곡물비율론

일반적으로 임금과 이윤의 관계를 정하기 위해서는 재화의 상대가격을 고려하지 않으면 안 된다. 그러나 곡물부문의 투입물이 곡물뿐인 경우에는 곡물로 측정한 임금률이 결정되면, 재화의 상대가격과 관계없이 곡물부문의 이윤율이 결정된다. 이러한 사고방식은 《상품에 의한 상품의 생산》에서도 표준상품이라는 형태로 유지되고 있다.

자본논쟁

영국의 케임브리지 대학과 미국의 하버드 대학(케임브리지 소재)이 논쟁의 중심이었기 때문에 「케임브리지＝케임브리지 논쟁」이라고도 한다. 이 논쟁을 통해, 낮은 이자율 아래에서는 좀더 자본집약적인 생산기술이 채용된다는 신고전학파의 집계적 생산함수의 사고방식이 논리적으로 옳지 않다는 것이 증명되었다.

자본주의와 자유

– 밀턴 프리드먼(Milton Friedman, Capitalism and Freedom, 1962) –

　정치적으로나 경제적으로나 금세기에 가장 큰 영향을 미쳤던 자유주의자는 프리드먼일 것이다. 프리드먼 이상으로 자유주의에 대해 깊은 통찰력을 갖춘 연구자는 얼마든지 있을 것이며, 그 중에는 프리드먼의 자유주의*의 미흡함을 비판하는 이도 많다. 그러나 1970년대 후반부터 1980년대에 걸쳐 선진국에서 일어난 신자유주의 흐름의 대부분을 프리드먼에 의존하고 있는 것은 틀림없다.

　여기에서 거론하고자 하는 《자본주의와 자유》는 결코 자유주의의 전성기에 쓰여진 것은 아니다. 워바슈 대학에서 그 기초가 된 강의를 진행했을 무렵인 1959년은 케인스적 복지국가의 전성기였다. 냉전체제 아래에서 국가주의에 대한 경계감이 있었다고는 하지만, 이 시기에 케인스적 정책에 하나하나 반론을 제기하는 것이 쉬운 일이었다고는 생각할 수 없다.

국가가 경제에 일일이 간섭하는 것에 대한 프리드먼의 비판은 네 가지로 유형화할 수 있다. 첫째, 금융재정정책에 대한 비판, 둘째 국가관리의 효율성 비판, 셋째 국가관리 시스템적 문제점, 넷째 현대민주주의의 제도적 결함 등이다. 네번째 것은 뒤에 뷰캐넌(James McGill Buchannan)＝와그너(Richard E. Wagner)의 정리로 알려지게 된 것과 동일하다. 민주주의적 의사결정과정에서는 다수파가 좋아하지 않는 정책은, 그것이 타당하다고 해도 결코 채택되는 일은 없다는 점을 1950년대에 이미 지적한 사실은 특필할 가치가 있을 것이다.

금융정책에 관한 비판과 재정정책 비판은 케인지언＝머니터리스트 논쟁의 쟁점이기도 했다. 이에 관해 자세히 소개할 여지는 없지만, 프리드먼은 정부의 재량적 정책을 통해 화폐공급량을 변화시키는 것은 경제의 안정으로 연결되기는커녕 오히려 불확실성을 증대시켜 불안정하게 만든다고 지적했다. 또 케인지언이 가장 문제 삼고 있는 비자발적 실업의 해결이라는 점에 대해서도, 대공황 시기에 정부의 잘못된 화폐공급정책이 불황을 장기화시켰다고 비판하고 있다. 이 논쟁에 관해서는 제3자의 처지에서 보면 아직까지 결론이 났다고 말하기 힘들다.

국가관리의 효율성에 관한 문제는 논의의 대부분을 하이에크의 지식론에 의존하고 있다. 하이에크는 1950년부터 시카고 대학의 도덕과 학교수로 재직했는데, 1946년부터 같은 대학 부교수(1948년부터 교수)가 된 프리드먼과의 사상적 관계는 무시할 수 없다. 경제에서 다양한 자원의 배분을 결정하려면 사회에 산재하는 무수한 지식을 수집하지 않으면 안 된다. 그렇지만 정부가 시장보다 자원배분을 잘 할 수 있다는 보증은 어디에도 없으며, 대부분의 경우 사람의 힘은 「눈에 보이지 않는 신의 손」에 비해 뒤떨어지게 된다.

복지국가에서 각 정책은 기본적으로 약자를 보호하고, 경제적 환경

을 정비해 모든 국민의 경제상태를 개선시키는 것을 목적으로 만들어
진다. 그러나 그 대부분은 시간이 흐름에 따라 당초의 목적에서 벗어
나, 정책을 통해 만들어진 제도를 가장 잘 이용할 수 있는 일부 사람
들의 이익을 위해 기능하게 된다는 시스템적 문제는 오늘날에도 지적
되고 있다. 프리드먼이 특히 문제 삼은 의사면허도 원래는 부당한 치
료로부터 환자측을 보호하기 위해 만들어진 제도였다. 그러나 실제로
는 의료업계로의 자유로운 참여를 저지하고, 미국의사회를 강력한 압
력단체로 만들고, 의료비를 올림으로써 가난한 사람들의 생활을 위협
하게 되었다. 프리드먼은 의료의 질을 유지하려면 면허제란 필요없으
며, 등록제로 의사의 소재를 분명히 밝혀 경쟁하는 것만으로도 충분
하다고 주장했다. 이러한 해결책의 제안은 의료정보의 난해함에 대해
뒷걸음질치는 우리로서는 쉽게 인정하기 어려운 면이 있다. 그렇지만
어쨌거나 의료는 우리 주위에서 「약자보호」라는 이름 아래, 정부로
부터 후원받은 부적절한 독점이 당당하게 통용되고 있는 것이 사실
이다.

프리드먼이 다른 대부분의 자유주의자〔예를 들면 몽펠란 소사이어
티(Mont Pelering Society)＊의 회원들〕의 비판에도 불구하고 그들 이
상의 영향력을 가질 수 있었던 것은 무슨 이유에서일까? 그것은 그
의 논의가 알기 쉬울뿐더러 제기하고 있는 문제점이 그 시대의 사람
들이 느끼고 있었던 불쾌감을 정확히 나타내고 있기 때문일 것이다.
간결함ㆍ명료함은 때로 천박함으로 지적되는 일도 있지만, 적어도 정
치가가 자신의 태도를 명확히 표현하는 경우에는 아주 중요한 포인트
가 된다. 정치의 현장에서는 알기 쉽다는 것이 그대로 설득력이 되기
때문이다.

프리드먼은 학자와 정치가, 즉 직접 경제정책에 관련되는 사람들뿐
만 아니라, 일반 사람들에게까지 자유주의의 중요성과 우월성을 설명

했다. 그는 자유로운 사회가 일부의 「똑똑한 사람들」에 의해 주어지는 것이 아니라, 모든 사람들의 자발적인 노력을 통해서만 유지된다는 사실을 누구보다도 잘 이해하고 있었던 것이다.

* * *

프리드먼의 자유주의

프리드먼의 논의를 읽으면 먼저 떠오르는 것은 자유옹호론이 아니라, 국가간섭이다. 그는 자유의 의미를 생각한 하이에크와는 달리 경제에 대한 현행의 국가 개입정책의 결함과 한계를 지적함으로써 자유주의를 옹호했다. 그러나 현행의 정책 비판=자유옹호가 되지 않는 것은 분명하다. 왜냐하면 제도적 문제가 있다 하더라도 제도 개선을 통해 회피할 수 있다는 주장을 부정할 수 없기 때문이다. 실제 프리드먼의 논의가 급진 자유주의자들과 같이 완전한 국가 부정으로 연결되지 않고, 대안 제출로 끝난다는 것은 이러한 것과 관련된 듯하다. 단, 이것은 바로 그의 논의를 부정하는 것으로 연결되지 않는다. 오히려 완전한 자유체제로의 이행과정을 고려하지 않고 「그림의 떡」만을 쳐다보고 있는 사람들보다는 훨씬 설득력이 있다. 경제이론에서도 그 실용성을 강조한 프리드먼은, 여기에서도 경제정책의 현장을 담당한 인물로서의 특징을 보여주고 있는 것이다.

몽펠란 소사이어티

카를 포퍼(Karl Popper)와 하이에크가 1947년 스위스의 몽펠란에서 설립했다. 두 차례에 걸친 세계대전 중에 상실된 자유사회의 지적 기초를 부활시키기 위해 전쟁 당사국의 지식인이 결집할 것을 목적으로 하고 있다.

새로운 산업국가

- 존 케네스 갤브레이스(John Kenneth Galbraith, The New In-
dustrial State, 1967) -

　《새로운 산업국가》는 「시장에 종속하는 기업」이라는 정통파의 통
념에 과감히 도전하고자 한 이단파 갤브레이스의 문제작이다.

　경제학 교과서에서는 완전경쟁에서 시작해 독점, 독점적 경쟁, 과
점으로 옮겨간다고 하지만, 사람들의 사고는 지금까지도, 극히 일부
시장(예를 들면 농산물 시장)을 제외하고 거의 볼 수 없게 된 완전경
쟁 모델에 지배되고 있다. 완전경쟁세계에서는 기업은 규모도 자본도
소규모이면서, 「가격수용자」로서 전적으로 시장에 종속된 데 지나시
않는다. 그러나 갤브레이스는, 그와 같은 모델은 대부분의 사업이
1,000~2,000개의 고도로 조직화된 대기업에 의해 영위되고 있는 현
대 산업사회를 묘사하는 데에는 아무런 도움도 되지 않는다고 한다.
그리고 그는 대기업에 의해 특징지어지는 경제부문을 「계획화 체제」
라고 명명하고, 그것을 상세히 분석하는 것을 《새로운 산업국가》의

주요 과제로 삼았다.

그런데 갤브레이스에 따르면, 「계획화 체제」에서 「계획화」란 현대의 기술 요청에 기초한 것이라고 한다. 요컨대 현대에는 자본과 시간을 장기간 투입한 끝에 제품이 완성되지만, 그것이 만약 시장에서 엄청난 양의 재고로 남는다면 대기업으로서는 큰 손해다. 따라서 그와 같은 시장의 불확실성 문제를 가능한 한 피하기 위해 계획화가 필요하게 되었다는 것이다.

계획화를 위한 전략으로서는 관리가격, 소비자 수요의 조작, 내부금융화 등이 있지만, 유의해야 할 것은 이와 같은 계획화의 담당자가 이제는 예전의 자본가가 아니라는 것이다. 갤브레이스에 따르면, 지배력의 원천은 시대의 흐름과 더불어 토지에서 자본으로, 자본에서 조직으로 이행해왔지만, 최후의 조직과 더불어 지배력을 행사하는 것은 자본가도 단순한 경영자도 아닌, 대기업 내부의 전문가집단——즉 「테크노스트럭처(techno structure)」—— 이라는 것이다.

단, 테크노스트럭처가 충분히 활약할 수 있으려면 외부(예를 들면 국가·주주·금융기관)로부터의 간섭은 가능한 배제되어야 한다. 근래에 들어서는 소유와 경영의 분리*가 주주로부터의 간섭을 적게 한다는 것은 유명한 사실이지만, 테크노스트럭처에게도 상당히 유리한 것이 사실이다. 즉 국가의 회사법에 따라 법인기업에는 사업활동상 「광범위한 독립성」이 주어져 있으며, 또 대기업에서는 내부유보를 통한 자기금융의 보급과 의사결정의 복잡함으로 금융기관으로부터의 간섭을 막을 수 있는 것이다. 이러한 이유에서 테크노스트럭처는 「고도의 자주성」을 확보하는 데 성공하고 있는 것이다.

그러면 지금 대기업의 지배력을 장악한 테크노스트럭처는 도대체 어떠한 동기에 따라 행동하고 있는 것일까? 갤브레이스에 따르면 그것에는 ① 강제, ② 금전적 동기, ③ 일체감, ④ 적합의 네 가지 요소가 있다고 한다. 그러나 예전에 자본가가 지배력을 장악하고 있던 「사업가적 법인기업」으로부터 테크노스트럭처가 실권을 장악한 「성숙한 법인기업」으로 이행됨에 따라 개인의 동기와 유인체계도 차례로 ①에서 ④로 이행해왔다. 지배력의 원천과의 연관에서는 ①은 토지와, ②는 자본과 결부되어 있었지만, 조직의 대두와 더불어 ③과 ④가 더욱 중요해진 것이다.

동기의 변화와 더불어 목표도 변화한다. 이전의 사업가적 법인기업에는 이윤극대화라는 단순명쾌한 목표가 있었지만, 성숙한 법인기업의 실권을 장악한 테크노스트럭처는 자신들의 의사결정권의 기초인 자주성을 유지하기 위해 「최저한의 수익」을 확보한 다음 「매출액을 기초로 생각할 수 있는 회사의 최대 성장률 달성」을 목표로 한다. 왜냐하면 성장률의 극대화는 조직의 유지·확대를 통해 테크노스트럭처의 지배력의 유지·확대로 연결되기 때문이다.

나아가 테크노스트럭처는 국가가 자신들의 계획에 알맞은 정책을 채택하도록 한다(예를 들면 막대한 국방비 지출은 계획화 체제의 필요에 대한 적응의 일면을 갖는다). 그리하여 대기업과 국가가 일체가 된 하나의 관리회사가 나타난다. 갤브레이스는 이것을 「새로운 산업국가」라고 부른다. 「새로운 산업국가」에서는 계획화 체제가 지배하고 있기 때문에 그 체제에 익숙하지 않은 「심미적 차원」이 희생되기 쉽다. 따라서 갤브레이스는 「교육자·과학자 계층」이 「계획화 체제로 인한 사회목적의 독점을 거부하기」 위해 일어서야 한다고 주장한다.

《새로운 산업국가》에서의 논의는 뒤에 《경제학과 공공목적》(1973년)에서 일부 수정되지만, 경제학계에 미친 충격의 크기(찬반양론을 포함한다)에서 살펴보건대, 《새로운 산업국가》야말로 갤브레이스의 최고 걸작이라 해도 좋을 것이다.

＊＊＊
소유와 경영의 분리

소유와 경영의 분리에 주목해 경영자 지배의 성립을 설명한 책으로, A. A. 벌리＝
G. C. 민스의 《근대주식회사와 사유재산》(1932년), 그리고 제임스 J. 버넘(James
Burnham)의 《경영자혁명(The Managerial Revolution)》(1941년)의 두 가지가 있는
데, 그 기본적인 사고는 아주 명쾌하다. 요컨대 현대에 이르러 한 회사의 주식은 몇만
명이라는 소주주들이 나누어 갖고 있어, 그 소유자들은 기업에 대한 지배력을 갖지 않
게 되었다라는 것이다. 그러나 갤브레이스의 주장은 단지 지배력이 소유자로부터 경영
자로 이행한 것이 아니라, 테크놀로지가 요청하는 계획화에 필요한 전문적 능력을 발
휘하는 사람들이 대기업의 실질적인 지배력을 장악하고 있다는 것이다.

아시아의 드라마

－카를 군나르 뮈르달(Karl Gunnar Myrdal, Asian Drama : An Inquiry into the Poverty of Nations, An Abridgement by Seth S. King of The Twentieth Century Fund Study, 1968)－

《아시아의 드라마》는 원래 「20세기 기금」의 원조를 받아 10년에 걸친 아시아 연구를 마무리한 3권 2,284쪽에 이르는 대저서로서, 이것을 〈뉴욕 타임스(The New York Times)〉의 시카고 지국장 S. 킹이 축쇄한 것이다. 번역본도 500쪽이 넘는 대작이다.

이 연구는 1957년부터 10년의 세월에 걸쳐 마무리되었다. 1956년 사회민주당의 정치가이기도 했던 부인 알바가 인도 대사로 부임하게 되고, 그 자신도 남아시아 가국을 둘러보면서 자세히 관찰할 수가 있었던 것이다.

뮈르달은 경제학의 방법론에 관해 《경제학설과 정치적 요소》*라는 유명한 저서를 집필했다. 그 책을 보면 경제이론과 가치판단은 원래 불가분의 관계이기 때문에 먼저 연구자의 가치 전제를 분명히 해야 한다는 신념이 제시되어 있다. 따라서 이 책도 뮈르달 자신의 가치

전제를 처음으로 선언하는 내용으로 시작된다. 그 가치판단이란「근대화 이념」*으로, 서구 여러 나라가 오랜 시간동안 달성해온 가치관이다. 뮈르달은 이 근대화의 이념을 다시 열두 가지 개념으로 나누어 제시하고 있지만, 그 자체는 약간 혼해빠진 것이다. 그러나 통상적이라면 명시할 필요성조차 없는 가치이념을 명시한 것은, 그 이념이 절대보편적인 것이 아니라는 가능성을 인정하고 있기 때문임에 틀림없다. 특히 서구와 가치관이 전적으로 다른 지역의 연구에서는 반대로 서구식 사고방법을 그대로 적용할 수 있다는 안이한 사고를 경계해야 하며, 암묵적인 양해로는 불가능한 것이다. 그것을 인정한 다음 서구식 가치전제를 사용하는 것은, 실제로 남아시아 각국이 그것을 정책의 기본이념으로 채용하고 있다는 사실 때문이지, 그가 강요하고 있기 때문이 아니다.

그런데 뮈르달은 이와 같은 연구를 할 때「경제적」요인과「비경제적」요인을 구별하는 것에 반대한다. 일반적으로 이와 같은 구별은, 이 두 가지 요인이 상호 누적적인 인과관계를 맺고 있다는 사실을 무시하고 있다. 특히 남아시아와 같은 사회제도 아래에서는 양자의 상호의존관계는 서구보다 강하다. 존재하는 것은 관계하는 요인과 그렇지 않은 요인과의 구별뿐이다. 그는 이와 같은 어프로치를「제도학파적 어프로치」라고 한다.

예를 들면 통상「비경제적」요인으로 구별되는 사람들의 생활태도는「경제적 요인」에 포함되는 생산성에 큰 영향을 미치고 있다. 이와 같은 시기에 경제적인 요인만을 다루고자 하는 연구는 전혀 의미를 갖지 못할 것이며, 그와 같은 연구에 따라 수립된 정책은 다분히 잘못된 것이다.

또 서구에서 발달된 경제이론을 그대로 남아시아의 상황에 적용하고자 하는 것도 잘못된 사고다. 예를 들면 서구 경제학에서 말하는

「실업」은 남아시아의 낮은 노동력 이용을 정확히 파악하지 못한다. 그럼에도 불구하고 서구경제이론을 적용하려고 한다면 잘못된 결과를 초래할 수 있다. 예를 들어 고용을 늘리기 위해 수요를 증대시킨다는 주지의 정책을 추진하게 되면 생각지도 못한 결과가 일어난다. 또 소비를 늘리는 것은 투자를 줄이는 것으로 생각하는 경향이 있지만, 남아시아의 상황에서는 소비를 늘리는 정책이 노동력의 질 향상으로 연결되어 오히려「투자」적인 효과를 낼 것이다.

뮈르달은 이상과 같은 식으로 농업 문제와 공업 문제도, 이른바 「경제적」 측면에서뿐만이 아니라, 거기에 만연한 불평등 구조 등으로 분석을 진행했다. 그가 말하는 것처럼 아시아의 여러 나라에서는「시장」에 참여하는 것으로 이익을 얻는다는 사고 자체가 일반적으로 보급되어 있지 않을지도 모른다. 그와 같은 경우에는 서구에서 취하고 있는 농업진흥책과 공업화 추진책의 효과는 미미할 것이다. 오히려 사람들의 태도를 바꾸기 위해서는, 예를 들면 교육정책까지도 포함해 생각하지 않으면 안 된다.

이 책은 특히 축쇄판이라는 한계도 있기 때문에 남아시아 각국의 상황을 상세히 논하지는 못했다. 게다가 출판한 지 이미 30년 가까이 흘렀으며, 내용적으로도 낡은 부분이 있다. 그러나 몇몇 동남아시아 국가들이 고도의 경제성장을 수행해가는 반면, 여전히 당시의 상황에서 벗어나지 못하는 나라가 있는 것도 사실이다. 또한 발전하고 있는 나라에서도 뮈르달이 걱정했던 불평등은 그다지 줄어드는 것 같지 않다. 그런 의미에서 유감스럽게도 이 책의 내용은 완전히 과거의 것이 아니다. 오늘날 다시 읽으면 그의 분석에서 지금까지도 유효한 부분이 많다는 사실에 탄복함과 동시에, 경제이론의 실제적 적용에 얼마나 신중을 기해야 하는가에 대한 교훈을 얻을 수 있을 것이다.

＊＊＊

《경제학설과 정치적 요소》

경제학의 방법론상 논쟁으로서, 옛날부터 가치판단에서 독립한 과학적 체계가 구축될 수 있는가에 대한 논쟁이 있다. 현대적인 경제학의 정의를 보면 목적은 가치판단을 수반하지만, 그 달성수단을 분석하는 경제학에는 가치판단이 들어가지 않는다는 의견이 유력하다. 그러나 뮈르달은 그것을 부정했다.

근대화 이념

뮈르달이 거론한 이념의 내용이란 다음과 같다. 합리성, 발전과 발전을 위한 계획화, 생산성의 상승, 생활수준의 상승, 사회적·경제적 평등화, 제도 및 태도의 개선, 민족적 통합, 민족독립, 정치적 민주주의, 풀뿌리민주주의, 사회규율 대「민주적 계획화」, 보론적 가치전제(교육의 지도적 역할 등) 등이다. 더구나 이 가운데 민주주의에 관해서는 다른 근대화의 이념에서 반드시 필연적으로 유도되는 것이 아닐지도 모른다는 유보를 남기고 있다. 이것은 이른바「개발독재」를 인정하는 계기가 될지도 모른다는 우려를 자아내고 있다.

경제학을 넘어서

-케네스 에워트 볼딩(Kenneth Ewart Boulding, Beyond
Economics : Essays on Society, Religion, and Ethics, 1968)-

아마 경제학자들 대부분은 수많은 사람들의 의식과 행위의 연관으로써 사회가 형성되고 있음을 부정하지 않을 것이다. 그렇지만 막상 자신이 직접 분석을 하게 되면, 이러한 것을 아주 단순화된 분석대상으로 바꾸어버린다. 그러나 소수이긴 하지만, 몇몇 사회과학자는 그 시점에서 멈춰버리기도 한다.

볼딩(1910~93년)도 그 중 한 사람이다. 그는 영국에서 태어나 옥스퍼드, 시카고, 하버드 등 세 명문대학에서 교육을 받은 수재다. 그는 처음에는 에든버러 대학 조교수를 지내다가, 뒤에 미국으로 이주했다. 1949~77년까지 미시간 대학 교수, 그 뒤로 컬럼비아 대학 교수로 재직하다가, 1993년 봄 애석하게도 사망했다. 그는 처음에는 케인스 경제학과 신고전학파 경제학의 양 분야에서 연구를 진행했지만, 도중에 다른 길을 걷기 시작했다.

볼딩은 사회현상을 각 주체의 복잡한 상관관계로써 파악했을 뿐만 아니라, 역사의 흐름과 더불어 변화해가는 그 관계를 기술하는 수단을 모색했다. 그는 물리·생물·화학·경제·정치 등에서의 현상은 모두 개개 요소로 구성되어 있다는 데 착안해 분야에 관계없이 일반적인 시스템 개념을 사용함으로써 설명할 수 있다고 생각했다.

그는 사회를 ① 포퓰레이션(population) 시스템, ② 교환 시스템, ③ 협박 시스템, 그리고 ④ 학습 시스템 등 네 가지 서브 시스템으로 분류하고, 이들 시스템은 모두 필연성, 우연성, 그리고 자유성이라는 세 가지 요소로 구성되어 있다고 생각했다. 포퓰레이션 시스템이란 인간과 재화 등 일정한 종류의 집합요소의 증감 메커니즘으로 파악되는 체계다. 이 시스템에서는 사회의 요소를 어느 정도 정리해 파악하기 때문에 관계성이 단순화되어 이해하기 쉽다. 그러나 단순화된 도식에서는 거기에 있는 개개의 요소에 관한 구체적인 관계의 의미가 간과되어버린다. 그 때문에 포퓰레이션 시스템 안에 있는 구체적인 관계에 눈을 돌릴 필요가 있다.

경제에서 받아들여야 할 구체적 관계란 교환 시스템이다. 교환 시스템은 물물교환이건 화폐교환이건 기본적으로는『만약 당신이 무언가 좋은 것을 해준다면, 나도 당신에게 무언가 좋은 것을 해주겠다』라는 플러스 섬 게임(plus sum game)이다. 볼딩에 따르면 이 교환 시스템 속의 다양한 개념, 예를 들면 균형가격은 앞의 세 가지 요소를 지니고 있다. 균형점에서 가격이 결정되는 것은 메커니즘상 필연적 귀결이다. 한편 과점적 상황이 진행됨에 따라 직접적인 수급균형 메커니즘 이외의 원리로 결정되는 우연적 요소가 차지하는 비율도 증대한다. 또 이 균형가격이 어느 특정한 목적을 위해 외부로부터 왜곡될지도 모른다(예를 들면 정부의 가격규제). 이는 균형가격이 갖는 자유성에 대한 억압으로 표출될 것이다.

이 교환 시스템과 대치되는 것이 협박 시스템이다. 이것은 『만약 당신이 나에게 무언가 좋은 것을 해주지 않는다면, 나는 당신에게 무언가 나쁜 것을 해준다』라는 명제에 바탕을 두고 있다. 볼딩은 정치 권력이란 기본적으로 협박 시스템에 바탕을 두고 있다고 생각한다. 확실히 고대부터 현대에 이르기까지 국가가 체제를 유지하기 위해 징벌 시스템을 이용해온 것은 확실하다. 우리 사회는 교환 시스템을 원리로 한 경제와 협박 시스템을 원리로 한 정치로 구성되어 있지만, 이들 관계에 복잡성을 부여하고 있는 것은 학습 시스템이다. 학습 시스템은 우리에게 다른 시스템을 제어하고, 운명에 저항하는 힘을 주고 있다. 그러나 동시에 학습을 통한 변화가 너무 빠른 분야에서는 예측이 불가능해 불확실성을 낳는 일도 있다. 볼딩은 우리가 살고 있는 사회를 제어하기 위해, 이들 네 가지 시스템이 다양하게 엮어내는 미묘한 무늬를 이해하지 않으면 안 된다고 생각했다. 예를 들면 협박 시스템에만 무게를 둔 사회주의는 정상적인 사회를 유지할 수 없는 것이다.

볼딩의 사회 시스템 이론을 상징하는 또 하나의 용어는 「엔트로피 (entropy)」*다. 볼딩은 소비활동을 질서 속의 무질서로 파악, 엔트로피 증대의 과정으로 설명했다. 반대로 생산과정은 엔트로피 감소의 과정으로 묘사된다. 생산과 소비는 반드시 대칭되어 있어 전체적으로는 엔트로피 증대로 향하는 것이 우리의 소비사회다. 볼딩은 뒤에 이 엔트로피 경제학에 윤리적인 의미를 부여했으나, 그것은 적당하지 않다. 그러나 경제학을 시간 흐름 속의 엔트로피 증감 과정으로 파악할 수 있는 경우가 많다는 것은 확실하다.

이 책에는 프리드먼과의 대담을 기본으로 하여 쓰여진 에세이가 포함되어 있다. 여기에서 볼딩은 대체로 프리드먼의 자유주의에 동의하고 있지만, 그 배경이 되는 것은 프리드먼의 그것과 동일하지 않다.

감리교도이기도 한 그의 경제학자로서의 신념은, 어디까지나 개개의 사람들이 망각되지 않는 경제학을 만드는 것이다.

＊＊＊

엔트로피

독일의 물리학자 루돌프 E. 클라우지우스(Rudolf E. Clausius)는 물체의 온도와 그 물체에 흘러드는 열이라는 기초적인 두 가지 양으로부터 물체의 상태를 나타내는 또 하나의 양을 발견해 그것을 엔트로피라고 명명했다. 열은 점차 확산되기 때문에 그것에 따라 엔트로피는 증대한다. 따라서 열학적으로 엔트로피는「확산의 정도를 나타내는 정량적 지표」로 생각할 수 있다. 볼딩은 엔트로피의 개념을 경제학에 도입한 최초의 경제학자다. 처음 그의 논의는 상당히 확실한 것이었지만, 뒤에는 엔트로피를 윤리적인 의미를 지닌「사회혼란의 정도」로 사용하게 되면서 오해의 소지가 있는 논의로 변질되었다.

산업조직론

－조지 조제프 스티글러(George Joseph Stigler, The Organization of
Industry, 1968)－

자신을 「속박받지 않는 경제학자(unregulated economist)」라고 자
평할 정도로 거리낌 없는 신념을 지닌 사람, 프리드먼과 나란히 시카
고학파의 태두, 1982년 산업조직·공적 규제의 연구로 노벨경제학상
에 빛나는 경제학자가 바로 스티글러다. 스티글러는 1911년 미국의
시애틀 교외에서 태어났다. 워싱턴 대학을 졸업한 뒤, 1938년 시카고
대학에서 박사학위를 취득했다. 미네소타 대학과 컬럼비아 대학 등의
교수를 거처, 1958년부터 모교인 시카고 대학 미국연구소 명예교수와
같은 대학 경제국가연구센터에 근무했으며 1991년 사망했다.

《산업조직론》은 스티글러가 1947~68년까지 20년 동안 〈정치경제
학 저널(Journal of Political Economy)〉 등의 전문경제학잡지에 발표
한 17편의 논문과 새로 쓴 5편의 논문을 추가해 출간된 것이다. 따라
서 이 책은 스티글러의 노벨경제학상 수상연구의 집대성이라 할 수

있다. 이 책은 가격경쟁이 비가격경쟁보다도 경쟁수단으로써 유효하다는 것(제3장), 수요조건의 변동이 격심한 만큼 과점기업 간의 공모가 성립하기 어렵다는 것(제5장, 제14장), 미국에서는 자본시장의 발달이 기업 규모의 확대를 용이하게 한 것(제8장), 동질재 사이에 가격의 차이가 있는 요인은 정보와 지식의 불완전성으로 인한 결과라는 것(제16장) 등의 흥미로운 연구논문으로 구성되어 있다.

『아주 솔직히 말하면, 산업조직론이라는 과목은 존재하지 않는다. 대학에서 산업조직론이라는 이름으로 가르치고 있는 수업과목은 경제의 다양한 산업구조와 행동에 대한 이해를 목적으로 하고 있다. …그러나 이것이야말로 올바른 경제이론—— 오늘날 미시경제학이라 불리고 있는—— 의 내용인 것이다』.

이 유명한 역설적 서두로 시작하는 이 책이야말로, 산업조직론에 관한 시카고학파의 명성을 세상에 떨친 시초가 된 것이다. 당시 산업조직론에서 주도적 역할을 수행하고 있던 인물은 에드워드 S. 메이슨(Edward S. Manson), J. S. 베인(J. S. Bain)과 리처드 케이브스(Richard Caves) 등의 하버드학파*였다. 하버드학파의 특징을 한 마디로 말하면 시장구조를 중시하는 것이다. 그들의 패러다임은 「시장구조→기업행동→시장성과」라는 일방향 규정관계를 가정해 다른 부문의 데이터를 사용한 중회귀분석(multiple regression analysis)으로 실증하는 것이다. 스티글러는 하버드학파의 기업행동 경시와 그것을 뒷받침하는 이론의 미비점을 철저히 비판하려고 하였다. 그것이 앞의 서두의 참된 의미인 것이다.

스티글러의 산업조직론의 특징을 간단히 정리해보자. 그의 어프로치는 두 가지 도구로 성립되어 있다. 하나는 극대화 행동이론으로 구성되는 근대가격이론의 엄밀한 응용이며, 다른 하나는 이론의 실증적 검증의 중시다. 스티글러는 일관되게 이론편중과 실증편중 모두를 반대한 경제학자이며, 그의 논문 대부분은 이론과 실증이 균형 있게 종합되어 있다. 또한 그의 경제철학 밑바탕에는 찰스 R. 다윈(Charles R. Darwin)의 진화사상이 깔려 있다. 그는 현실적으로 어떤 산업구조와 기업형태가 존재할 때, 그것은 적절한 시장효율성의 테스트를 통과한 결과라고 생각한다. 따라서 시카고학파에 따르면, 높은 집중도는 효율적인 기업의 생존도태의 결과이며, 참여장벽의 원천은 경쟁의 필터에 걸려 있는 기업의 독점적 행동이 아니라, 오히려 정부의 자의적 산업정책에 있다고 간주한다.

효율적 기업규모의 결정에 관한 논문(제7장)은, 스티글러의 산업조직론에서 가장 훌륭한 연구 중 하나다. 당시 효율적 기업규모의 결정에는 기업 간 비용비교법·기업 간 수익률 비교법·비용함수의 추계법이 있었다. 그러나 어느 방법이든 데이터의 신뢰성과 이론적 기초에 문제가 있었다. 따라서 그는「적자생존법」을 제창, 산업 내의 기업을 규모에 따라 계층화하고, 각 계층의 산출량 증감을 이용해 최적기업규모를 결정할 수 있다고 생각했다. 이런 생각 가운데에서도 스티글러의 진화론적 시장조정기구에 대한 신뢰를 간파할 수 있다.

스티글러의 시카고학파의 현대적 의의에 관해 간단히 설명해보자. 1970년대 말부터 80년대에 걸쳐, 윌리엄 J. 보몰(William Jack Baumol) 등에 의해「경쟁시장이론(contestability theory)」*이 대두했다. 그들은 매몰비용이 없는 경우 독점기업조차 시장기구의 유효한 압력을 받으며, 정부의 규제는 필요하지 않다고 주장했다. 당초 경쟁시장이론은 시카고학파의 주장을 보강하는 것으로 여겨졌다. 그러나 실제 결과는 달랐다. 경쟁시장이론을 효시로 새로운 제3의 흐름인「게임이론적 산업조직론」이 학계를 석권해, 시카고학파조차 떠밀릴 정도의 세력을 갖기에 이르렀다. 아마 스티글러는 이처럼 과도한 이론편중·실증경시 풍조에 불만을 품고 있었을 것이다. 하지만 그는 의외로 자신의 경제학을 낙관적으로 전망하고 있었던 것 같다. 이 책 마지막 부분이 제시하는 것처럼 말이다.

『새로운 사상의 출현은 이전부터 내려오는 유산을 포기해야 이루어지는 것이 아니다. 새로운 사상은 현존하는 체계에 흡수되고, 그 이후 체계는 약간 달라지게 된다.』

*** * ***

하버드학파 대 시카고학파

산업조직론을 언급할 때 하버드학파와 시카고학파의 대비를 피할 수는 없다. 독점금지정책에 관한 두 학파의 견해를 대비해보자.

(목표) 하버드학파는 경제적 집중력의 배제를, 시카고학파는 소비자잉여의 최대화를 목표로 둔다.

(방법) 하버드학파는 실증연구와 법소송을 중시하지만, 시카고학파는 신고전학파 가격이론을 중시한다.

(범위) 하버드학파는 단기·중기를 염두에 두지만, 시카고학파는 장기를 염두에 둔다.

(기준) 하버드학파는 SCP(구조·행동·성과) 패러다임을 표방하고, 시카고학파는 행동주의·다윈의 진화주의를 표방한다.

(독점금지정책관) 하버드학파는 독점·공모·제한적 관행에 대해 엄격한 독점금지정책 운용을 주장하지만, 시카고학파는 적자생존원리에 따라 원칙적으로 시장기구에 맡기고자 한다.

경쟁시장이론

경쟁시장이론은 보몰, 오귀스트 빌릭(August von Willich) 등이 제창한 이론으로, 매몰비용이 없다면 잠재적 경쟁압력에 따라 자연독점산업에서조차 자동적으로 차선의 자원배분이 달성된다는 것이다. 매몰비용이란 산업으로부터 퇴출할 때 회수 불가능한 고정비용을 말한다.

경제사의 이론

-존 리처드 힉스(John Richard Hicks, A Theory of Economic His-
tory, 1969)-

《가치와 자본》의 성공은 힉스를 일약 세계적인 경제학자의 지위로
끌어올렸다. 케인스 혁명이 세계를 석권해가는 것과 병행해, 《가치와
자본》이 근대경제학계에 미치는 영향도 점점 더 커져갔다. 그리하여
케인스 경제학을 거시경제학으로 하고, 힉스가 주장하기 시작한 일련
의 가격이론을 미시경제학으로써 통합을 시도한 「신고전학파종합」이
전후 얼마되지 않은 시기에 미국을 중심으로 형성되기 시작했다. 그
리하여 이후 적어도 1960년대까지 근대경제학의 절내적 주류파로서
군림했다. IS-LM분석에 의거해 일반균형론적 케인스 해석을 제시했
던 힉스는 당연히 그 리더의 한 사람으로 추대되었다. 1946년 힉스가
미국을 방문했을 때, 그를 맞이한 새뮤얼슨, 애로, 패틴킨 등은 모두
그러한 존재로서, 그리고 같은 신고전학파종합의 「동료」로서 그에게
경의를 표한 것이었다.

그렇지만 힉스는 그러한 것에 이루 말할 수 없는 위화감을 느끼고 있었다. 특히 고등수학을 구사해 정교하고 세밀하게 이루어진 그들의 이론은, 그에게는 「이론을 위한 이론」으로밖에 생각되지 않았다. 이러한 방향으로 경제이론이 독주한다면 경제학의 실천력은 유지될 수 있을 것인가? 그러나 그 쪽으로 키를 잡은 장본인이야말로 내가 아닐까… 힉스는 망설였고, 그리고 이론을 떠났다. 경제학자였던 부인과 함께 개발도상국을 돌아보고, 경제발전 문제에 거의 10년 간 몰두해 있었다. 이론서를 출판하기는 했으나, 대부분은 이전에 썼던 것의 재판 아니면 수정판이었다. 때문에 이 시기는 자칫 힉스의 슬럼프로 보인다. 그러나 힉스에게는 꼭 필요한 시기였을지도 모른다.

이리하여 1960년 그는 「선형이론」의 전망논문과 함께 돌연 이론의 세계로 복귀했다. 그것은 단순한 복귀는 아니었다. 자신의 원점으로 되돌아와 실천학의 기초에 경제이론을 다시 세웠다. 그렇게 하기 위해 그는 자기비판, 자기부정도 불사하고자 했다. 《자본과 성장(Capital and Growth)》(1965년), 《자본과 시간(Capital and Time)》(1973년), 《케인스 경제학의 위기(The Crisis in Keynesian Economics)》(1974년), 《경제학의 사고법》(1977년) 등 속속 출간된 후기 힉스의 경제학은 《가치와 자본》에 대해 스스로 근본적인 반성을 강요했다. 그러나 진정한 목적은 그 원점의 회복이었다. 그럴 무렵, 사람들의 주의를 끄는 작은 책이 느닷없이 나타났다. 순수이론가이기도 한 힉스가 쓴 《경제사의 이론》(1969년)이 바로 그 책이다.

이 책의 내용은 크게 세 가지로 분류할 수 있다. 즉 힉스가 「제1국면」이라고 하는 관습·지령 경제로부터 시장의 발흥까지를 다룬 부분, 이어서 시장원리가 화폐·재정·농업·노동 등 경제생활의 구석구석에까지 침투해가는 「중기 국면」, 마지막으로 시장원리가 산업혁명을 불러일으키고 그 이후를 간결하게 다룬 「근대 국면」 등 세

가지다.

 이 책에서 가장 중요한 것은 「제1국면」에서 전개하고 있는 힉스의 이론이다. 관습적·지령적 공동체 경제로부터 어떻게 시장경제가 발흥해가는가? 힉스는 그 계기를 「전문적 상인」의 출현에서 찾고 있다. 즉 공동체적 경제 아래에서도 대시장과 축제 등 교역의 장은 존재했다. 처음에는 부유한 농민끼리의 물물교환에 가까웠을 것이다. 그러나 점차 교역이 정기적이 이루어지고 그 간격이 짧아짐에 따라 자신이 소비하기 위해서가 아니라 재교환의 밑천을 위해 다양한 재화를 소유하게 되었다. 그러자 다시 보관의 안전을 고려해 시장에 점포를 만들게 되고 오로지 재화의 거래를 통해 생계를 꾸려가는 사람이 나타난다. 이들이 후에 전문적 상인이 되지만, 그 출현의 기초에는 시장의 정기적인 이용을 포함해 불확실성의 경감을 목표로 한 합리적 행위의 귀결이 있다는 점에 주의할 필요가 있다. 요컨대 경제의 역사란 더욱 합리적인 제도를 찾아가는 역사이며, 그 결과 공동체적 경제는 근대적 시장경제로 이행하지 않을 수 없었다는 것이다.

 그러나 만약 그렇다고 한다면, 상인 중심의 시장경제도 보편적이라고는 할 수 없을 것이다. 왜냐하면 초기의 상인경제는 가격이 매우 신축적이며, 그 만큼 수익성에 불확실성이 컸기 때문이다. 그리고 이것은 고정자본의 장기회수가 불가피한 공업에서 한층 심각한 문제가 될 것이다. 따라서 힉스의 논리에 따르는 한, 신축적 가격시장은 공업의 비중 확대와 더불어 고정가격시장*으로 이행하는 합리적 이유를 갖게 될 것이다. 그런데 《가격과 자본》을 포함한 신고전학파이론은 신축적 가격시장*을 전제로 하고 있다. 한편 고정가격 아래에서는 수급이 수량으로 조정되기 때문에 실업자도 필연적으로 발생하게 된다. 케인스 경제학은 이 단계에 해당하는 것이 아닌가? 그렇다면 신고전학파종합이란 대상으로 하는 역사단계의 상이한 이론을 단순히 형식적으로 결부시키고자 하는 시도와 다를 바 없게 될 것이다. 힉스는 이와 같은 시사점을 남기고, 고정가격의 경제학으로 향해 가는 것이다.

《경제사의 이론》의 세세한 역사기술상 보이는 미비점을 지적할 필요는 없을 것이다. 이 책은 힉스가 자신의 경제이론의 현실적 기초를 철저히 추구한 결과로써 얻은 하나의 이론서인 것이다.

*** * ***

고정가격시장

과점·독점의 영향과 정가판매방식 등으로 인해 나타나는 수급불균형과 수급수준의 변화에 따라 가격이 그 때마다 민감하게 반응하지 않고, 고정적인 경향이 강한 시장이다. 따라서 수급불균형 등은 주로 생산량과 고용량 등 수량 변화에 따라 조정되는 것이다.

신축적 가격시장

가격이 수급불균형 등에 대해 민감하게 반응하고, 가격 바로미터기능이 교과서에 가까운 형태로 움직이고 있는 시장을 말한다. 농산물 등 1차산품 시장은 현재에도 이 경향이 강하지만, 공업제품 등의 시장에서는 고정가격시장이 일반적이다.

성장이론

─ 로버트 머턴 솔로(Robert Merton Solow, Growth Theory : An Exposition, 1970) ─

『풀을 심는 것이 경제학자의 일이라고 한다면, 새로운 풀을 심는 것도 좋지만 잡초를 제거해가는 작업이야말로 진정한 즐거움을 준다 할 수 있다.』

솔로(1924~   )는 1958년 이후 현재까지 매사추세츠 공과대학 교수로 있다. 1961년에는 케네디 대통령 경제자문위원회의 수석 경제학자로 근무하는 등 이론을 현실에 적용하는 데도 많은 노력을 기울였다. 경제성장이론에 대한 공헌으로 1987년 노벨경제학상을 수상하기도 했다. 위의 말은 그가 어느 곳에선가 한 말이다.

이 책은 「정원사」솔로의 「정원」 안내서다.

경제성장은 아주 최근 현상은 아니지만, 그렇다고 해서 옛날부터 있었던 현상도 아니다. 그것은 경제학과 마찬가지로 낡았으면서도 새로운 현상이다. 그렇지만 「경제성장이론」이라고 오늘날 불리고 있는 연구분야의 「씨앗」은 1939년에 해러드가 쓴 논문*으로 보아도 틀림없다.

해러드의 논문은 케인스의 《일반이론》의 동학화를 목표로 한 것이다. 케인스는 투자가 「유효수요의 원리」를 통해 산출량을 결정하는데 주목했지만, 해러드는 그것에 추가해 같은 투자가 경제의 잠재적인 생산능력을 증가시키는 데 주목했다. 「씨앗」이 된 논문의 「재료」는 케인스의 「열매」에 있었던 것이다. 해러드가 모종을 일군 첫번째 「씨앗」은 「경제가 자본의 과부족과 노동의 과부족을 함께 회피하면서 성장하는 경우 그 성장률은 어떤 조건에 따라 결정되는 것인가?」이고, 두번째 「씨앗」은 「불확실한 장래의 수요에 기업이 어떠한 형태로 대응할 때, 경제의 성장경로는 어떤 성질을 갖는가?」라는 것이다.

첫번째 「씨앗」으로부터 성장한 「풀」은 「한 나라의 저축률이 자본·산출비율과 노동력 성장률을 더한 것과 같지 않으면 안 된다」라는 것이다. 두번째 「씨앗」에서 성장한 「풀」은 「투자의 증가(감소)는 투자의 당연한 증가(감소)를 유발하기 때문에, 경제는 인플레이션(실업)이 끝없이 계속되는 상태에 빠진다」라는 것이다.

이와 같은 해러드의 「정원」을 조망할 때, 솔로는 「장소가 나쁘다고」 생각했다. 첫번째 「풀」의 주위에는 「잡초」가 자라고 있다. 거기에서는 「저축률, 자본·산출비율, 노동력 성장률 전부가 주어진 정수(定數)라고 가정되어 있다」는 것이다. 이 때 경제가 과잉설비와 실업을 수반하지 않고 성장하는 것은 「기적」이다. 두번째 「풀」은 어떠한가? 솔로는 다음과 같은 감상을 말하고 있다. 『그렇다면 현대 경제가 파탄도 보이지 않고, 일정한 저축률과 항구적인 성장을 유지할 수 있었던 요인은 무엇 때문일까?』

「자그마한 사업」으로서 「정원」의 조성은 시작되었다. 「정원사」는 먼저 「자본·산출비율은 정수다」라는 「잡초」를 제거하고 「자본시장과 노동시장은 완전경쟁적이며, 생산에서 자본과 노동의 완전한 대체가 발생해 자본·산출비율은 자유로이 변화할 수 있다」라는 「물」을 뿌렸다. 성과는 다음과 같다.

경제의 항상상태에서는 고용량·산출량·자본 스톡은 상호 일정한 비율을 계속 차지한다. 이들은 전부 동일한 비율, 외생적으로 주어져 있다고 가정되는 노동력의 성장률로 성장한다. 따라서 노동력의 성장률이 경제성장률의 유일한 결정요인이다. 요컨대 「장기적인 경제성장률은 저축률로부터는 독립적이다」*라는 놀라운 「풀」이 자라난 것이다. 「정원사」는 말한다. 『현대성장이론이 가져온 공헌 가운데 하나는 성장률의 변경을 노린 엉터리 정책논의에 트집을 잡는 것이었다.』 『공공정책을 통해 저축률을 상승시키면 좋다』라고 할 정도로 「정원일」은 단순하지 않았던 것이다. 그 뿐만이 아니다. 경제는 장기적으로 안정적인 성장경로에서 반드시 얻게 되는 산물을 만들어냈다. * 「풀」에는 「꽃」이 피어 있는 것이다.

「꽃」은 새로운 「씨앗」=「재료」를 가져온다. 대부분의 사람들이 「정원조성사업」에 참가했고, 많은 가지와 굵은 줄기를 가진 「나무」가 자라났다. 그러나 아무리 시간이 흘러도, 또 이 사람 저 사람이 「품종개량」을 시도해도 「꽃」은 피지 않았다. 어떤 사람에게는 「잡초」일지라도 다른 사람에게는 그렇지 않는 것도 있다. 사람들은 다른 장소에 새로이 만들어진 「정원」으로 사라져 버렸다. 이 책은 바로 그 즈음에 쓰여졌다

이 책에서 강조하고 있는 것은, 「정원」의 이야기는 「우화(parable)」, 즉 이론의 가장 중요한 요소를 부각시키기 위해 「만든 이야기」에 지나지 않는다는 것이다. 「정원」이란 「상자 속의 정원」이다. 따라서 『그것이 타당한 범위는 한정된 것일 수밖에 없다.』

그렇지만 이러한 것은 지금부터 10년 전의 일이다. 솔로의 「꽃」은

지나치게 아름답기 때문에, 「조화」가 아닌가라는 의심을 받았다. 『「경제성장률이 외생적으로 결정된다」라는 것은, 실은 중요한 경제성장을 설명하는 것은 아닐까?」라고 말이다. 결정적인 것을 전부 밖에서 운반해 온 「상자 속의 정원」에는 이제 누구도 만족할 수 없었던 것이다. 「들판(field)」에서는 수확도 늘어나고, 인구도 기술진보도 내생적이며, 성장률도 내생적으로 결정된다.

현재 「내생적 성장이론」이라는 「분야」는 문자 그대로 활짝 피어나고 있다.

＊＊＊

해러드의 논문
Roy F. Harrod, "An Essay in Dynamic Theory," *Economic Journal* 49 (March).

경제성장률은 저축률로부터는 독립적이다

이 때 자본과 노동의 완전고용이 실현된다. 그리고 산출량·소비·투자·저축·자본 스톡은 노동력 성장률과 같은 비율로 성장한다. 또 저축률로부터 독립하지 않는 것은 자본 스톡의 수준과 산출량의 수준이며, 저축률이 높으면 자본 스톡은 더 높은 수준이 되며, 산출량도 증가한다. 요컨대 저축률의 상승은, 경제가 새로운 장기균형에 도달할 때까지의 단기간에 한해 높은 경제성장을 가져온다.

경제는 안정적인 성장경제로 수습한다

이것은 다음과 같은 메커니즘을 따른다. 현재 자본의 완전이용을 실현하는 경제성장률이 노동력 성장률보다 크다고 한다. 이 때 노동자 1인당 투자는 노동자 1인당 자본 스톡을 일정하게 하는 투자보다도 크며, 노동자 1인당 자본 스톡은 증가한다. 이것은 자본에 비해 노동이 희소해지는 것을 의미한다. 이 때 자본의 한계생산성이 체감한다면, 임금과 자본의 임차가격 비율은 상승하며, 생산에서는 비교적 저렴한 자본이 비교적 높은 노동을 대체해 그 결과 자본·산출비율이 상승한다. 이것은 경제성장률을 노동력의 성장률에 일치할 때까지 저하시킨다. 반대의 경우에도 같은 논의가 성립된다.

사회과학이란 무엇인가

- 로이 포브스 해러드(Roy Forbes Harrod, Sociology, Morals and
Mystery, 1971) -

해러드의 이름은 현재 경제학계에서는 《동태경제학서설》(1948년)
에서의 「불안정성원리」와 결부되어 기억된다. 그러나 그는 단순한 경
제학자가 아니었다는 것을 강조해둘 필요가 있다. 실제로 그에게는
귀납법의 타당성 증명을 시도한 《귀납법논리의 기초》(1956년)라는
제목의 저서가 있다. 그 책이 철학자들에게 호의적으로 받아들여졌다
고는 말할 수 없다 해도, 그 자신의 사상체계 가운데에서는 경제동학
의 업적과 어깨를 나란히 할 정도의 중요한 위치를 점하고 있다. 그
리고 여기에서 들고자 하는 《사회과학이란 무엇인가》도 단순히 경제
학서라기보다는 사회과학 전반에 걸친 해러드의 교양과 지성이 담겨
있는 명저서다.

그러면 경제학자 해러드는 왜 《사회과학이란 무엇인가》라고 제목
을 붙인 저서를 쓴 것일까? 그것은 현대에서 사회연구가 유례 없는

중요성을 갖고 있음에도 불구하고, 사회관계에 대한 우리들의 이해가 진보하고 있다고 단언할 수 없기 때문이라고 한다.

예를 들면 현대 세계에는 한 지역의 슬럼화 경향, 심각한 주택부족, 저개발국에서 볼 수 있는 생활의 조직화와 부족의 전통적 습관과의 부조화 문제 등등 다양한 문제가 산적해 있어 그 해결이 요청되고 있다. 그러나 『우리는 그것에 직면하고 있는 것일까? 정직하게 말해 나는 상당히 불안하다』라고 해러드는 말했다.

물론 경제학의 세계에도 게리 베커(Gary Becker, 현 시카고 대학 교수)와 같이 사회문제(결혼·범죄·인종차별 등)를 신고전학파 가격이론의 응용으로 해결하고자 하는 입장도 있다. 이른바 「경제학 제국주의」*의 입장이다. 그러나 그와 같은 사고방식에는, 경제학이 다른 사회과학과 비교해 훨씬 진보한 상태에 있다고 하는 불손한 태도가 깃들여 있는 것은 아닐까? 그리고 《사회과학이란 무엇인가》의 해러드도 또한 같은 불만을 안고 있는 것이다.

이를테면 그는 런던에 있는 기존의 공항(히드로 및 게트윅)에 이어 제3공항 부지를 결정하는 문제를 예로 든다. 이와 같은 문제를 경제학이 가르치는 대로, 단지 자유시장에 맡기는 것만으로 해결할 수 있을까? 해러드는 단호히 그렇지 않다고 한다.

『자유시장학설에 따르면 부지의 선정은 필요로 하는 토지의 가치, 또는 A나 B의 부지에서 공항을 경영했을 경우의 기술적 비용, 이 두 가지에만 의존한다. 대부분의 경우와 같이 토지가 사유지라면, 지주가 독점가격을 요구하는 것을 방지하는 법률상의 보호조치가 있을 것이다. 그러나 이것으로 이야기가 끝났다고는 생각하지 않는다. 부지의 다른 측면은 어떠할까? 파괴되는 전원, 이미 변해가고 있는 농촌생활, 사회 패턴, 교육시설, 비행기 이착륙으로 발생하는 많은 사람들의 고통, 그러한 것은 어떻게 될까? 이러한 문제는 시장경제적 견해에 따르면, 부지선택을 결정하는 두 가지 가치 가운데 포함되어 있지 않다. 소음의 문제도 있다. …이런 문제를 정확히 결정하는 데는 「비용편익」분석이 필요하다. 이 점에서 경제학자는 사회학자를 의지해야 한다. 그리고 많은 것을 책임져야 하는 태도가 필요하다』.

요컨대 해러드는 사회문제를 완벽하게 해결하려면 경제학자가 다른 사회과학의 영역으로부터 진지하게 배우는 태도를 몸에 익혀, 사회관계에 대한 이해를 넓혀가지 않으면 안 된다고 주장한다.

그러나 사회관계에 대한 이해를 깊이 한다 해도, 그것은 미묘한 문제를 포함하고 있을지도 모른다. 왜냐하면 그것은 사람의 감정을 떠나서는 있을 수 없기 때문이다. 해러드에 따르면, 어떤 사람이 받는 인상과 그의 행위 사이에는 「감정」이라는 매개항이 개입하기 때문에 감정을 무시하고 인상과 행위를 직접 결부시키는 법칙을 만드는 것은 아주 곤란하다고 한다. 그러면 어떻게 하면 좋을까? 해러드는 훌륭한 문학작품을 읽으라고 충고한다. 왜냐하면 문호의 걸작에는 사회관계에 영향을 미치는 인간의 감정을 이해하는 데 유용한 재료가 풍부하게 포함되어 있기 때문이다.

『작가들은 감정이라는 것, 즉 사회관계에 중요한 역할을 수행하는 감정에 특별한 관심을 갖고 있다. 때때로 그들은 신비 그 자체조차 설명하려고 한다. 아무튼 그들은 인간의 신비감과 인간 감정과의 뒤얽힘에 관해 무언가를 이해하고 있는 것이다』.

현대의 경제학자는 자연과학의 방법을 모방하는 것이 「과학」으로의 길이라고 믿고 있는 것 같다. 그러나, 《사회과학이란 무엇인가》의 해러드는 그와 같은 흐름에 저항해 사실관찰로 얻은 많은 지식과 인간성에 대한 깊은 이해야말로 사회과학자에게 필수적인 요소라고 호소하고 싶었던 것이다.

＊ ＊ ＊

경제학 제국주의

　1992년 베커는「미시경제분석의 영역을 인간의 행동양식과 상호작용이라는 비시장적 분야에까지 넓힌」업적으로 노벨경제학상을 수상했다. 그러나 그의 방법론은 어떠한 사회현상을 대상으로 하든지 기본적으로 동일하다. 요컨대「합리적 경제인」을 가정해 그가 어떤 사회행동으로부터 얻어지는 편익과 그것에 수반하는 비용을 비교한 뒤, 그 행동을 취할 것인가의 여부를 합리적으로 결정한다는 것이다. 베커는 이와 같은 방법론을 결혼·범죄·인종차별 등 광범위한 사회현상에 적용했지만, 이것은 말하자면「경제학 제국주의」적인 방법론이라고 할 수 있을 것이다. 해러드는 본문에서 설명한 바와 같이 사회현상에 대한 이와 같은 어프로치에 비판적이다.

일반균형분석

-케네스 조제프 애로 / 프랭크 H. 한(Kenneth Joseph Arrow & Frank H. Hahn, General Competitive Analysis, 1971) -

애로(1921~   )는 현재 스탠퍼드 대학 교수로, 일반균형가격의 존재증명과 불확실성의 경제학에 대한 커다란 공헌으로 유명한 인물이다. 또 한(1925~   )은 현재 케임브리지 대학 교수로, 일반균형가격의 안정성 분석과 화폐의 기초이론에 대한 중요한 공헌으로 유명하다.

이 애로=한의 《일반균형분석》은 모든 시장을 동시에 청산하는 일반균형가격체계가 존재하기 위해 소비자의 수요함수(대응)와 생산자의 공급함수(대응)가 충족해야 할 다양한 수학상의 성질, 또는 소비자의 선호와 생산자의 기술이 충족해야 할 다양한 수학상의 구조를 위상수학과 볼록집합 이론을 사용해 분석하는 것을 그 목적으로 하고 있다. 이 점에서는, 우리가 이 책에서 소개하고 있는 드브뢰의 《가치론》과 그 분석내용 및 분석방법을 같이하고 있다. 그렇지만 1971년 출판된 《일반균형분석》은 12년 전인 1959년 출판된 《가치론》을 단순히 「두번 우려낸 것」으로서 (또는 마르크스의 말*을 빌리면 단순히 속이 빤히 들여다보일 정도의 일을 하기 위해) 경제학의 세계에 등장한 것은 아니다. 우리는 두 권의 책 사이에서 표면적인 평행선과는 다른, 지향성의 큰 차이를 읽을 수 있다. 이것을 아래에서 두 가지로 나누어 간단히 설명하기로 하자.

《일반균형분석》을 《가치론》과 비교할 때, 특히 두드러진 첫번째 특징은 이 책이 일반균형이론, 특히 완전경쟁이론의 「사상」으로서의 의의를 크게 강조하고 있다는 것이다. 잘 알려져 있는 바와 같이 완전경쟁이론이란 가격지배력을 전혀 갖고 있지 않은 모든 경제주체가 가격정보에만 의존하여 가장 유리하다고 생각하는 경제적인 의사결정을 제멋대로 내리는 「분권적」 경제가, 직감에 반해 모든 경제주체의 의사결정이 상호 정합적인 「균형점」을 갖고 있으며, 나아가 그 「균형점」은 파레토의 의미로 「최적」이라는 것을 수학적으로 증명한 경제이론이다. 사실 애로와 한은 이 완전경쟁이론이 애덤 스미스 이후 사회사상이 지녔던 최대의 난제(눈에 보이지 않는 손! 의 해명)를 수학적으로 훌륭하게 해결한 경제이론이라고 생각한다. 즉 여기서 애덤 스미스는 사회적인 「선(善)」이 미리 모든 주체를 이끌 수 없으면, 전체적인 「계획」이 미리 모든 주체에게 결정된 역할을 할당할 수도 없는, 모든 주체가 자기중심적이며 이기적으로 행동하고 있는 사회가 어떻게 하여 완전한 무정부상태(카오스)에 빠지지 않고 안정된 질서를 유지하고 있는지를 해결했다는 것이다. 그렇기 때문에 일반균형가격의 존재문제, 일반균형가격이 「존재하는가 존재하지 않는가(to be or not to be)」*라는 문제는, 경제사회의 성립 문제, 인간이 「살아야 하는가 죽어야 하는가(to be or not to be)」라는 문제에 필적하는 커다란 문제라고 할 수 있다.

　《일반균형분석》을 《가치론》과 비교했을 때, 특히 두드러진 또 하나의 특징은, 이 책이 일반균형이론의 「방법」으로서의 의의를 크게 강조하고 있다는 것이다. 《가치론》과 《일반균형분석》을 읽고 비교해보면 곧 알 수 있듯이, 《가치론》이 「볼록」의 선호집합과 생산집합(보통의 볼록 무차별곡선의 선호를 가진 소비자와 보통의 수확체감기술을 가진 생산자)을 가진 완전경쟁 「균형」의 「존재」증명과 그 후생상의 성질에 분석의 초점을 맞추는 데 비해 《일반균형분석》은 「비볼록」의 선호와 생산집합을 가진 경제의 분석, 균형해의 「일의성」·「안정성」 분석, 「불균형」 경제, 그 위에 「케인스」 경제의 분석을 동시에 다루고 있다. 말할 필요도 없이 이것은 《가치론》보다 12년 뒤에 등장한 《일반균형분석》이 《가치론》과 비교해 단순히 폭넓은 내용을 포함하고 있다는 의미는 아니다. 애로와 한은, 「일반균형」 분석방법이 다른 경제분석의 방법, 예를 들면 마셜류의 「부분균형」 분석방법과 비교해 훨씬 「일반적」인 분석방법이라고 생각한다. 말할 필요도 없이 애로와 한에게 「부분균형」 분석*이 그 분석대상을 단 하나의 시장 내부에 짜넣어 문자 그대로 「부분」적인 분석방법임에 비해, 「일반균형」 분석은 모든 경제주체 간, 모든 시장 간의 상호작용을 빠짐없이 분석하는, 이것 또한 문자 그대로 「일반적」인 분석방법이기 때문이다. 《일반균형분석》이 완벽한 경제분석이라면 그 분석대상의 범위는, 「비볼록」 환경이든 「불균형」 경제든 또는 「거시」경제든 간에, 모두 「일반균형」 분석이라는 「엄밀」하게 「일반적」인 방법에 기초해 통일적으로 분석되지 않으면 안 된다는 애로＝한의 「방법」론상의 태도를 확실히 표명하고 있는 것이다. 그리고 덧붙여 말하자면, 이와 같은 태도는 현재 경제학자 사이에서 지배적인 것으로 간주되고 있다.

＊＊＊
마르크스의 말

『헤겔(Hegel)은 세계사의 큰 사건과 큰 인물은 다시 나타난다고 말했다. 단, 그는 첫번째는 비극으로, 두번째는 희극으로 나타난다는 부연 설명을 잊어버렸다. 조르주 자크 당통(Georges Jacques Danton) 대신에 코시티에르, 로베스피에르(Robespierre) 대신에 C. 루이 블랑(C. Louis Blanc), …큰아버지 대신에 조카.』(마르크스의 《루이 보나파르트의 브류멜 18일》). 일반균형이론의 역사에 맞추면, 드브뢰 대신에 애로＝한 인가? 아니, 그렇지 않다는 것이 위에서 소개한 취지다.

햄릿의 말

"to be or not to be, that is the question."

애로＝한은 이 말을 시장균형(제2장)을 다룬 장의 머리말에서 인용하고 있다. 이 책의 각 장 머리말에는 그 장에 어울리는 고전이 인용되어 있어, 애로＝한의 교양의 깊이를 느끼게 한다. 이를테면 경쟁균형의 「일의성」을 다룬 제9장 머리말에는, 새뮤얼 콜리지(Samuel Coleridge)의 《노수부행(老水夫行, The Ancient Mariner)》에서 다음과 같은 말이 인용되어 있다. "Alone, alone, all, all alone, Alone on a wide, wide sea."

「부분균형」분석

정확히 말해 여기에서 말하는 「부분균형」분석은 마셜류의 것이며, 마셜 자신의 것은 아니다. 마셜 자신의 부분균형분석은 여러 가지로 복잡하다. 마셜의 연구서를 참조하기 바란다.

고용과 성장

-리처드 퍼디넌드 칸(Richard Ferdinand Kahn, Selected Essays on Employment and Growth, 1972)-

칸(1905~89년)은 런던에서 재정장학관의 아들로 태어났다. 케임브리지 대학에서 수학과 물리학을 전공했지만, 곧 경제학으로 전환했다. 졸업 뒤에는 모교에서 교편을 잡았다. 경제이론에 관한 칸의 저서는 많지 않다. 그러나 1931년 〈이코노믹 저널(Economic Journal)〉지에 게재한 논문에서는 승수이론을 정식화하고 재정정책의 효과를 제시해 케인스의 《일반이론》을 형성하는 데 중요한 역할을 수행했다. 또 영국과 서유럽 등의 경제정책과 케임브리지 대학 등의 재정운영에 관해서도 중요한 역할을 했다.

《고용과 성장》은 고용과 성장에 관한 논문집이다. 제1장의 「국내투자와 실업에 대한 관계」는 앞에서 설명한 1931년의 논문을 수록한 것이다. 제1차 고용에 흡수된 사람들에 대해 임금증가(W), 이윤증가(P), 수입증가(R)가 있다고 하자. 임금(W)이 mW, 이윤(P)이 nP의

고용증가를 가져올 때, 노동자 1인의 고용증가는 새로이

$$\frac{mW+nP}{W+P+R}=k(\text{사람})$$

의 고용증가를 가져올 것이다. 이러한 과정이 계속된 결과, 제1차 고용이 한 사람 증가하면, 제2차 고용은 전체적으로 $\dfrac{k}{1-k}$ 사람만큼 증가한다. 또 실업자가 고용되면, 그의 소득증가는 임금(W)과 실업수당(U)의 차액과 같다. 노동자의 소득증가 1단위에 대한 고용증가 비율을 m' 라고 한다면,

$$m'(W-U)=mW$$

$$\therefore\ m=m'\left(1-\frac{U}{W}\right)$$

가 된다. 그 때문에 고용승수는 임금에 대해 실업수당이 낮을수록 커지는 것이다. 또 칸의 승수이론은 고용에 관한 승수이론이며, 《일반이론》의 소득에 관한 승수이론과는 형식적으로 다르다.

　제2~7장의 논문에서는 주로 화폐적인 문제를 다루고 있다. 그 가운데 제4장의 「유동성 선호에 관한 약간의 각서」는 《일반이론》의 또 하나의 기둥이랄 수 있는 유동성선호설을 다루고 있다. 각각의 증권에 대한 공중의 수요는 이자율의 격차에 따라 변화하기 때문에 단기이자율과 장기이자율의 격차는 일정 한도 이상으로 벌어지지 않는다. 그러나 불확실성이 존재하는 경우, 이 폭은 공중이 보유하는 증권의 비율에 따라 변화한다. 그 때문에 은행이 단기·장기 증권시장에서 유통량을 변화시키면 이자율이 변화한다. 또 장기증권을 매각하는 것도 가능하기 때문에 장기증권의 수익률도 불확실한 것이다. 이와 같은 칸의 이론은, 장기이자율이 단기이자율의 평균에 따라 결정된다는 힉스 등의 이론을 비판한 것이다.

제7장의 「래드클리프(Radcliffe) 위원회 제출 증언각서」에서는 화폐정책의 유효성이 문제가 된다. 칸은 이자율의 저하, 은행신용의 공급제한, 투자자금 조달의 어려움 등 유동성에 관한 세 가지 경로를 통해서만 금융정책의 효과가 발휘된다고 주장한다. 다른 한편 명목적인 화폐수량은 그 자체로서는 중요하지 않다. 이러한 사고는 제4장의 이론을 연장한 것이다. 또 인플레이션은 화폐임금률, 경제의 효율성, 수요에 따라 발생한다. 확실히 순수한 「수요 인플레이션」에서는 인플레이션의 대책으로써 수요의 긴축이 필요하다. 그렇지만 이러한 상태는 드물며, 통상의 상태에서는 임금률의 상승을 억제해야 한다. 이와 같은 칸의 주장은 〈래드클리프 보고〉*에 채택됨과 동시에, 1980년대 칼도어의 머니터리즘 비판의 내용을 앞지른다는 점에서도 중요하다.

제8~10장은 성장의 문제를 다루고 있다. 이 가운데 제10장의 「이자율과 기업의 성장에 관한 각서」에서는 로빈 L. 매리스(Robin Lapthorn Marris)와 애드리언 우드(Adrian Wood)의 과점기업 성장모델을 다루고 있다. 기업이 투자를 하려면 이윤에서 유보되는 내부자금, 또는 새로운 주식 발행을 통해 조달되는 외부자금이 필요하다. 따라서 주식 가치와 기업 가치의 비율(v)이 장기적으로 일정하다고 한다면, 기업 가치의 성장률(g)은,

$$g = r\pi + \frac{V\dot{N}}{N}$$

이 된다. 또 r은 내부유보율, π는 이윤율, $\dfrac{\dot{N}}{N}$은 주식발행수의 증가율을 나타낸다. 또 이자율은 배당수익률과 주가의 상승률과 같으므로

$$i = \frac{1}{V}(1-r)\,\pi + \frac{\dot{P}}{P}$$

이다. $\dfrac{\dot{P}}{P}$는 주가의 상승률을 나타낸다. 주가상승률은 기업의 성장률

과 발행주식의 증가율의 차이와 같으므로, 위의 두 식을 정리하면,

$$V = \frac{\pi - g}{i - g}$$

가 된다. 따라서 수익률이 이자율보다도 높은 경우에는 성장률이 높을수록 기업의 평가비율이 상승하는 것이다.

*** * ***

래드클리프 보고(Radcliffe Report)

1959년 제출된 영국의 금융제도에 관한 보고서로, 정식명칭은 〈영국 화폐제도의 작용에 관한 위원회 보고〉다. 화폐수량설을 거부하고, 유동성을 중시하는 등 중요한 논점을 제기했다. 그러나 정책적으로 반드시 받아들여졌다고 보기는 어렵다.

화폐경제이론

－폴 데이비드슨(Paul Davidson, Money and the Real World, 1973,
2nd ed., 1978)－

경제학의 거인인 케인스가 진정으로 의도했던 것은 도대체 무엇이
었을까? 이 질문은 경제학설사상 매우 중요하지만, 아마 영원히 결
론을 내릴 수 없을 것이다.

이 책의 저자인 데이비드슨은 1930년 태어나, 펜실베이니아 대학
에서 학위를 취득했다. 그 뒤 〈저널 오브 포스트 케인지언 이코노믹
스(Journal of Post Keynesean Economics)〉지의 편집자로 근무하는
등 미국 포스트 케인지언의 대표적 논자로서 활약했다. 이를테면 거
시경제이론의 연구자임과 동시에 에너지 문제의 전문가이기도 하다.

그런데 한 마디로 포스트 케인지언이라 해도 여러 가지 견해가 있
다. 미국에서는 이른바 신고전학파종합의 견해가 강했지만, 데이비드
슨은 그것을 거부한다. 또 R. W. 클라워(R. W. Clower)와 J. P. 베
나시(J. P. Benassy) 등과 같이 임금·가격의 고정성으로부터 케인

스적 과소고용균형*을 도출하는 견해에도 가담하지 않는다. 그 자신은 토빈·패틴킨 등 신고전학파와 로빈슨·칼도어 등 좌파 케인지언의 중간에 위치하고 있다고 생각하는 것 같다. 금융 면을 강조하는 점에서는 하이먼 P. 민스키(Hyman P. Minsky)에 가깝다고 할 수 있을 것이다.

데이비드슨은 자신의 논의를 진행하는 데에 케인스의 《일반이론》(1936년)뿐만 아니라 그 뒤 올린 등과의 논쟁*에서 제시한 논문과 《화폐론》(1930년)도 중시한다. 이 점은 《일반이론》에 상당히 큰 비중을 둔 민스키와는 조금 다르다. 특히 올린의 《일반이론》 비판에 답한 1937년 논문 가운데 제시된 화폐수요의 금융적 동기에 대한 논의를 비중 있게 다루고 있다.

케인스가 불확실성과 확률이 낮은 것을 구별한 것은 유명하지만, 현실의 경제는 불확실성으로 가득 차 있다. 특히 투자라는 장래에 대한 의사결정을 할 때에는 이 불확실성의 요소를 무시할 수 없다. 시간은 역사적으로 불가역적으로 흐르기 때문에, 일단 체결한 계약은 그 뒤 사태의 추이에 따라서는 해약과 재계약이 불가능하다. 따라서 투자와 같이 경제주체의 장래 행동을 제약하는 경우에는, 그 성과가 나타나기 전까지는 정확히 상황을 파악할 수 없기 때문에, 불확실성에 대해 사람들이 어떻게 행동하고 있는가가 아주 중요해진다. 데이비드슨은 케인스와 같이 『화폐의 중요성은, 본질적으로 그것이 현재와 장래를 이어주는 연결고리라는 점에서 생겨나는 것이다』(케인스의 《화폐론》)라고 생각한다. 그리고 화폐를 단위로 하여 장래에 관계하는 선물계약을 체결함으로써 불확실성의 몇 가지를 헤지(hedge)하고 있다고 생각한다. 확실히 선물시장이 잘 정비되어 있는 재화는, 현실 경제에서는 그 수가 적다. 그러나 선물거래를 관념적으로 널리 파악하는 것으로, 케인스의 《화폐론》에서 전개된 선물거래와 차액

[역주] 생산자가격에 집하·저장·수송비용 등을 더한 코스트가격이 소비자가격을 상회하는 것)의 논의를, 《일반이론》의 도구를 사용해 투자이론으로 전개하고 있는 것이 이 책의 중심내용 중 하나다.

자본재에 대한 수요는 자본재 스톡에 대한 수요와 현존 자본재에 대한 플로(flow)의 보전수요(감모분 보전 등)의 두 가지로 구성되어 있다. 이것들은 기업가가 장래에 갖고 있는 기대, 이자율 등 금융 상황에 따라 결정된다. 이에 대해 공급도 스톡 공급과 플로 공급으로 나뉜다. 전자는 현존 자본재의 양으로, 전적으로 비탄력적인 공급이다. 이에 비해 후자는 새로이 자본재를 생산하는 부분이다. 또 자본재의 플로 수요와 공급은 자본재의 생산에 시간이 걸림으로써 선물거래로 분류된다. 이 때 스톡 수급만으로 결정되는 현물시장에서 결정되는 가격과 선물시장에서 결정되는 가격을 비교해 전자가 후자를 상회하는 차액이 생기는 경우에는 자본축적이 발생하고, 반대로 전자가 후자를 하회할 때에는 자본은 축적되지 않는다. 여기에서 각각 자본재 생산의 특성을 가미해, 현대 자본주의의 투자결정 메커니즘을 설명해가는 것이다. 기술적으로 말하면 토빈의 q이론* 등과 마찬가지로 자본재에 대한 평가와 자본재의 공급가격 비교로 투자를 설명하는 것이지만, 데이비드슨의 경우에는 기업가 자신의 자본재에 대한 평가에 우선권(priority)가 주어져 있는 점이 특징적이라고 말할 수 있을 것이다.

그리나 이와 같은 선물서래는 화폐로 계약이 이루어지기 때문에 화폐가치가 어느 정도 안정되지 않으면 안 된다. 그러려면 화폐임금이 경직적이어야 한다. 이것은 케인스가 《일반이론》에서 주장한 것이기도 하다. 실업은 화폐임금이 경직적으로 되기 때문에 발생하는 것은 아니다. 오히려 화폐임금이 경직적으로 됨으로써 자본주의가 안정된다는 것이다.

《화폐경제이론》은 케인스의 《화폐론》에서 상세히 전개된 금융분석과 《일반이론》에서 제시된 자본주의의 운행 메커니즘을 포스트 케인지언 스타일로 종합한 수작이라고 할 수 있을 것이다.

＊＊＊

과소고용균형

베나시와 클라워는 어떤 종류의 이유로 인해 일반균형이론과 같은 결과를 얻을 수 없다는 점에서 과소고용균형의 성립을 이론적으로 제시했다. 최근에는 뉴 케인지언들이 임금·가격이 경직적으로 되는 이유를 개인의 합리적 행동으로부터 도출해 과소고용균형이 발생하는 것을 나타내고 있다. 그러나 데이비드슨을 비롯한 사람들은, 케인스가 제시한 결론은 가격의 경직성에서 도출하고 있는 것은 아니라고 한다. N. 그레고리 맨큐(N. Gregory Mankiw)의 《거시경제학(Macroeconomics)》을 참조하기 바란다.

올린 등과의 논쟁

'The Ex-Ante Theory of the Rate of Interest', *Economic Journal*, VOl. 47, 1937. 에서 케인스는 올린에게 자극을 받아 《일반이론》에서 제시한 화폐의 거래수요를 확대해 금융수요를 추가했다. 이것은 케인스가 말하는 투자와 저축의 균형 메커니즘이 자금의 수급(대부자금설)과는 다른 것임을 나타내기 위해 추가된, 중요한 이론적 변경이다.

q이론

토빈의 《거시경제학의 재검토》를 참조하기 바란다.

자유의 한계

-제임스 맥길 뷰캐넌(James McGill Buchanan, The Limits of Liberty, 1975)-

　뷰캐넌(1919~　　　)은 테네시 대학과 시카고 대학에서 공부하고, 1956년 버지니아 대학 교수, 1969년부터 공공선택연구소의 총괄고문을 맡았으며, 1986년 노벨경제학상을 수상했다. 현재는 조지메이슨 대학 교수로 있다. 뷰캐넌은 시카고학파의 경제이론을 제퍼슨(Thomas Jefferson)적 자유주의와 입헌주의적 제도론에 근거를 두고자 한다. 이 책의 주제는 개인주의를 전제로 한 사회에서 국가의 존재의의를 찾는 것이다. 이것은 플라톤 이래 로크, 홉스, 그리고 루소 등의 주요 주제였으며, 현대 미국 자유주의의 문맥으로 볼 때 그 의의는 크다.

　개인을 출발점에 두고 그 자유를 무엇보다도 우선하고자 한다면, 정치체제는 필연적으로 무정부적으로 된다. 그리고 각 개인이 다른 사람의 인격을 완전히 존중할 수 있다면 그것은 이상적인 무정부상태

가 될 것이다. 그러나 슬프게도 우리는 다른 사람의 모든 행위를 받
아들일 수 있을 정도로 너그럽지는 않다. 사람들의 행동이 양립할 수
없는 경우가 생기기 때문에, 먼저 각각의 재화에 소유권을 설정하고
시장에서 거래를 함으로써 최적의 배분을 결정하는 방법을 생각하게
되었다. 이 방법을 소유권 어프로치*라고 한다.

뷰캐넌도 이 방법은 부정하지 않는다. 여기에서 사람들의 권리를
누가 설정하고 누가 준수하는가라는 문제가 발생한다. 이것이 국가의
가장 큰 존재이유이며, 그것을 뷰캐넌은 수호국가라 한다. 국가의 권
한은 항상 각 개인의 계약에 기초한 권리의 이양에 의지해 유지되고
있다. 이것을 기초적 입헌계약이라고 한다. 사람들은 자유의 부분적
인 포기와 교환으로 남은 권리의 보호자(즉 국가)를 손에 넣는 것이
다. 수호국가는 각 개인의 권리 보호를 포함한 다양한 규칙을 유지하
기 위해 일한다. 준수되어야 할 규칙은 국가 그 자체가 결정하는 것
이 아니라, 인간 상호관계 속에서 생겨날 수 있지만, 그 유지에는 강
제를 포함한 제약이 필요할지도 모른다.

또 무임승차가 예상되는 공공재의 공급에서도 정부의 역할이 기대
될 것이다. 누군가가 다시 비용을 지불해 재화를 구입했는데 다른 사
람들도 추가비용 없이 그것을 이용할 수 있는 경우, 먼저 부담하고자
하는 사람은 없어지게 된다. 이런 면에서 기능하는 국가를 뷰캐넌은
생산국가라 한다. 국가는 사람들로부터 세금을 징수해 그것을 바탕으
로 공공재의 거래를 촉진하거나 스스로 공급하고자 한다. 뷰캐넌의
공적 가운데 하나는 이와 같은 공공재의 정치경제학적 취급을 게임이
론을 사용해 명료하게 밝힌 것이다.

국가는 사람들의 목적 추구를 위해 행동하지만, 그 과정에서 의사
결정방법의 문제가 부상하게 된다. 국가의 권리가 모든 사람들의 권
리 이양에 따라 뒷받침되는 것이라면, 무엇보다도 전원일치를 얻는

것이 바람직하다. 그러나 전원의 동의를 얻는 데 막대한 비용이 드는 경우, 편의적인 의사결정방법이 필요할 것이다. 그렇지만 전원일치가 아닌 한, 어떠한 방법을 선택했다 해도 그 결정 때문에 불이익을 받는 사람이 생겨난다. 국가는 그 결정에 따라 이익을 얻는 사람들과 손해를 입는 사람들 사이의 이익의 양을 골고루 나누지 않으면 안 되며, 때로는 반대하는 사람들에게 강제를 하지 않으면 안 된다.

나아가 국가는 입헌시에 체결된 규칙을 파괴하는 자를 처벌하지 않으면 안 된다. 그렇지만 그 처벌의 규정을 순수한 민주주의체제 아래에 둔다면 개개인의 감정적인 반응에도 좌우될지도 모른다. 따라서 규칙의 강제에는 외부적 강제기관이 필요할 것이다. 이들의 역할을 담당하기 위해 국가가 필요하게 되면, 거기에서 국가를 어떻게 제어해야 할 것인가라는 문제가 발생한다.

뷰캐넌은 현행 민주주의적 의사결정제도는 그 억제를 위한 유효한 수단이 될 수 없다는 것을 지적한다. 우리는 전원일치가 불가능한 경우에는 다수결 원칙에 따라야 하지만, 그것은 항상 불만을 가진 사람들을 낳게 된다. 민주주의적 의사결정과정의 문제점은 그것이 효율성의 추구로 움직이는 것이 아니라, 참가자가 바라는 것을 달성하기 위해서만 기능한다는 점에 있다. 그 과정에서는 다수파의 불이익이 되는 결정이 이루어질 리 없고, 무제한의 확대만이 행해진다. 뷰캐넌=와그너의 정리*로 알려진 이 확대과정은 간접민주주의가 채용되는 경우에는 한층 악화된다. 사적이든 공적이든 간에, 대리인으로서의 관료와 정치가가 자기부정으로 연결되는 축소정책을 제안할 이유는 없기 때문이다.

뷰캐넌은 입헌계약 후 국가의 억제는 전혀 불가능하다고 생각하고 있는 것 같다. 입헌계약 후의 조정은 입헌시 계약의 단기적 재량적 변경으로 이루어질 수밖에 없는데, 이것은 리바이어던(Leviathan)*

의 미끼(餌)밖에 없다. 자유의 한계를 초월하고 간섭주의의 압정(壓政)을 피하는 데는 입헌시 권리양도계약의 재확인과 엄밀화를 통하는 길 외에 다른 방법은 없다. 표면상의 수정이 아니라 「헌법혁명」이 필요하다는 것이 뷰캐넌의 결론이다.

* * *

소유권 어프로치

시장에서는 거래되지 않는 외부재에 소유권을 설정함으로써 시장에서 최적공급량을 설정하는 것을 가리킨다. 예를 들면 배기가스 배출량의 총량을 미리 제한해 단위당 가격을 설정한다. 한 단위의 배출량을 배출권으로 하여 시장에서 매매하는 것이다. 시카고학파는 이 방법이라면 정부의 개입을 최소한으로 줄여 공해 문제를 해결할 수 있다고 주장한다.

뷰캐넌＝와그너의 정리

두 사람의 공저인 《적자재정의 정치경제학》(1984년)에서 제기된 주장으로, 민주주의적 의사결정과정 가운데서는 경기가 과열되고 있을 때에도 사람들이 좋아하지 않는 긴축정책을 채택할 수 없다는 주장이다. 케인스적 경기 컨트롤에 대한, 피할 수 없는 비판이 되고 있다.

리바이어던

본래 성서에 나오는, 세계를 파멸시키는 거대한 물고기를 말한다. 홉스가 저서 《리바이어던》에서 비대화한 권력을 가진 국가를 괴물로 비유한 이래 자유주의자들에 의해 자주 사용되었다.

경제학의 신화

- 니콜라스 조제스쿠 뢰겐 (Nicholas Georgescu-Roegen, Economic Myths, 1976) -

「표준적 경제학」은 경제를 영원히 반복되는 순환적인 흐름으로 묘사하고 있다. 「표준적 경제학」에 대한 조제스쿠 뢰겐*의 비판의 중심은 이 점에 있다. 요컨대 생산요소가 가계로부터 기업으로 흐르고, 생산물이 기업으로부터 가계로 흐르는 형태로 재화의 순환을 묘사하고, 화폐는 그것과 반대 방향으로 흐르면서 역시 순환하고 있다고 한 도식을 비판한 것이다. 그가 이러한 근본적인 비판을 품고 있었던 이유는, 순환적인 견해로는 경제의 중요 문제를 파악할 수 없다고 생각했기 때문이다. 그 중요 문제란 곧 자원과 환경오염 문제다.

조제스쿠 뢰겐은, 표준적 경제학이 이와 같은 순환적인 경제상을 가진 원인을, 신고전학파의 창시자들이 역학 모델에 길들여져 경제학을 구성하려고 한 데서 찾았다. 역학이 다루는 것이, 시계추 운동과 같이 본질적으로 가역(可逆)적인 운동이기 때문이다. 이에 대해 그는 열역학에 기초한 경제학을 제창했다. 그는 열역학이야말로 물리학 가운데 유일하게 불가역한 현상을 다루는 학문이며, 신과 사람의 동형동성설(anthropomorphic) 물리학이며, 「경제적 가치의 물리학」이라고 한다.

이러한 열역학의 특징은 「열역학 제2법칙」에 집약되어 있다. 이 법칙은 자연에서는 열이 뜨거운 물체에서 차가운 물체로 흐르며, 반대 방향으로는 흐르지 않는다는 사실을 「엔트로피」라는 개념을 사용해 정식화한 것으로, 「엔트로피 법칙」이라고도 한다. 엔트로피는 열역학 계의 이용 불가능한 에너지 양을 나타내는 지표이며, 엔트로피 법칙은 『고립된 계(系)의 엔트로피는 증대한다』라고 표현된다.

반드시 증대한다는 성질이 불가역성을 나타내고 있으며, 이 불가역성은 생물과 인간의 경제과정도 피할 수 없다. 생물과 경제과정이 같은 것을 반복하고 있는 것처럼 보이는 이유는, 그것이 끊임없이 외계로부터 저엔트로피 자원을 도입하고 고엔트로피 폐물을 외계에 버리는, 개방된 계이기 때문이다. 경제과정에서는 석유 등의 화석연료를 저엔트로피 자원이라고 하며, 그것을 소비한 뒤의 탄산가스와 각종 폐기물—— 환경오염 물질을 포함한다 —— 을 버려지는 고엔트로피라고 한다.

따라서 저엔트로피의 천연자원을 외부로부터 도입해 엔트로피를 외부에 폐기하는 것은 경제과정의 존속에서 불가결한 것이다. 그런 관점에서 『천연자원을 다른 요소—— 자본과 노동—— 로 대체할 수 있다』라는 솔로의 논의는 부정된다. 조제스쿠 뢰겐에 따르면, 자본의 증대는 자본 스톡 유지를 위해 점점 많은 천연자원을 필요로 하는 것이다.

이러한 경제과정의 파악방법을 통해, 완전한 리사이클은 불가능하다든가, 제로 성장의 정상경제도 영원히 존속할 수는 없다고 하는 명제가 도출된다. 덧붙여 화석연료를 대신하는 에너지로 인기가 높은 태양 에너지의 이용에 관해서도 열역학적으로「자립할 수 있는 기술」은 아니라는 논의를 전개하고 있다.

이와 같이 《경제학의 신화》*는 표준적 경제학과 그 통속적 해석에 내재되어 있는 몇 가지 신화를 폭로했다. 거기에서 나아가 조제스쿠 뢰겐은 표준적 경제학에 대신하는, 엔트로피 법칙을 기초에 둔 경제학을 구축하고자 한 것같이 보인다. 일본에서도 조제스쿠 뢰겐의 주장을 따라 다마노이 요시로(玉野井芳郎) 등이「광의의 경제학」을 구축하려고 하였으나, 성공하지 못했다.

그 이유는 엔트로피 법칙이「자연법칙 가운데 가장 경제적인 법칙」이라 해도 역시 물리법칙이라는 것이다.「엔트로피 법칙이 경제적 희소성의 근본원인」이라 해도, 조제스쿠 뢰겐도 인정하듯이, 그것은 희소성의 충분조건이 아니기 때문에 희소성에 관한 표준적 경제학의 여러 원리는 여전히 유효한 것이다. 또 엔트로피 법칙에 기초한 조제스쿠 뢰겐의 정책 제언은 중요한 자원의 소모를 가능한 한 줄이고, 유기농업으로 키울 수 있는 범위로 인구를 줄여야 한다는 것이다. 그러나 가령 그것이 필요하다고 하여 그것을 행하기 위해서는 어떠한 경제정책이 필요한가, 또는 그것을 행했을 때 경제에 어떠한 영향을 미치는가 하는 것은 물리학으로는 답할 수 없는 본래 경제학의 과제인 것이다.

경제학과 열역학과의 접점을 찾으려는 조제스쿠 뢰겐은, 투입산출 행렬을 사용해 태양열 이용이 자립적인 기술이 아닌 기존기술의「기생자」에 지나지 않는 것을 논증하고자 했지만, 실제로 거기에서 이루어지고 있는 것은 경제학에서「기초재」라고 하는 것을 생산하는 기술을「자립적」이라고 단순히 정의했을 뿐이다. 어느 재화가 기초재가 되는가의 여부는, 그것의 엔트로피와는 아무 관계도 없기 때문

에 그의 분석 자체가 경제학과 열역학과의 접점이 없음을 증명하고
있는 것이다.

* * *
니콜라스 조제스쿠 뢰겐
1906년 루마니아에서 태어났다. 부가레스트 대학에서 수학을 공부한 뒤, 파리로 유
학가서 통계학을 전공했다. 런던에서 수리통계학의 창시자인 칼 피어슨(Karl Pearson)의
지도를 받은 뒤, 1932년 모국인 루마니아로 돌아왔다. 그 후 부가레스트 대학 통계학
과의 교직을 맡아 1946년까지 근무했다. 이 사이 1934년 미국으로 건너가 2년 동안 체
류하면서 슘페터 밑에서 전공을 경제학으로 바꾸었다. 1948년 미국으로 망명해 1949년
부터 27년 동안 밴드빌트 대학 경제학 교수로 근무했다. 1994년 사망했다.

《경제학의 신화》
이 책은 논문집이며, 이에 대응하는 원저서는 없다.

거시경제학의 재검토

- 제임스 토빈(James Tobin, Asset Accumulation and Economic Activity, 1980) -

토빈은 미국을 대표하는 케인지언 중 한 사람이다. 1918년 태어나 하버드 대학에서 경제학을 공부했다. 1961년부터 1년 동안 케네디 정권에서 대통령경제자문위원회(Council of Economic Advisers : CEA)의 멤버가 되었다. 그가 눈부신 활약을 보인 시기는 화폐수요의 이자탄력성* 도출과 이른바 q이론* 등 수많은 이론적 업적을 올린 1950~60년대라고 할 수 있을지도 모른다. 그러나 경제학자로서 그의 업적을 그 정도로 평가하는 것은 과소평가가 아닐 수 없다. 1970년대의 머니터리스트와의 논쟁 등 업계와 사회에 미친 영향은 그 뒤에도 컸기 때문이다. 또 토빈은 1981년 노벨경제학상을 수상했다.

《거시경제학의 재검토》는 1960년대 후반부터 시작된 프리드먼과의 이론적인 논쟁이 일단락되고, 세계적으로 머니터리즘적인 정책을 채택하는 풍조가 강했던 1980년에 쓰여진 것이다. 그러나 잘 알려져 있는 바와 같이 머니터리즘보다도 다시 반케인스 경제학적인 합리적 기대형성학파와 공급경제학이 이론적으로는 힘을 갖는 시대였다. 따라서 대표적 케인지언인 토빈에게는 1960년대의 케인스 경제학 또는 신고전학파종합의 빛나는 시대에서 돌변해 수세에 서게 된 시대라고도 할 수 있을 것이다. 그 와중에서 토빈은 케인지언의 처지에서 이「새로운 신고전학파 경제학」비판을 전개했다.

이 책의 제1, 2, 4장은 스웨덴의 이루요 얀센 강연을, 제3장은 영국의 페이슈 강연을 기초로 했다. 그러나 강연에서는 거시경제학의 현상을 개략적으로 설명하는 것이 목적임에도 불구하고, 감히 제1장에서 케인스와 피구의 논쟁을 들고 있다는 점에 주목하고 싶다. 양자의 논쟁은 1936년 케인스의 《일반이론》이 출판되었을 때 격렬히 전개되었다. 이 논쟁에서는 표제가 되어 있는「실질잔액효과」의 문제라기보다도「균형」을 둘러싼 양자의 견해 차이가 초점이 되었다. 요컨대 케인스에 있어서 실제 존재하고 있는 실업이 좀처럼 해소되지 않는 상태는, 당시의 신고전학파 경제학에서「균형」이라는 이름 값에 못 미치는 것이라 해도 불완전고용「균형」이라는 것을 제시했다는 점에서 케인스는 승리한 것이다. 이것은 후반에서 전개되는「합리적 기대형성학파」비판의 포석이 되고 있다.

제2장에서는 루카스로 시작하는 합리적 기대형성학파의 경제학에 대해 검토하고 있다. 이 때 그는 지금까지의 주요 논쟁상대인 프리드먼 등 머니터리스트를 머니터리스트 I이라 하고, 루카스 등 새로운 합리적 기대형성학파의 논자들을 머니터리스트 II라고 칭했다. 이것은 양자 사이에는 케인지언과 머니터리스트 I 사이 이상으로 차이가 있음을 인정하고 있기 때문이다. 그는 머니터리스트 II, 즉「합리적 기대형성학파」의 핵심을 합리적 기대의 가정과 연속적 시장균형의 가정, 두 가지로 정리하고 있다. 그리고 합리적 기대형성학파의 『어떤

재량적인 정책도 효과를 가질 수 없다」라는 주요 명제에서 결정적인 것은 두 번째의 연속적 시장수급균형의 가정이라는 것이다. 이 가정은 항상 어떠한 상태에서도 그것을 시장동향의 결과라고 하여 균형상태로 하는 것이다. 그러나 이와 같은 가정을 한 이유는 반드시「그 가정을 입증할 수 있는 새로운 경험적 사실」이 발견되었기 때문은 아니다. 토빈은 오히려 모델 구축을 위한 편의에서 생겨난 것이라 하여 비판하는 것이다.

더구나 머니터리스트 II가 도출한 방법은, 사실 케인스와 피구 사이에 이루어진 논쟁의 개작, 그것도 부주의한 개작에 지나지 않는다. 또 이 점이야말로 머니터리스트를 I과 II로 나눈 이유임에 틀림없다. 그 때까지의 경제이론가는 불균형의 조정과정 이론화가 곤란하다는 것을 인정했었다. 그러나 새로운 거시경제이론가들은 이동하는 균형의 경제학으로서 거시경제학을 새로이 구축했다. 그 결과 당연히 비자발적 실업 등의 불균형은 존재할 수 없게 된다. 사실 루카스와 E. C. 프레스콧(E. C. Prescott) 등은 그렇게 공언하는 것을 꺼리지 않는다. 그러나 토빈은 실제로 경기순환과 실업이 존재하는 이상, 비자발적 실업이 존재하지 않는다는 모델링보다 그것을 잘 설명할 수 있는 방향으로 경제학이 발전해야 한다고 생각하는 것이다. 이 대립은 이론적인 작은 차이라기보다도 경제학에 대한 사고방식이라는, 근본적인 문제에 뿌리박고 있다고 할 수 있을 것이다.

토빈은 그 때까지의 신고전학파종합이 불충분했다는 점을 솔직히 인정하고 있지만, 그 해결방법에 관해 그 뒤 거시경제학의 진전이 반드시 올바른 방향으로는 진행하지 않았다는 것을 강력히 호소하게 되었던 것이다.

*** * *** 움직인 경제학 명저

화폐수요의 이자탄력성

케인스의 유동성선호함수에서 도출된 것으로, 이자가 내려가면 화폐수요가 늘어나는 관계를 말한다. 토빈은 이 관계를 미시경제주체의 합리적 행동에서 도출했다.

q이론

투자이론의 일종이다. 간단히 말하면 주식시장 등의 자본시장에서 평가되는 자본재의 가치와 그 대체비용과의 비율을 q로 표시해, 그것이 1보다 크면 새로이 투자를 하고, 1보다 작으면 현존하는 자본재를 매수하는 행동을 취한다. 그 경우 거시적으로 보면 투자는 생기지 않는다.

구조변화와 경제성장

- 루이지 L. 패시네티(Luigi L. Pasinetti, Structural Change and
Economic Growth, 1981) -

패시네티(1930~   )는 이탈리아 북부 베르가모 근교인 자니카에
서 태어났다. 밀라노 가톨릭 대학을 졸업한 뒤 영국의 케임브리지 대
학과 옥스퍼드 대학, 미국의 하버드 대학에서 공부했다. 오랜동안 케
임브리지 대학에서 교편을 잡다가 1976년 이탈리아로 돌아와, 현재는
모교인 밀라노 가톨릭 대학의 교수로 있다. 패시네티의 업적은 크게
네 가지로 구분할 수 있다. 즉 ① 리카도를 중심으로 한 고전학파 경
제학, ②「자본논쟁」, ③「케임브리지＝거시분배론」, ④ 경제구조의
동학적 변화에 관한 것이다.

　현대 경제의 성장에서 가장 중요한 요인이 기술진보임에도 불구하
고, 기술진보 문제는 경제학에서 충분히 이론화되었다고 보기는 어려
울 것이다. 패시네티가 《구조변화와 경제성장》에서 목적으로 하는 것
은, 기술진보가 존재하는 경제에서 노동력의 완전고용과 자본의 완전

이용이 달성되는 「자연경제」가 성립하기 위한 조건은 무엇이고, 이러
한 「자연경제」에서는 시간을 통해 가격·생산·고용·소득분배가 어
떻게 변동하는가를 해명하는 것이다. 이 책의 구상은 1962년 케임브
리지 대학에 제출한 학위논문 「다부문 성장모델」에까지 거슬러 올라
간다. 물론 「자연경제」는 완전고용, 완전이용을 달성하기 위해 필요
한 논리적 조건을 제시한 데 불과하므로, 현실경제가 「자연경제」로부
터 괴리되는 것은 충분히 있을 수 있는 일이다.

시간을 통한 「자연경제」의 변동을 해명하기 위해 패시네티가 이용
한 분석도구는 「수직적 통합부문」이다. 최종재 생산을 위해서는 노
동·자본이 필요하다. 그러나 최종재에 투입되는 중간재, 나아가 이
중간재에 투입되는 중간재의 생산을 위해서도 노동과 자본이 필요하
다. 따라서 이들 중간재에 투입되는 노동·자본은 중간재를 통해 간
접적으로 최종재에 투입되게 된다. 이와 같이 직·간접적으로 최종재
에 투입되는 노동·자본을 합계한 것이 「수직적 통합부문」이다. 이것
은 대수적으로는 투입·산출분석을 이용함으로써 얻을 수 있다.

그런데 소비자의 필요에는 히에라르키가 존재하기 때문에 필수품
이 어느 정도 소비될 때까지 소비자는 사치품을 소비하지 않는다. 그
결과 기술진보가 진행되고, 소득이 상승함에 따라 소비의 중심은 필
요성이 높은 것에서부터 낮은 것으로 변화할 것이다. 패시네티는 이
와 같은 소득과 각 소비에 대한 수요의 관계를 「엥겔법칙」*이라고
명명했다.

한편 상대가격의 변화는 2차적인 효과를 갖는 데 불과하다. 또 각
재화의 소비에 관해서는 포화수준이 존재하기 때문에 소비를 무한대
로 확대시키려면 소득상승만으로는 불충분하며, 새로운 재화의 개발
이 필요하다. 포화상태는 패시네티에게 지복의 상태가 아니라, 단지
재화의 생산능력 결여에 불과하다. 나아가 이러한 소비 확대과정은

동시에 소비자의 학습 과정이므로 개개의 시점에서 소비자의 행동은 최적이 될 수 없다.

각 소비재의 성장률은 인구성장률과 1인당 소비성장률의 합계다. 한편 완전고용·완전이용을 장기적으로 충족시키려면 소비재 수요의 성장률과 같은 비율로 자본이 성장하지 않으면 안 된다. 그 때문에 어느 소비재의 성장률이 높아지면 그 소비재의 생산능력을 확대하는 데 필요한 자본을 생산하는 부문으로 노동을 이동시키지 않으면 안 된다. 또한 현재 소비 가능한 소비재는 감소한다. 그러면 효율적인 기술이란 주어진 성장률 아래에서 현재의 소비를 최대로 하는 기술이다. 그러나 기술의 선택은 성장률이 아니라, 이윤율에 따라 이루어진다. 따라서 일반적으로 효율적인 기술이 선택되도록 하기 위해서는 각 「수직통합부문」의 이윤율이 「자연성장률」과 일치하지 않으면 안 될 것이다. 그러나 이를 위해서는 각 「수직통합부문」마다 이윤율이 상이할 필요가 있으며, 이로부터도 「자연경제」는 자본주의 경제를 묘사한 것은 아니라는 사실을 알 수 있다.

그런데 기술진보의 경제학적인 고찰에 관해서는 과거에도 마셜과 슘페터가 시도한 적이 있다. 그들은 기술진보를 만들어내고 자본주의를 발전시키는 주체가 되는 기업가의 역할을 강조했다. 그러나 제도적 요인을 배제한 패시네티의 「자연경제」에서는 그들이 생각하는 기업가가 논리적으로 존재할 여지는 없다. 그렇기는커녕 오히려 기술진보를 가져오는 메커니즘이라는 문제 자체가 페시네티의 문제의식 속에는 존재하지 않는다. 그러나 이와 같은 문제는 순수경제학이라기보다 사회경제학의 과제일 것이다. 순수경제학의 관점에서 본다면 오히려 기술진보를 수반하는 경제가 완전고용을 충족시키면서 장기적으로 어떠한 성장경로를 걷지 않으면 안 되는가라는 문제가 중요할지도 모른다. 패시네티는 이 문제에 초점을 맞춤으로써 동학경제의 순수경제학이론을 구축하고자 했던 것이다.

＊ ＊ ＊
엥겔법칙

　소득이 상승함에 따라 식비가 소득에서 점하는 비율이 낮아진다는 법칙. 독일의 에른스트 엥겔(Ernst Engel, 1821~96년)이 발견했다. 패시네티는 이것을 소득과 소비의 관계 일반으로 확대했다.

투자와 금융

- 하이먼 P. 민스키(Hyman P. Minsky, Can 'It' Happen Again?
Essays on Instability & Finance, 1982) -

민스키는 주류파가 아니기 때문에 잘 알려져 있다고는 할 수 없
다. 그러나 케인스 경제학의 「충실한」 연구자로서, 포스트 케인스 경
제학자로서는 중진의 부류에 속하는 학자다. 1919년 시카고에서 태어
났으며, 시카고 대학에서는 수학을 전공했다. 경제학은 하버드 대학
대학원에서 전공했다.

이 책의 원제목은 《Can 'It' Happen Again? Essays on Instability &
Finance》이며, 그대로 직역하면 《(금융불안) 재발?》이라고 해야 할
것이다. 그러나 내용은 대부분 학술적인 논문이며, 시사적인 내용도
학술적인 분석으로 일관하고 있다. 만약 제목을 그대로 번역한다면
서점에서 다른 코너에 진열시킬 수밖에 없을 것이다.

민스키는 1950~60년대 당시 왕성했던 성장론을 금융 측면에서 재
구성하는 등의 업적을 쌓았다. 그 몇 가지는 이 책에도 수록되어 있

다. 그러나 민스키를 유명하게 만든 것은 「금융불안정성가설」일 것이
다. 그리고 그 자신의 말을 인용하자면, 그것은 케인스 자신의 상황
파악에 가까워진다.

금융불안정성가설은 「잘 발달한 금융제도가 존재하는」 자본주의
경제에서는 오히려 불안정한 상태가 일반적이라는 인식으로부터 출발
하고 있다. 이 가설의 중요 개념은 두 가지 가격의 존재와 현금흐름
(cash flow)과의 관계다. 자본주의 경제에서는 경상적 산출물의 가격
과 자본자산의 가격이 존재한다. 이 구별은 레이욘프브트가 제기한
장기자산과 단기자산의 재화 집계문제*와 관련된다. 각각의 가격은
상이한 요인에 따라 결정되지만, 그 양자의 관계가 투자, 나아가 경
제 전체의 움직임에 영향을 미치는 것이다. 그리고 투자의 파이낸스
를 통해 필연적으로 여러 금융적 측면이 들어온다.

결국 경제활동, 특히 자본자산을 사용해 생산을 하는 경제에서는,
오늘의 지불능력을 대출함으로써 내일 이후의 불확실한 구매력과 거
래하는 측면이 불가결하다. 그리고 그와 같은 경제에서 살아가는 경
제주체는 기업이든 가계든 정부든 간에, 전부 「화폐유출입기구
(money-in-money-out device)」다. 따라서 이들 경제주체의 부채구
조가 경제의 움직임에 중요한 영향을 미친다. 이 때 경제주체는 세
종류의 금융 포지션을 선택할 수 있다. 첫째, 부채의 이자지불·원금
상환에 수반하는 현금의 유출이, 모든 기간에 걸쳐 판매수입 등에서
발생하는 현금의 유입을 상회하는 「연결금융(역주) 매매한 현물상품의
시장변수에서 오는 손실을 커버하기 위해 선물로 반대의 매매를 하는
것)」이며, 둘째, 부채의 현재가치가 장래 소득, 즉 미래 현금흐름의
현재가치를 하회하고 있기 때문에 장래 현금의 유입이 유출을 상회한
다고 생각할 수 있는 「투기적 금융」이다. 셋째, 부채의 현재가치가
미래 현금흐름의 현재가치를 상회하고 있으며, 부채의 상환을 위해서

는 추가적인 부채를 발행하지 않을 수 없는「폰지금융」*이 있다. 이들의 포지션은 보통 경제 안에 혼재하고 있으며, 어느 것이 우세하느냐에 따라 경제 전체의 안정성이 영향을 받는다.「연결금융」은 기본적으로 안정적인 포지션이다. 그러나「투기적 금융」의 경제주체는, 이자율의 변화에 수반하여 장래 소득에 관한 현금흐름의 가치도 변화할 수 있기 때문에 당좌계정의 현금유출을 극복하는 기간의 단기 이자율이 상승하면, 쉽게「폰지금융」의 주체로 변화한다.

민스키는 이 논의를 다시 연구해 자본주의 경제가 안정되어가면서 금융 포지션을 취하는 방법에 대한 경제주체의 태도가 완강해지고, 더「투기적인 포지션」으로, 그리고「폰지금융」의 포지션으로 변화해간다고 주장했다. 그 상태는 붐을 형성하지만 일단 부채의 상환이 지체되면, 연쇄적으로 많은 경제주체의 현금유입 기대가 뒤엎어지게 되며, 상환불능주체가 속출해 신용경색(credit crunch)에 이르게 된다. 물론 거시적으로 보면, 이와 같은 단계에서는 안전한 포지션을 취하고 있던 경제주체조차 현금유입 기대가 뒤엎어지게 될 것이다.

이와 같이 자본주의 경제가 불안정성 메커니즘을 내재하고 있다는 것이 민스키 논의의 핵심이다. 그러나 화폐를 실물교환경제의 장막으로만 보는 주류파 경제학에서는 이러한 현실을 분석하려 하지 않는다. 이 문제를 좀더 쉽게 이해하려면 화폐를「금융적 장막」으로 인식하는 경제이론이 필요하다. 그것은 케인스의 착상임에 틀림없을 것이다.

우리는 1929년의 대불황이 금융 붕괴로부터 발생했다는 것을 알았다. 그리고 그로부터 반 세기 이상이 지난 오늘날에도 여전히 금융의 불안정성이 경기동향에 영향을 미치는 세계에 살고 있다. 안정이야말로 자본주의의 상태라는 사고는 더 이상 통용되지 않는 것이 아닐까? 그렇다면 민스키가 설명했듯이, 왜 언제까지나 불안정성이 남는가를 해명하는 편이 현명할 것이다.

*** * ***

재화의 집계문제

자본자산 등 장기적인 자산의 가치는 장래 수익의 유열을 이자율로 할인해 구한다. 따라서 이자율의 변화는 장기자산의 가치를 크게 좌우한다. 이에 대해 소비재(경우에 따라서는 단기금융자산도 포함한다) 등 단기적인 자산은 이자율의 변화에 따라 가치가 크게 변화하지 않는다. 민스키 또한 이 재화에 관한 특성상의 차이점을 중시한다.

폰지금융

1920년대 미국에서 찰스 폰지(Charles Ponzi)라는 인물이 높은 이자율로 배당금을 주겠다고 선전해 자금을 모은 뒤, 그 자금으로 배당을 하는 식으로 사기적이며 비생산적인 자전거 제조업을 했다. 여기에서 커져가는 부채를 상환하기 위해 다시 부채를 증대시키는 것과 같은 금융 포지션의 성격과 비슷해 이렇게 이름지었다.

머니터리즘의 죄과

- 니콜라스 칼도어(Nicholas Kaldor, The Scourge of Monetarism, 1982) -

칼도어(1909~86년)는 헝가리 부다페스트에서 유복한 유대인 변호사의 아들로 태어났다. 부다페스트 대학에서 법률을, 베를린 대학과 LSE에서 경제학을 전공했으며, 1932년에 LSE 교수로 부임했다. 이 대학에 재직하는 동안 그는 후생경제학의 「보상원리」*와 오스트리아 자본이론에 관해 연구했다. UN에서 근무하다가 1947년 케임브리지 대학으로 옮겼다. 전후 경제이론상의 업적으로는 「케임브리지＝거시분배론」, 수확체증과 농공2부문 모델, 화폐이론에 관한 것이 있다. 칼도어는 케인스와 나란히 20세기 영국의 경제정책에 깊이 관여한 경제학자이기도 하다. 1974년에는 남작 칭호를 받았고, 상원의원이 되었다. 그가 상원에서 마가렛 대처(Margaret Thatcher)를 비판한 연설집 《대처의 경제적 귀결》은 단행본으로도 나와 있다. 《머니터리즘의 죄과》는 머니터리즘에 대한 이론적인 반박의 책이면서 동시에, 대처에 대한 정책비판의 책이기도 하다.

이 책의 제I부에서는 1959년 공표된 〈래드클리프 보고〉를 기본으로 머니터리즘을 비판한다. 머니터리스트가 「화폐수량설」을 현대에 부활시킨 데 대해 이 보고는 이것을 포기한 것이었다. 머니터리스트는 화폐 공급을 조절함으로써 물가가 안정적으로 된다고 생각하고 있다. 그러나 이를 위해서는 화폐의 유통속도가 일정해야 하는데, 실제로는 그렇지 않다. 나아가 지출결의를 결정하는 것은 전체적인 유동성의 상태이며, 현금은 유동성의 극히 일부분에 지나지 않는다. 현재와 같이 금융제도가 완비된 사회에서는, 약간의 거래비용으로 금융자산을 현금으로 바꿀 수 있기 때문에 금융자산도 현금과 똑같은 움직임을 보인다. 단, 전체의 유동성에 대한 영향이 있는 경우에는 화폐 공급이 중요하다. 그러나 금융시장이 정비되어 있는 현대에서는 화폐 공급을 통제함으로써 이자율을 통제하기란 어렵다. 또 총수요를 긴축하기 위해 이자율을 인상하는 조치는, 가능하다고 해도 바람직한 것이라고는 할 수 없을 것이다.

칼도어는 금 등의 실물이 화폐로 사용되는 실물-화폐경제와 은행신용의 결과로써 화폐가 발생하는 신용-화폐경제의 차이점이 중요하다는 점을 지적한다. 실물-화폐경제에서는 화폐의 수량을 당국이 결정할 수 있다. 그러나 신용-화폐경제에서는 공중이 화폐를 보유하는 동기가 없는 한 금융당국이 발행하는 화폐는 바로 채무의 상환이나, 이자부의 자산으로 전환이 이루어질 것이다. 신용-화폐경제에서 화폐의 수량은, 공중이 보유하고자 하는 수요에 따라 결정되며, 초과공급은 있을 수 없다. 또 금융정책 중 당국이 직접 통제 가능한 것은 이자율이다. 즉 이자율의 변동에 따라 투자가 변한다면 유효수요도 변하는 것이다. 이러한 과정은 케인스적이며, 머니터리즘이 생각하는 것은 아니다. 단, 이자율이 투자에 미치는 영향은 실제로는 한정된 것이다.

　제II부에서는 영국의 경제정책을 다룬다. 여기에서 칼도어는 머니터리스트의 정책을 비판하면서 자신의 대체적인 정책을 제시한다. 머니터리스트는, 공공부문의 적자는 민간의 저축이 아니라 화폐 공급을 통해 이루어질 때에만 인플레이션의 원인이 된다고 주장한다. 그렇지만 이것은, 공공부문의 적자는 민간부문의 순저축(저축과 투자의 차액)과 같아진다는 거시경제학의 법칙을 무시하고 있으므로 틀린 애기다. 또 머니터리스트는 인플레이션의 주요 원인을 화폐에서 구하고 있기 때문에 수요 인플레이션과 코스트 인플레이션을 구별하지 않는다. 그렇지만 물가상승으로 발생하는 생활수준의 저하를 보상하기 위해 노동자가 임금인상을 요구하는 것이 임금인상을 가져와 인플레이션을 악화시킨다. 과거의 초인플레이션의 배경에는 이와 같은 상승효과가 있다. 따라서 칼도어는 수요의 관리는 완전고용의 실현으로 사용되어야 하며, 인플레이션을 해결하기 위해서는 소득정책을 통해 화폐임금을 안정시키는 것이 필요하다고 생각한다.

　프리드먼은 현실과 예상이 일치하지 않는 단기에서는 화폐량의 증가가 산출량을 증가시키는 것이 가능하다 해도, 양자가 일치하는 장기에서는 화폐량의 증가는 물가를 상승시킬 뿐이라고 주장하면서 화폐수량설을 현대에 복귀시켰다. 그 때문에 프리드먼은 물가대책을 위해 중앙은행의 화폐공급 조절을 주장하는 것이다. 이에 대해 칼도어는, 현대에는 화폐의 거의 대부분이 은행화폐이기 때문에 신용의 수요와 공급의 관계에 따라 화폐의 수량이 결정되며, 당국이 일방적으로 화폐의 수량을 결정할 수는 없다고 반론하는 것이다. 프리드먼과 칼도어의 논쟁은 화폐의 공급과정을 중심으로 전개되었다. 이들의 논쟁은 19세기의 「지금논쟁(地金論爭)」* 및 통화주의자와 은행주의자의 논쟁*의 현대판이라고 할 수 있을 것이다.

보상원리

어떤 정책의 채용이 A그룹에게는 이익을, B그룹에게는 손실을 주는 경우, 로빈스는 이 정책이 개인 간의 효용비교라는 가치판단이 선행되지 않은 상태에서는 바람직한지 그른지 판단할 수 없다고 생각한다. 그렇지만 A가 B에 대해 충분한 보상금을 지불하고도 여전히 이익이 남으면, 이와 같은 가치판단을 수반하지 않고도 문제를 해결할 수 있다. 이를「보상원리」라고 한다.

지금논쟁

19세기 초 영국에서 나폴레옹전쟁과 함께 일어난 물가상승의 원인에 관한 논쟁이다. 리카도 등의 지금파가 불환지폐의 남발이 물가상승의 원인이 되었다고 주장한 데 대해, 반지금파는 지폐의 공급은 수요에 따른 것이며, 지폐의 과잉발행이 원인은 아니라고 주장했다.

통화주의와 은행주의의 논쟁

1844년 필조례(條例)의 공포에 앞서 영국에서 행해진 은행권 발권의 규제에 관한 논쟁이다. 통화주의자가 은행권의 과잉발행이 물가상승의 원인이며 은행권의 발행은 제한되어야 한다는 주장에 대해, 도크 등의 은행주의자는 발권액은 사업상의 필요에 따라 결정되는 것이기 때문에 이러한 제한은 필요없다고 주장했다.

레귤라시옹 이론

- 로베르 부아예(Robert Boyer, La Théorie de la Régulation : Une
Analyse Critique, 1986) -

　　레귤라시옹 학파는 1970년대 중반 탄생한 새로운 이론조류다. 이
학파는 오일 쇼크 이후 10% 가까운 실업률을 수반한 경제적 정체에
빠진 프랑스에서 종래의 성장론적 케인스 주의를 포기한 경제학자들
이 마르크스를 재발견함으로써 시작되었다. 가장 먼저 미셸 아글리에
타(M. Aglietta)가 야심적인 학위논문(뒤에 《자본주의의 레귤라시옹
이론》으로 발간되었다)을 준비하고 있다는 것을 듣고, 그 개선을 위
해 모였던 소그룹이 그 시초라고 한다. 그 뒤 다른 그룹*도 가세했으
나, 파리 그룹이 역시 가장 활발한 활동을 펼쳤다. 생태학자인 아란
리피에츠도 창조적인 면에서 아글리에타에 뒤떨어지지 않으며, 노동
경제학의 반자만 코리아(B. Coriat), 사회주의경제론의 베르나르 샤
반(B. Chavance) 등도 있다. 그러나 연구방향의 제안과 총괄을 담당
해 전체의 마무리 역할을 한 사람은 부아예다. 그가 이 학파의 10년

을 총괄해 전망을 서술한 책이 《레귤라시옹 이론》이다.

물론 마무리 역할이라고 해서 창조성이 결여되었다고는 할 수 없다. 1950～60년대「자본주의 황금시대」의 대명사라고도 하는 포드주의*에 관한 거시적인 모델을 제공한 것도 부아예이며, 비즈니스 사이드의 경제학자로부터 제기된 플렉시빌리티(flexibilty)를 새로운 생산·축척체제의 탐구 속에 자리매김한 것도 그이다. 그의 창조성은 혼자 저술한 저서에서가 아니라, 항상 응답관계 속에 있는 진행 중인 일에 나타나 있다.

레귤라시옹 이론은 마르크스가 해명한 바와 같은, 대립과 모순을 내포하고 있는 자본주의적 생산관계, 즉 생산의 무정부성, 자본·임금노동의 모순에서 출발한다. 이것들은「화폐적 제약」과「임금노동관계」라는 두 영역으로 집약되지만, 다소 장기적인 축적이 이루어지기 위해서는 이 두 영역으로부터 발생하는 경제의 왜곡을 흡수 또는 변환해 총체로서의 축적과정을 보장하는 체제가 되지 않으면 안 된다. 이것이「축적체제」로서, 그 가운데에는 기본적인 사회관계를 기준으로 하는「제도의 여러 형태」가 포함되어 있다. 이것은 화폐·금융제도, 기업조직·노사관계, 그리고 경쟁관계·국제체제·국가 등에서 제도화된 행동양식을 포함하고 있다. 이러한 여러 형태의 제도에 규정된 다양한 주체의 행동에 따라 생겨나는 동태적 질서가 이 학파가 말하는「레귤라시옹」임에 틀림없다.

레귤라시옹 학파는 모순을 질서로 매개하는 제도의 여러 형태를 중시한다. 이는 신고전학파와 같이 모든 시장을 균형시키는 해(解)를 향해 경제가 진행한다고 생각하지도 않으며, 마르크스 교조주의자와 같이 기본체제의 모순에 모든 것을 환원하는 것도 아니다. 여러 매개 형태 상호간의 결합은 다양하며, 여기에서 결정론은 의미를 갖지 못한다. 이렇듯 가능한 조합 중에서 상호 정합적이며 유지 가능한 요소로 성립하는 축적체제의 모델을 이론화하려고 하는 것이 이 책에서 부아예가 제안하는 것이다.

레귤라시옹 이론 제1단계의 주요한 성과는 포드주의의 모델화와 각국에 대한 적용 가능성의 검토였다. 포드주의의 축적체제란 대량생산 방식의 도입에 따른 생산성 향상이 근로자의 구매력 증대와 결부해 투자 촉진·생산성 상승·소비 증대라는 순환을 형성한 것이었다. 이를 뒷받침하는 것은 관리통화제를 통한 화폐제약의 유연한 운용, 생산성 향상, 임금인상을 다루는 노사타협이다. 오일 쇼크 이후의 위기는 석유 부족이라는 외적 요인뿐만 아니라, 테일러주의를 기초로 한 대량생산방식의 기술적 가능성이 고갈되고 노사타협의 기초가 상실된 데에서 찾고 있다. 레귤라시옹 학파는 이것을 축적체제의 전환을 내포한 대위기라고 생각한다.

포드주의라는 일원적인 기준을 각국에 적용한 것이 지금까지 반드시 성공했다고는 말할 수 없다. 생산성과 소비수준의 상승을 실현한 일본의 고도성장기에 관해서도 명시적인 생산성·임금연계(linkage)의 계약이 존재하지 않는 것에서 포드주의라는 규정에 적용되는지 여부가 논의되고 있다. 적어도 포드주의적 특징을 실현한 일본의 독자적 레귤라시옹 방식이 탐구되어야 할 것이다.

이 책에서 부아예는 각국마다 사례연구를 거듭해 전형적인 조정 모델에 도달하는 것을 목표로 삼고 있다. 그것은 동시에 각국이 위기에서 벗어난 경로에서 제도적 혁신을 포함한 과정에 대한 실시간(real-time) 추적과 더불어 이루어져야 한다.

이 책의 원저서가 간행된 지 10년이 지나 레귤라시옹 이론은 성인의 날을 맞이했다. 그 사이에 레귤라시옹 학파는 국제적인 연구 네트워크를 조직함과 아울러, 제도분석과 진화경제학과도 연대해 이론의 폭을 넓혀왔다. 젊은 이 하파의 활약을 기대해보자.

＊＊＊
다양한 레귤라시옹 학파

프랑스에서는 그루노블의 G. 드 베르니(G. De Bernis)와 구(舊)국가독점 자본주의 론자인 P. 보카라(P. Boccara)가 독자적으로 연구를 계속하고 있다. 또 정치학자이긴 하지만, 영국의 봅 제숩과 프랑크푸르트의 요하임 힐세도 광의의 레귤라시옹 학파에 속할 것이다.

포드주의

디트로이트의 자동차 왕이었던 헨리 포드(Henry Ford)가 컨베이어 시스템의 고밀도 노동에 노동자를 종사시키면서 고임금(Five dollars day)을 지불한 데서 유래한 명칭. 노동자에게 지불하는 고임금은 구매력의 증대를 가져와, 고생산성에 따른 공급증대를 지지해준다. 이러한 관계가 노사관계의 제도화를 통해 거시적으로 실현된 것이 포드주의이며, 아래와 같은 구도로 표시된다.

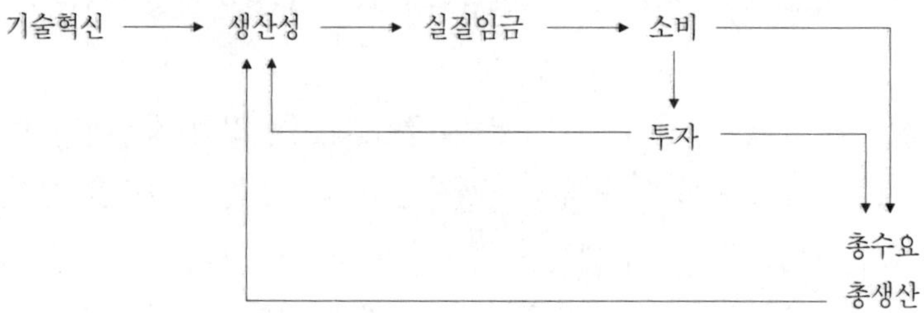

거시경제학의 프런티어

- 로버트 에머슨 루카스 2세(Robert Emerson Rucas Jr., Models of
Business Cycles, 1987) -

《일반이론》에서 케인스는『모든 사람들이 동시에 같은 의견을 갖는 경향이 있는 미국』이라는 「문제발언」을 했다. 그《일반이론》이『남해 섬에 고립된 종족을 처음으로 습격해 사람들을 전멸시킨 질병과 같이, 예상치 못한 맹위를 떨치고 35세 이하인 대부분의 경제학자를 포로로 삼았다』(새뮤얼슨)라는 역사적 사실이 있다. 또 이 책의 저자인 루카스 2세가 1972년의 논문 〈기대와 화폐의 중립성〉에서 거시경제학에 처음으로 응용한 「합리적 기대」*라는 개념이『마치 질병이 유행하는 것과 같은 기세로, 젊은 경제학자 사이에 전파되어 갔다』〔우자와 히로부미(宇澤弘文)〕라는 역사적 사실도 있다.

1959년 시카고 대학에서 역사학 학사학위를 받고, 대학원에서 경제학으로 전향해 1946년 시카고 대학에서 박사학위를 취득한 뒤, 1974년 이후 현재에 이르기까지 시카고 대학 교수로 있는 루카스 2세

(1937~   )는「합리적 기대형성가설의 전개와 응용을 통해 거시경제분석과 경제정책에 대한 이해를 넓히고 변혁을 가져온」공로로 1995년도의 노벨경제학상을 수상했다.

이 책은 1970년대 이후 현재에 이르기까지 거시경제학 연구에 큰 영향을 미치고 있는 루카스의 1985년 강연록이며, 최근 거시경제학의 전개를 이해하는 데 좋은 입문서가 되고 있다.

루카스를 중심으로 한 1970년대 이후의「새로운 고전학파 경제학(New Classical Macroeconomics)」은 실증분석과의 접합성을 목표로 한 일반균형이론에「불완전정보 아래에서의 합리적 기대형성」이라는 새로운 가정을 도입함으로써, 경기순환을 특징짓는 현상을 설명하는 데 성공했다. 이것은「합리적 기대혁명」이라 일컬어지기도 하는데, 새로운 고전학파의 주요 결론은「합리적 기대」의 상정보다 그것이 도입된 이론의 틀에 의존하고 있음은 오늘날 잘 알려져 있다.

루카스는,「혁명」은 케인스파를 겨냥해 기도된 것이 아니며,「혁명」이라는 말은 자신에게「약탈」과「살륙」이라는 의미밖에 갖지 못하기 때문에,「혁명」을 선도한 인물로 보이고 싶지는 않다고 말하고 있다. 이것은 아마도 그가 대학에서 역사학을 전공했기 때문일 것이다. 그렇지만 역사적으로는 거시경제학의 이론과 실증 양면에 대한 연구에서 그 때까지의 케인스 경제학에 기초한 어프로치가「단죄」된 것은 사실이며, 루카스의 등장 이후 거시경제학이 모양을 크게 바꾼 것도 사실이다.

「혁명」이 아니라고 한다면 무엇일까? 루카스에게 그것은「진보」다.

「진보」인 까닭은 다음과 같다. 첫째, 거시경제학의 모델은 명확한 미시경제학적인 원리에 따라 구축되게 되었다. 둘째, 그것을 통해 정책평가의 방법이 이론과 실증 양면에서 일관되게 엄밀한 기초를 갖게 되었다. 이것을 조금 과장해서 설명해보자. 예를 들어 조세정책의 경우 그 금액이 문제였으나「그것이 일시적인가 항구적인가에 따라 민간의 경제주체 행동이 달라지는 것이 문제다」로 변한 셈이며, 경기안정화정책의 경우 실업률을 저하시킬 것인가 말 것인가가 문제였으나「안정화정책의 성공은 불황과 동시에 호황도 제거하는 것으로, 그 경우의 평균적인 편익의 평가가 문제다」로 변한 것이다.

이「진보」는 당시의 케인스파에「살을 에는 듯한 사고」를 안겨주었다. 루카스가 말하는 의미라면, 그것은 오히려 케인스파에게야말로「혁명」이었다.「혁명」이 케인스파에 대해 기도된 것이 아니라 해도, 루카스가 케인스에 대해 부정적이라는 것은 사실이다. 루카스는 어느 인터뷰에서『거시경제학을 공부하는 학생은 지금도《일반이론》을 읽어야 한다고 생각합니까?』라는 질문에 간단히『노』라고 대답했다.

케인스는「비자발적 실업」에 관해『누가 그 존재를 부정하려고 할까?』라고 했다. 현재의 우리라면, 이 질문을 문자 그대로 받아들여『루카스가』라고 대답할 수 있다.

좀더 정확히 설명하자면, 루카스의 주장은『비자발적 실업이라는 개념을 일관되게 만족스러운 형태로 제시한 이론은 아직까지 전혀 존재하지 않는다』라는 것이다. 경험적인 자명성과 이론적인 자명성은 다르다. 이 책에서 루카스는 비자발적 실업이라는 개념을 쉽게 사용한 데 대해『우리는 옛날의 이론가가 노동시장에 관해 설명한 용어에서 노동시장의 사실관계에 관한 정보를 얻고 있다』라고 비판하고 있다.

루카스의 이 표현방법은『어떠한 지적 영향으로부터도 완전히 자유롭다고 자신하고 있는 실무자도, 사실은 이미 사망한 경제학자의 노예다』라는 케인스의 유명한 말을 상기시키기에 충분하다. 그러나 루카스는 케인스를 가리켜「옛날의 이론가」라고 말하고 있는 것은 아니다. 역사는 그럴 정도로 호시절은 아닌 듯 싶다.

* * *
합리적 기대

「합리적 기대」라는 개념은 1961년 존 뮤스(John Muth)의 논문이 기초가 된다. 거기에서 「예측의 오차가 최소화되어 있다」라는 통계학적인 「최적성」을 가진 기대(예측)에 대해 「합리적 기대」라는 용어가 사용되었다. 1972년 논문에서 루카스는 불확실성에 직면한 경제주체가 이와 같은 「합리적 기대」를 형성한다는 상정 아래, 동학적 일반균형 거시경제모델을 구축해 「경제주체가 예측할 때 이용 가능한 정보가 불완전하면 실업과 인플레이션 사이에 상관관계가 이루어진다」라는 결과를 보여주었다. 따라서 루카스가 제시한 이론적 틀에서는, 「합리적 기대」는 앞의 통계학적 의미에 더해 「모든 경제주체의 기대는 시장에서 실현되는 결과와 정합적이다」라는 동학 모델에서 균형으로써의 성질도 갖고 있다. 이 책에서 루카스의 말을 인용하자면, 뮤스가 사용한 「합리적 기대」라는 용어는 경제 모델을 위한 일관성 공리를 지칭하고 있기 때문에 특정 모델 가운데에서만 엄밀한 정의를 내릴 수 있다. 그 때문에 합리적 기대를 모델로 의존하지 않은 형태로 정의하려 해도 내용이 없거나 어리석은 일이 되기 쉽다.

기업 · 시장 · 법

- 로널드 해리 코스(Ronald Harry Coase, The Firm, The Market, and The Law, 1988) -

양인가, 질인가? 예술가와 학자는 많든 적든 이 딜레마에 대해 어려운 결단을 강요받고 있다. 1991년 노벨경제학상이 코스에게 수여된다고 발표되었을 때, 많은 경제학자들은 의아해했으며, 그의 공표논문이 기껏 20편에도 미치지 못하는 것을 알고 당혹스러움을 감추지 못했다. 그러나 수상이 계기가 되어 다시 그의 논문이 널리 읽혀지게 되자, 당혹스러움은 진정되어 갔다. 코스의 저작은 많지 않다. 그러나 그의 논문은 전부 깊은 사색으로 뒷받침되어 있으며, 새로운 지평을 여는 훌륭한 저작이라는 평을 받고 있다.

코스는 1910년 영국 잉글랜드에서 태어났다. 1928년 LSE에 입학해 이 대학에서 박사학위를 취득했다. 1951년 미국으로 이주해 여러 대학에서 교수직을 역임한 뒤, 1964년 시카고 대학에 자리잡기에 이르렀다. 또 오랜 동안 〈저널 오브 로 앤드 이코노믹스(Journal of Law and Economics〉〉의 편집장으로 근무했다.

《기업·시장·법》은 코스의 대표적인 세 편의 논문, 즉 〈기업의 본질〉(1937년), 〈한계비용논쟁〉(1946년), 〈사회적 비용의 문제〉(1960년)와 이들에 관한 부론을 정리한 책이다. 코스에 따르면, 『경제이론의 주류를 이루는 대부분의 사고에서 기업과 시장은 존재하는 것으로 가정되고 있으며, 이들 자체는 분석의 대상이 아니다.』이 책은「기업」·「법」이라는 전통적「강의실 경제학」이 계속 무시해온 요소의 존재이유를 묻고, 그것을 분석한 신제도학파 경제학*서설이다.

놀랍게도 전통적 미시경제이론에서 기업은「응달의 존재」이며, 일종의 블랙 박스로 취급되어 왔다. 기업은 왜 존재하는 것인가, 기업의 활동영역을 결정하는 요인은 무엇인가? 이 소박한 의문을 진지하게 묻고, 해명의 단서를 최초로 제시한 사람이 코스다. 코스는 이 문제에 답하기 위해, 뒤에「시장거래비용」으로 알려지게 된 개념을 제시했다. 거래비용이란 공개시장에서 교환이라는 수단으로 가격 메커니즘을 이용해 거래를 실행하기 위한 비용이며, 달만의 정의에 따르면「모색과 정보의 비용, 협상과 의사결정의 비용, 감시와 강제의 비용」이다. 코스는 기업과 시장 시스템을, 경제활동을 수행하기 위한 대체적인 조직으로 정의하고, 거래비용의 대소관계가 양식의 선택을 규정한다고 생각했다. 코스는 다음과 같이 단언한다.

『생산은 개인 간의 계약이라는 수단을 통해 전적으로 분권화한 방법으로 이루어질 수 있지만, 그 생산물의 거래에 들어가면 약간의 비용이 발생한다. 그 때문에 시장을 통해 거래를 실행하기 위한 비용에 비해 그것이 적은 비용일 때는 시장에서 이루어지고 있던 거래를 조직화하기 위해 기업이 생겨나는 것이다. 기업 규모의 한계가 구분되는 것

은, 거래를 조직화하는 비용이 시장을 통해 그것을 실행하는 경우의
비용과 같아질 때이다.』

코스는 법과 권리의 문제에도 분석의 눈을 돌린다. 어떤 토지에서
공장소유자가 공장을 운영함으로써 소음과 매연을 배출하면서 생산하
고, 소음과 매연이 인근 주민의 재산에 손해를 끼치는 사례를 살펴보
자. 『유해한 영향을 초래하는 기업은 손해를 입은 사람들에게 보상하
도록 규정되어야 하는 것이 바람직하다.』 이러한 신념을 갖고 있는
피구적 전통에 따르면, 사적 생산물과 사회적 생산물과의 괴리를 메
우기 위해 기업활동은 정부 보조금과 과세를 통해 억제되지 않으면
안 된다. 그러나 코스는 거래비용이 제로이고 당사자의 권리가 분명
히 정해져 있다면, 적정한 자원배분은 가해자와 피해자의 협상에 따
라 실현된다고 생각했다.

『어떤 토지에 공장을 건설할 권리를 소유하고 있다는 것은, 그 소유
자에게 그 토지에 아무것도 건설하지 않을 권리도 주어져 있다는 뜻이
다. 마찬가지로 어떤 장소에서 매연을 배출하는 권리는, 그 장소로부
터 매연이 배출되는 것을 중지하기 위해 사용할 수 있다. 권리가 어떻
게 행사되는가를 좌우하는 것은, 누가 권리를 소유하고 있느냐, 또 소
유자가 이떠한 계약상의 결정의 기본에 있는가 하는 것이다. 만약 이
와 같은 결정이 시장에서의 거래 결과라면, 그 결정에 의한 권리는 가
장 높이 평가되고 있는 방법으로 행사되게 된다.』

거래비용은 실로 강력한 분석도구이지만, 양날의 칼이기도 하다.
이 책에서는 코스의 다음 말을 명심해야 할 것이다.
『내가 〈기업의 본질〉에서 제시한 것은, 거래비용이 존재하지 않는

경우에는 기업이 존재해야 할 경제적 이유가 없다는 것이다. 또 〈사회적 비용의 문제〉에서 내가 제시한 것은, 거래비용이 존재하지 않는 경우에는 법률이 어떤 것인가는 문제가 되지 않는다는 것이다』.

『거래비용이 제로인 세계는 가끔 코스적 세계라고 표현되어왔다. 진정 진리만큼 멀리 있는 것은 없다고 해야 하는가? 이 세계란 현대경제이론의 세계이며, 나로서는 경제학자들에게 거기에서 벗어나도록 설득하고 싶어했던 세계다.』

＊ ＊ ＊

신제도학파 경제학

코스의 거래비용이론은 「제도파 르네상스」라는 새로운 흐름을 개척했다. 신제도분석은 ① 베블런의 신고전학파 비판을 계승한 유형, ② 전통적 가격이론을 경제 이외의 영역에도 확장하는 경제학제국주의 유형, ③ 두 가지 절충 유형으로 구분할 수 있다. 코스는 ③의 유형에 속한다고 판단된다. 코스의 거래비용이론을 가장 잘 계승해 발전시킨 경제학자로 올리버 이턴 윌리엄슨(Oliver Eaton Williamson)이 있다. 윌리엄슨은 거래비용을 규정하는 여러 요인을 식별해 분석을 전개하고 있다. 윌리엄슨은 이론경제학에서 불확실성과 정보의 비대칭성이라는 시각을, 정치학과 게임이론에서 기회주의라는 시각을, 사이먼에게서 한정된 합리성이라는 시각을 배워, 시장이 내부화하는 근거와 조건을 분명히 밝혀, 거대복합기업(conglomerate)·기술진보·지배적 기업·과점 등에 대해 독자적인 산업조직정책을 제시하고 있다. 참고문헌으로 윌리엄슨의 《시장과 기업조직》이 있다.

거시경제학

−N. 그레고리 맨큐(N. Gregory Mankiw, Macroeconomics, 1992, 2nd ed., 1994)−

『장기적으로 우리는 모두 죽었다.』케인스에 따르면 고전학파 경제학이 의거한「장기적 관점」은 이와 같은 명제를 서술하는 데 있다. 명제는「진실」이다. 그렇지만 케인스는 말한다. 『장기적 관점은 현재 사정에 관해서는 오류를 일으키기 쉽다.』확실히 지금까지의 모든 현재에 관해 명제는 타당하지 않다. 요컨대 명제는「잘못된 것」이 아니라「지나치게 올바른 것」이다.

현재 거시경제학의「아버지」가 케인스라는 것을 인정하지 않는 거시경제학자는 한 사람이 아니다. 그렇지만 그런 까닭에「아버지」의 죽음*을 선고하는 사람도 나왔다.

「아버지」의 죽음이 선고된 같은 해, 맨큐(1958~   )는 프린스턴 대학을 졸업하고, MIT대학원에 진학했다. 그에 따르면『1990년대에도 케인스 경제학이 존속하는지 어떤지, 당시로서는 불분명했다』.

　1987년 이후 하버드 대학 교수로 있는 맨큐는, 현재　새로운 케인스파 거시경제학(New Keynesian Macroeconomics)의 중요 성원 중 한 사람이다. 거기에서「아버지」는 새로운「몸」을 얻어「재생(re-incarnation)」했다.「부활(resurrection)」한 것은 아니다.「아버지」는 변모해『단기적으로 살아 있다. 그렇지만 장기적으로는 죽었다』라는, 당연한 조건하에 환영받았기 때문이다.

　이 책은 맨큐가《새로운 케인스파 경제학》이라고 제목을 붙인 학술 논문집*을 편집한 뒤 새로운 케인스파의 사고에 기초해 집필한 학부 생용 거시경제학 교과서다.

　「아버지」가 실업의 원인을 유효수요(총수요)의 부족에서 찾은 이래, 이 책 이전에 출간된 대부분의 거시경제학 교과서는 총수요에 관련된 논의에 그 대부분의 지면을 할애해왔다. 예를 들면 1980년대의 대표적 교과서인 루디거 W. 돈부시(Rudiger W. Dornbusch)＝피셔의《거시경제학》(초판 1978년)에서는 소비・투자・정부지출・수출입 등 총수요의 구성항목 결정요인에 관한 논의, 그것과 화폐시장에 관한 이론을 결합해 IS-LM체계를 도출해 그 분석결과로부터 총수요함수를 도출하는 절차에 관한 논의, 그리고 총수요관리정책으로써의 재정・금융정책에 관한 논의가 그 태반을 점하고 있다.

　그러나 총수요의 결정요인에 관해서는 거시경제학자 사이에서 커다란 견해 차이는 없다. 실제로 총수요함수의 정식화는 주요 쟁점이 아니다. 최대의 쟁점은 단기 총공급함수의 정식화다. 거시경제학에 관해 1970년대 후반 이후 확대일로를 걷게 되는「교과서」와「학술논문」사이의 괴리는 분석에 사용되는 수학 등의 기술상의 이유뿐만 아니라, 양자 사이에서 문제의 소재가 크게 달라져 온 것에도 그 이유가 있다. 그 결과 전문가가 중요도가 낮은 문제를 중요한 것과 같이 취급하게 되면, 교과서가 아니더라도「교과서적」으로 간주되게 된 것이다.

이런 의미에서 본다면 이 책은 교과서이지만, 「교과서적」은 아니다. 이 책에서는, 「장기/단기」 구별이 결정적인 총공급의 분석을 거시경제학의 중요한 문제로 명확히 하고 있다. 단기 총공급분석의 중심에는 새로운 케인스파의 주요 논점 중 하나이며, 완만한 가격조정 메커니즘에 관한 미시경제이론이 있다. 이 이론의 발전에 따라 「가격의 신축성/경직성」이라는 기준에 의거한 「장기/단기」의 구별이 이루어진다. 이 기준의 적용에 관한 특징이라면 「우선 최초로 가격이 신축적인 장기분석을 설명하고, 그 뒤에 가격이 경직적인 단기분석을 다루는 것」, 즉 「경제의 고전학파 모델로 시작해 장기균형을 충분히 설명한 다음, 그 장기균형으로부터의 괴리에 관해 논하는 것」이다.

요컨대 「아버지」가 죽어 있는 장기를 「완전한」 상태로 하여, 「아버지」가 살아 있는 단기를 「불완전한」 상태로 하는 것이다. 더구나 살아 있던 「아버지」가 죽는 것이 아니라, 죽은 「아버지」가 「재생」한다는 순서다. 이 순서의 역전은, 단순히 「아들」에 대한 「교육적 배려」 때문만이 아니다. 새로운 케인스 학파가 「새로운 고전학파 거시경제학(New Classical Macroeconomics)」에 의한 「아버지」의 죽음을 장기적으로는 인정한 다음, 「아버지」의 단기적인 「재생」을 기도하는 이론을 전개하는 데 대응하고 있는 것이다.

이 책은 이중적 의미에서 괴리를 메우는 데 성공했다. 하나는, 전문가가 다루는 문제와 교과서가 다루는 문제 사이의 괴리, 다른 하나는 거시경제학과 미시경제학 사이의 괴리이다. 이는 교과서로는 획기적인 것이며, 초판은 27개 국, 350개가 넘는 대학에서 교과서로 채택되었다.

물론 이 책이 채용하고 있는 「장기/단기」의 구별은 문자 그대로 「교과서적」이라는 비난을 받기 쉽다. 그러나 「교과서적」인 것은 오히려 현재의 전문적인 거시경제학 쪽이다. 이와 같은 상황을, 교과서를 한 권도 쓰지 않고 반 세기 전에 서거한 「아버지」는 어떻게 평가할 것인가? 아니면 반 세기란 「아버지」가 죽기에는 지나치게 충분할 정도로 장기인 것일까?

✱ ✱ ✱

「아버지」의 죽음

루카스 2세는 1980년의 논문 〈케인지언 경제학의 죽음(The Death of Keynesian Economics)〉에서 다음과 같이 서술하고 있다. 『40세 이하의 훌륭한 경제학자 중에는 자신 내지 자신의 일을 「케인스적」이라고 생각하는 사람은 없다. 실제 그들은 「케인스적」이라고 하면 기분나빠 한다. 연구회에서는 케인스적인 이론을 더 이상 진지하게 받아들이지 않는다. 사람들이 서로 실실 웃기 때문이다』. 물론 이와 같은 「불성실한」 상황을 초래하는 데 가장 큰 공헌을 한 사람은 루카스 그 자신이다.

맨큐가 편집한 학술논문집

N. Gregory Mankiw and David Romer eds., New Keynesian Economics, The MIT Press, 1991.

미시경제학

-조제프 E. 스티글리츠(Joseph E. Stiglitz, Economics, 1993)-

밀려왔다 밀려가는 파도와 같이 경제학의 유구한 역사에도 큰 진척의 시대와 깊은 침체의 시대가 있다. 오늘날 이론경제학은 새로운 변화의 물결 한가운데에 있다. 키워드는 「정보와 불확실성」이다. 스티글리츠는 재기 넘치고 기백이 날카로운 학자로서, 미시 및 거시의 모든 분야에서 「현대 경제학」을 구축해왔다.

스티글리츠는 1942년 미국 인디애나 주에서 태어나, 이론경제학의 성지인 MIT대학원에서 박사학위를 취득했다. 그 뒤 반(反)신고진학파의 아성이었던 영국 케임브리지 대학에서도 공부하면서 기존의 틀을 극복하려는 기개를 보였다. 그 뒤 미국의 몇몇 일류대학에서 교편을 잡고, 1988년 이후 스탠퍼드 대학의 교수로 있다. 그리고 1993년 이후 빌 클린턴(Bill Clinton) 정권의 경제자문위원회 일도 맡고 있다.

이 책의 내용은 「입문 · 미시 · 거시」로 나뉜다. 이 책에 대한 스티글리츠의 열의는 다음과 같은 말로 알 수 있다. 『경제학 입문 과정을 가르치는 위치에서 말하자면, 과거의 교과서는 현대 경제학의 지식, 즉 현대 경제학자가 세계에 관해 어떻게 생각하고 있는가를 이해하기 위해 필요한 원리일 뿐, 현대 경제가 문제를 이해하기 위해 필요하다고 여기는 원리를 제공하지 못한다고 느껴왔다. 21세기가 가까워지면서 우리는 마셜과 새뮤얼슨의 교과서를 넘어서는 경제학을 필요로 하고 있다』.

여기에서는 특히 「미시경제학」에 초점을 맞춰 이 책의 특징을 밝히고 싶다. 제1부는 「완전시장」이라는 제목으로 소비와 저축의 결정, 자산운용, 노동공급과 비용·생산의 문제를 해설하고 있다. 제2부는 「불완전 시장」이라는 제목으로 독점과 과점, 기술진보, 불완전정보, 기업 파이낸스와 기업조직, 외부성과 과세의 문제를 해설하고 있다. 이 책의 특색은 게임이론 및 정보와 불확실성의 경제학이라 일컬어지는 최신 테크닉을 사용해 현대 경제의 움직임을 소개하고 있다는 점이다. 몇 가지 주요 주제를 골라 간단히 살펴보자.

「효율적 시장이론」이란, 자산의 가격은 자산의 성질을 완전히 반영한 것이며, 우연히 얻어진 것이란 존재하지 않는다는 이론이다. 이 이론에 따르면 가격변화는 예상할 수 없었던 사건만을 반영해 랜덤워크(random walk)하게 된다. 효율적인 시장에서는, 투자가가 성공하는 것은 오로지 행운 때문이다. 그러나 투자가는 「내부자(insider) 거래」을 이용해 시장을 제압할 수 있다. 또 때때로 주가는 예측보다 대폭락하는 일이 있다. 케인스가 지적한 대로 주식시장의 예측은 「미인(美人)투표」와 같은 심리적인 믿음에 관한 문제이기 때문이다. 스티글리츠는 초보 투자가에게 이렇게 충고한다. 『시장에서 승리한다고 생각하기 전에 한 번 더 생각하자. 고수익(high return)에는 고위험(high risk)가 불가결하다』(제3장 참조).

「애컬로프의 레몬(lemon of G. Akerlof)」이란 품질과 유형을 소유자만 알고 다른 사람은 관찰할 수 없는 정보에 비대칭성이 있는, 중고차와 같은 재화 서비스다. 이와 같은 재화 서비스를 취급하는 시장에서는 「역선택」의 문제가 발생한다. 재화 서비스의 가격이 하락하는데도 품질 구성이 나빠져, 더 낮은 가격으로 수요되는 양이 더 높은 가격으로 수요되는 양보다 적게 되어, 시장이 관여할 수 없게 되기 때문이다. 정보의 비대칭성이 존재할 때에는 가격이 재화 서비스의 특징을 전파한다는 바로미터 기능이 정상적으로 작용하지 않게 된다. 따라서 소비자에게 품질정보의 「신호」를 보내거나 조건부 계약을 체결하는 방법이 발달하게 된다(제12장 참조).

기업금융의 「모딜리아니·밀러(F. Modigliani and Merton M. Miller) 정리」는 어떤 상황에서 기업이 부채로 자금을 조달하든 자기자본으로 자금을 조달하든, 조달방법은 문제가 아니라는 것이다. 그러나 실제의 주식회사는 재무구성에 커다란 주의를 기울인다. 거기에는 이유가 있다고 스티글리츠는 말한다. 채무액은 도산 가능성에 영향을 미치며, 채무와 자기자본은 상이한 조세조치를 받고 있으며, 채무액은 경영자의 인센티브에 영향을 미치며, 기업의 재무구성은 기업의 가치에 영향을 미치며, 재무구성은 회사 경영권의 소유구조에 영향을 미치는 것 등등…(제14장 참조).

이상의 예에서 스티글리츠의 교과서의 특색——현대 경제학의 특색 그 자체——이 부각된다. 어떠한 현대적 경제문제를 논하더라도 먼저 중심이 되는 벤치마크 모델을 준비한다. 그리고 그 벤치마크가 성립하기 위한 조건을 상세히 음미해, 조건이 결여될 때 결론이 어떤 식으로 바뀔 것인가를 흥미 깊게 고찰한다. 하나의 문제에 대한 접근과 해답은 하나가 아니다. 경제분석의 다원주의, 그것이야말로 현대 경제학자 스티글리츠의 매력이다.

경제학사 연대표

연대	경제학 문헌	경제학자	참고사항
1615	몽크레티앵, 《경제학개론》	먼(1571-1641)	네덜란드, 동인도회사 설립
1621	먼, 《동인도무역론》	**페티(1623-87)**	(1602)
1651	홉스, 《리바이어던》	로크(1632-1704)	30년전쟁(1618-45)
1662	페티, 《조세공납론》	부아기이베르(1646-1714)	청교도혁명(1642)
1664	먼, 《외국무역에 의한 영국의 재	맨더빌(1660-1733)	영국, 항해조례 공표(1651)
1668	화》	로(1671-1729)	영국, 왕정복고(1660)
	차일드, 《무역 및 이자약설》		프랑스, 동인도회사 재건
1690	**페티, 《정치산술》**	**케네(1694-1774)**	(1664)
1692	로크, 《이자인하 및 화폐가치 인상	**캉티용(? -1734)**	영국, 명예혁명(1688)
	에 관하여》		잉글랜드은행 설립(1695)
1706	부아기이베르, 《프랑스실정》	흄(1711-76)	프로이센 왕국 성립(1701)
1713	데포, 《마케이타, 무역부활론》	**스튜어트(1713-80)**	유트레히트 조약(1713)
	(-1714)		
1714	맨더빌, 《꿀벌의 우화》	**애덤 스미스(1723-90)**	
1728	데포, 《영국의 무역사정》	튀르고(1727-81)	영국, 남해포말회사사건
1741	쥐스밀히, 《신의 질서》	가리아니(1727-87)	(1720)
1752	흄, 《정치론》	벤담(1748-1832)	《백과전서》 간행개시(1751)
1755	**캉티용, 《상업시론》**		7년전쟁(1756-63)
1758	**케네, 《경제표》**	손턴(1760-1815)	
1759	**애덤 스미스, 《도덕감정론》**	**맬서스(1766-1834)**	
1762	루소, 《사회계약론》	**세(1767-1832)**	산업혁명 시작
1767	**스튜어트, 《경제원리》**	오웬(1771-1858)	영국, 인지조례(1765)
1770	튀르고, 《부의 형성과 분배에 관한	**리카도(1772-1823)**	영미, 인지조례 폐지(1766)
	성찰》	**시스몽디(1773-1842)**	
1771	베리, 《경제학에 관한 제고찰》	튀넨(1783-1850)	보스턴 차사건(1773)
1776	**애덤 스미스, 《국부론》**	**리스트(1789-1846)**	미국, 독립선언(1776)
1787	벤담, 《고리옹호론》	존스(1790-1855)	프랑스혁명(1789)
1793	고드윈, 《정치적 정의에 관한 연	시니어(1790-1864)	루이16세 처형(1793)

연도	저작	인물	사항
	구》	베일리(1791-1870)	
1798	맬서스, 《인구론》	배비지(1792-1871)	나폴레옹 집정정부(1799)
1800	피히테, 《봉쇄상업국가론》		오웬, 공장경영 개시(1800)
1803	세, 《경제학개론》	쿠르노(1801-77)	영국, 공장법 시행(1802)
1810	리카도, 《지금(地金)의 고가》	J. S. 밀(1806-73)	
1817	리카도, 《경제학 및 과세의 원리》	프루동(1809-65)	영국, 금본위제 확립(1816)
1819	시스몽디, 《경제학신원리》	고센(1810-58)	
1820	맬서스, 《경제학원리》	로셔(1817-94)	
1821	제임스 밀, 《경제학요론》	마르크스(1818-83)	미국, 먼로선언(1823)
1826	튀넨, 《고립국》(제1부)		
1831	존스, 《지대론》		프랑스, 7월혁명(1830)
1835	케틀레, 《인간에 관하여》	발라(1834-1910)	독일관세동맹 성립(1834)
1838	쿠르노, 《부의 이론의 수학적 원리에 관한 연구》	제번스(1835-82) 슈몰러(1838-1917)	
1839	블랑, 《노동 조직》	멩거(1840-1921)	
1840	프루동, 《재산이란 무엇인가》	마셜(1842-1924)	아편전쟁(1840)
1841	리스트, 《경제학의 국민적 체계》	파레토(1848-1923)	영국, 10시간노동법 성립(1847)
1848	마르크스·엥겔스, 《공산당선언》 J. S. 밀, 《경제학원리》	빅셀(1851-1926) 비저(1851-1926)	프랑스, 2월혁명(1848)
1854	고센, 《인간의 교환의 제법칙 및 이에 유래하는 거래행위의 제준칙 전개》	뵘바베르크(1851-1914)	런던 만국박람회 개최(1851) 크림전쟁(1854)
1859	마르크스, 《경제학비판》	베블런(1857-1929)	
1862	라살, 《노동자강령》	코먼스(1862-1945)	미국, 남북전쟁(1861)
1867	마르크스, 《자본론》(제1부)	좀바르트(1863-1941)	제1인터내셔널, 런던에서 성립(1864)
1871	제번스, 《경제학이론》 멩거, 《국민경제학원리》 뒤링, 《국민경제학 및 사회주의의 비판적 역사》	베버(1864-1920) 카셀(1866-1945) 피셔(1867-1947) 룩셈부르크(1870-1919)	수에즈운하 개통(1869) 보불전쟁(1870-71) 파리 코뮌(1871)
1874	발라, 《순수경제학요론》(-1877)	힐퍼딩(1877-1941) 피구(1877-1959)	독일제국 성립(1871) 만국우편연합(1874)
1875	슈몰러, 《법과 국민경제의 근본문제》		인도제국 성립(1877)
		미제스(1881-1973)	러시아·터키전쟁(1877-78)
1883	멩거, 《경제학의 방법에 관한 연구》	케인스(1883-1946) 슘페터(1883-1950)	
1884	뵘바베르크, 《자본과 자본이자》		페이비언협회 성립(1884)

연도	저작	인물	사건
	(제1권)		
	토인비, 《영국산업혁명사강의》		미국, 노동총동맹 성립
1885	마르크스, 《자본론》(제2부)	나이트(1885-1972)	(1886)
	블랑키, 《사회비평》	한센(1887-1975)	
1889	비저, 《자연가치론》		제2인터내셔널, 파리에서 성
			립(1889)
1890	마셜, 《경제학원리》	로버트슨(1890-1963)	제1회 노동절(1890)
1893	빅셀, 《가치, 자본 및 지대에 관하	콘트라티에프	
	여》	(1892-1938)	
1894	마르크스, 《자본론》(제3부)	스라파(1898-1983)	청일전쟁(1894-95)
1896	뵘바베르크, 《마르크스체계의 종	로빈스(1898-1984)	제1회 근대올림픽, 아테네에
	결》	뮈르달(1898-1987)	서 개최(1896)
	파레토, 《경제학강의》	하이에크(1899-1992)	미국·스페인전쟁(1898)
1898	빅셀, 《이자와 물가》	칼레츠키(1899-1970)	보어전쟁(1898-1902)
1899	베블런, 《유한계급론》	도브(1900-76)	
		해러드(1900-76)	
1901	투간파라노프스키, 《영국공황사	모르겐슈테른(1902-77)	노벨상 제정(1901)
	론》	폰 노이만(1903-57)	
1902	좀바르트, 《근대자본주의》	로빈슨(1903-83)	시베리아철도 완성(1902)
	홉슨, 《제국주의론》	힉스(1904-89)	영·일동맹(1902)
1904	베버, 《사회과학방법론》	랑게(1904-65)	러·일전쟁(1904-05)
	베블런, 《기업이론》	칸(1905-89)	
	베버, 《프로테스탄티즘의 윤리와	레온티에프(1906-1994)	
	자본주의 정신》(-1905)	조제스쿠 뢰겐(1906-94)	
1905	마르크스, 《잉여가치학설사》(제		제1차 모로코 사건(1905)
	1, 2권)	갤브레이스(1908-)	
1906	파레토, 《경제학요론》	칼도어(1908-86)	3국협상(1907)
1908	슘페터, 《이론경제학의 본질과 주	볼딩(1910-93)	
	요내용》	코스(1910-)	
1910	힐퍼딩, 《금융자본론》	스위지(1910-)	일본, 한국합병(1910)
1911	피셔, 《화폐의 구매력》	스티글러(1911-91)	제2차 모로코 사건(1911)
1912	슘페터, 《경제발전의 이론》	프리드먼(1912-)	
1913	룩셈부르크, 《자본축적론》	버그슨(1914-)	포드자동차회사, 대량생산
1917	레닌, 《제국주의론》	새뮤얼슨(1915-)	개시(1913)
1920	피구, 《후생경제학》	사이먼(1916-)	제1차 세계대전(1914-18)
		로스토(1916-)	베르사유 조약(1919)

연도	저서	인물	세계사
		토빈(1918-)	
		뷰캐넌(1919-)	
		민스키(1919-)	
		클라인(1920-)	
1921	베버,《경제와 사회》 나이트,《위험·불확실성 및 이윤》	애로(1921-) 드브뢰(1921-) 롤스(1921-)	중국공산당 성립(1921) 워싱턴회의(1921-22)
1922	카셀,《화폐 및 외환론》	패틴킨(1922-)	국제사법재판소(1922)
1923	케인스,《화폐개혁론》		독일, 마르크화 폭락
1926	로버트슨,《은행정책과 가격수준》	솔로(1924-)	(1923)
1930	케인스,《화폐론》	한(1925-) 포겔(1926-) 베커(1930-) 데이비드슨(1930-) 패시네티(1930-) 바네크(1930-)	로카르노 조약(1925) 세계대공황(1929)
1931	하이에크,《가격과 생산》 뮈르달,《화폐균형론》		만주사변(1931)
1932	로빈스,《경제학의 본질과 의의》 벌리·민스,《근대주식회사와 사유재산》		5·15사건(1932)
1933	로빈슨,《불완전경쟁의 경제학》 하벌러,《국제무역론》	페르푸스(1933-) 센(1933-)	독일, 히틀러정권 성립 (1933)
1934	코먼스,《제도파경제학》 더글러스,《임금의 이론》		일본, 국제연맹 탈퇴(1933) 미국, 뉴딜 정책 개시(1933)
1936	해러드,《경기순환론》 케인스,《고용, 이자 및 화폐의 일반이론》		스페인 내전(1936-39)
1937	도브,《정치경제학과 자본주의》 바르가,《세계경제공황사》(제1권)	루카스(1937-)	중일전쟁 발발(1937) 독소불가침조약(1938)
1939	힉스,《가치와 자본》 슘페터,《경기순환론》 칼레츠키,《경제변동논집》 마르크스,《경제학비판요강》(-1941)	보울즈(1939-) 포스너(1939-) 펠드스타인(1939-)	미국, TV방송 개시(1939) 제2차 세계대전(1939-45) 독일·이탈리아·일본 3국동맹(1940)
1941	한센,《재정정책과 경기순환》		대서양헌장(1941)

연도			
1942	레온티에프, 《미국경제의 구조》 슘페터, 《자본주의 · 사회주의 · 민주주의》	스티글리츠(1942-) 서젠트(1943-)	태평양전쟁 개시(1941)
1944	스위지, 《자본주의발전의 이론》 랑게, 《가격신축성과 고용》 노이만-모르겐슈테른, 《게임이론과 경제행동》		노르망디 상륙작전(1944) 브레턴우즈 협정(1944) 미국, 원폭 투하(1945)
1946	하이에크, 《노예에의 길》		국제연합 성립(1945)
1947	도브, 《자본주의발전의 연구》		마셜 플랜(1947)
1948	새뮤얼슨, 《경제분석의 기초》 새뮤얼슨, 《경제학》		GATT 조인(1947) OEEC 결성(1948)
1949	해러드, 《동태경제학서설》		
1950	미제스, 《인간행동》 코먼스, 《집단행동의 경제학》		NATO 조인(1949) 한국전쟁(1950-53)
1951	애로, 《사회적 선택과 개인적 평가》		미일안전보장조약(1951)
1953	프리드먼, 《실증경제학의 방법과 전개》		
1954	클라인, 《계량경제학》 슘페터, 《경제분석의 역사》 칼레츠키, 《경제변동이론》		아시아 · 아프리카회의(1955)
1956	로빈슨, 《자본축적론》 패틴킨, 《화폐 · 이자 및 가격》		바르샤바 조약(1955)
1957	뮈르달, 《경제이론과 저개발지역》		소련, 인공위성 발사(1957)
1958	사이먼, 《인간행동모델》	맨큐(1958-)	EEC 발족(1958)
1959	갤브레이스, 《풍요한 사회》 프리드먼, 《화폐의 안정을 목표로》		EFTA 조인(1959) 쿠바혁명(1959)
1960	드브뢰, 《가치론》 로스토, 《경제발전의 제단계》 하이에크, 《자유의 조건》 스라파, 《상품에 의한 상품의 생산》		미일신안보조약(1960) 아프리카의 해(1960) OECD 조인(1960)
1962	프리드먼, 《자본주의와 자유》		베를린장벽(1961-89)
1967	갤브레이스, 《새로운 산업국가》		쿠바 위기(1962)
1968	뮈르달, 《아시아의 드라마》		미국, 케네디 대통령 암살

	볼딩, 《경제학을 넘어서》	(1963)
	스티글러, 《산업조직론》	EC 발족(1967)
1969	힉스, 《경제사의 이론》	미국우주선 달나라 착륙
1970	솔로, 《성장이론》	(1969)
1971	해러드, 《사회과학이란 무엇인가》	
	애로·한, 《일반균형분석》	
1972	칸, 《고용과 성장》	미소, SALT I 조인(1972)
1973	데이비드슨, 《화폐경제이론》	베트남평화협정(1973)
1975	뷰캐넌, 《자유의 한계》	제1회 서미트(1975)
1976	조제스쿠 뢰겐, 《경제학의 신화》	미소, SALT II 조인(1979)
1977	갤브레이스, 《불확실성의 시대》	소련, 아프가니스탄 침공
1980	프리드먼 부부, 《선택의 자유》	(1979)
	콜나이, 《부족의 경제학》	이란·이라크 전쟁(1980)
	토빈, 《거시경제학의 재검토》	
1981	루카스·서젠트, 《합리적 기대형성론》	
	패시네티, 《구조변화와 경제성장》	
1982	민스키, 《투자와 금융》	포클랜드 분쟁(1982)
	칼도어, 《머니터리즘의 죄과》	미군, 그레나다 침공(1983)
1986	부아예, 《레귤라시옹 이론》	소련 서기장 고르바초프, 페
1987	루카스, 《거시경제학의 프런티어》	레스트로이카 제창(1986)
1988	코스, 《기업·시장·법》	냉전종식선언(1989)
1992	맨큐, 《거시경제학》	걸프 전쟁(1991)
1993	스티글리츠, 《미시경제학》	

인명 색인

스미스, A 24, 29, 34, 37, 45, 57,
       66, 149
스위지, P. M 197
스위프트, J 102
스콧, J 167
스탈린 198
스턴, J. R 190
스튜어트, J 33
스티글러, G. J 136, 166, 297
스티글리츠, J. E 365
시스몽디, S 53
시오노야 유이치 195

[ㅇ]

아글리에타, M 349
애들러, M 117
아리스토텔레스 163
애로, K. J 63, 229, 266, 301, 313
애컬로프, G. A 367
앨런, R. G. D 182
엘리, R. T 185
엥겔, E 338
엥겔스, F 74
오쿠무라 히로시 167
오키시오 노부오 199
올린, B. G 191, 322
와그너, R. E 282, 328
와트킨스, J 63
우노 고조 119
우드, A 319

우자와 히로부미 353
웰즈, D. A 209
윅스티드, P. H 160
윌리엄슨, O. E 360
유클리드 43

[ㅈ]

잘린, E 68
제번스, W. S 21, 64, 77, 81, 93
제숍, B 352
젤텐, R 207
조제스쿠 뢰겐, N 329
좀바르트, W 109

[ㅊ]

체르니셰프스키, N. G 76
체임벌린, J 130

[ㅋ]

카바니스, P. J. G 48
카셀, G 137
카우츠키, K. J 117
칸, R. F 245, 317
칼도어, N 182, 242, 319, 345
칼레츠키, M 241
캉디용, R 21
캐넌, E 161
케네, F 25, 115

케네디, J. F 257

케이브스 R. E 298

케인스, J. M 60, 127, 140, 141,
　　　　　146, 149, 158, 173,
　　　　　185, 201, 243, 306,
　　　　　317, 353

코리아, B 349

코먼스, J. R 185, 225

코스, R. H 357

코시티에르 316

코츠, D. M 167

콜리지, S 316

콩도르세, M 42

콩트, A 70

쿠르노, A. A 61, 80

쿠즈네츠, S 271

쿠친스키, M 25

크니스, K. G. A 92

크스로프스키, P 92

클라우지우스, R. E 296

클라워, R. W 321

클라인, L. R 237

클라크, C. G 19

클라크, J. B 134, 209

클린턴 365

클림트, G 128

킹, S 289

〔ㅌ〕

타르드, J. G 128

테일러, H 276

토빈, J 159, 264, 323, 333

톰슨, W 76

투간바라노프스키, M. I 188

투크, T 98

트라시, D 48

트라이치케, H 89

틴베르겐, J 124

〔ㅍ〕

파레토, V 85, 181

파비운케, G 68

패시네티, L. L 174, 337

패틴킨, D 249, 301

페티, W 17

포드, H 352

포퍼, K. R 284

폭스웰, M. S 130

폰지, C 344

폴라니, M 276

퐁파도르부인 25

푸아송, S. D 61

프레스콧, E. C 335

프로이트, S 128

프루동, P. J 76, 86

프리드리히 2세 90

프리드먼, M 133, 215, 233, 261,
281, 295, 334

프리슈, R 122

프릿다, B. P 92

서명 색인

□ 역자 약력 □

부산대학교 무역학과 졸업
고려대, 성균관대, 와세다대학 대학원 졸업(경제학 박사)
홍익대학교 경영연구소 소장
와세다대학 상학부 초빙교수
한일경상학회 상임이사
현재 한국무역학회 회장, 홍익대학교 경영대학 무역학과 교수
저서 :《국제경제》(일본어판 공저)
《국민경제형성과 보호무역》(한국무역학회 제12회 무역학술상 수상저서)
《관세이론》(일본무역진흥회 1993년도 학술상 수상)
《관세론》(공저)

•

세계를 움직인 경제학 명저 88

•

엮은이 / 네이 마사히로
옮긴이 / 이 균
펴낸이 / 박용정
펴낸곳 / 한국경제신문사
등록 / 제2-315(1967. 5. 15)
제1판 1쇄 인쇄 / 1998년 7월 20일
제1판 2쇄 발행 / 1999년 4월 25일
주소 / 서울특별시 중구 중림동 441
출판팀 / 3604-553~8
출판판매팀 / 3604-595~6
FAX / 360-4599

•

＊ 파본이나 잘못된 책은 바꿔 드립니다.
ISBN 89-475-2250-3

•

값 9,500원

강대국의 흥망

폴 케네디 著
李日洙·全南錫·黃建　共譯
〈양장 / 628면 / 13,000원〉

역사학자이자 미국 예일대 교수인 저자는 이 책에서 지난 5세기 동안에 전개되었던 강대국들의 흥망성쇠는 그들의 경제력과 군사력의 변화 추이에 의해서 좌우되어 왔다고 진단하면서 앞으로 다가오는 21세기에는 미국·소련·서유럽 등의 쇠퇴와 중국·일본 등 아시아 강국들의 부상을 예언하고 있다. 〈뉴욕타임스 선정 최우수 도서〉

21세기 준비

폴 케네디　著
邊道殷·李日洙　譯
〈양장 / 500면 / 11,000원〉

우리에게 충격을 던졌던「강대국의 흥망」저자 폴 케네디 교수가 다가올 21세기 문명세계의 각종 위기를 명쾌히 분석·정리한 力著. 이 책은 향후 30년 사이 우리에게 닥칠 도전들과 그 대응방법 그리고 인구폭발, 환경오염, 생물공학, 로봇, 통신수단, 가공할 파워의 양태 등을 특유의 통찰력으로 분석·예견하고 있다.

메가트렌드 2000

존 나이스비트 외　共著
金弘基　譯
〈양장 / 444면 / 9,800원〉

90년대는 정치개혁과 경이적인 기술혁신 등으로 인류에게 지금까지와 전혀 다른 변화양상을 안겨줄 것이다. 이 책은 90년대의 변화로 경제호전, 예술의 번영, 시장사회주의의 출현, 복지국가의 쇠퇴 등, 과거 어둡고 비관적인 세기말적 변화보다는 밝고 새로운 흐름을 부각시키고 있다.

메가트렌드 아시아

존 나이스비트　著
홍 수 원　譯
〈양장 / 402면 / 9,500원〉

미래예측가로 세계적 명성을 떨치고 있는 나이스비트는 21세기에는 아시아가 미국주도의 상품과 소비시장에 가장 중요한 경쟁자로 떠오를 것으로 내다보고 현재 역동적으로 변화하는 아시아의 모습을 8가지 트렌드로 분석했다. 특히 아시아와 세계라는 맥락 속에서 한국에 나타나고 있는 폭넓은 변화들을 살펴보고 한국이 아시아에 기여할 수 있는 방안도 짚고 있다.

20세기를 움직인 思想家들

기 소르망　著
姜偉錫　譯
〈신국판 / 426면 / 8,000원〉

20세기 사상계에 결정적인 영향을 끼친 사람들은 과연 누구인가? 프랑스의 저명한 경제학자이자 사회학자인 기 소르망이 29명의 생존해 있는 현대 최고의 사상가들과 직접 인터뷰를 통해 그들 자신이 선택한 분야에 전생애를 바친 사상과 사색의 놀라운 통찰을 기록·정리한「살아있는 도서관」.

資本主義 종말과 새 世紀

기 소르망　著
金廷銀　譯
〈양장 / 628면 / 13,000원〉

세계적인 석학인 저자는 자본주의 체제를 위협하는 것은「도덕적 불만」과「자본주의에 대한 몰이해」라고 주장하고 러시아·중국·독일·인도 등 20여개국의 자본주의의 현재 모습을 생생히 그리고 있다. 또한 현재의 자본주의의 위기를 극복하기 위한 구체적인 실천방안에 대해서도 통찰하고 있다. 방대한 분량인데도 르포형식이어서 전혀 지루하지 않다.

미래기업

피터 드러커　著
高柄國　譯
〈양장 / 416면 / 9,500원〉

우리 시대의 가장 뛰어난 사회·경영학자이자 미래학자인 드러커의「변혁시대 기업생존전략 연구서!」이 책은 세계경제가 빠르게 바뀌어 감에 따라 기업의 새로운 생존 경영전략 모델, 즉 기업이 살아남기 위한 5가지 변화조건을 예리하게 분석·고찰했다. 특히 사회·경제학 시각에서 세계경제 흐름을 통찰한 力著.

자본주의 이후의 사회

피터 드러커　著
李在奎　譯
〈양장 / 328면 / 9,000원〉

사회주의권의 급격한 몰락 이후 탈냉전 분위기가 고조되고 있는 시점에서 향후 세계 변화가 주요 관심사로 떠오르고 있다. 저자는 이 책에서 향후 세계는 자본주의적 시장구조와 기구는 그대로 존속되겠지만 주권국가의 통제력은 약화되고 전문지식을 갖춘 지식경영자 중심의 글로벌화 사회가 될 것으로 예측하고 있다.

미래의 결단

피터 드러커 著
이 재 규 譯
〈양장 / 408면 / 9,000원〉

현대 경영학의 대부, 피터 드러커는 이 책에서 「스스로를 다시 생각함으로써 회생할 수 있다」고 전제하고 기업의 5가지 치명적 실수, 가족기업을 경영하는 규칙, 대통령을 위한 6가지 규칙, 새로운 국제시장의 개발, 3가지 종류의 팀조직, 오늘날 경영자들이 필요로 하는 정보 등 바람직한 미래를 실현하기 위한 방안을 제시했다. 21세기를 위한 새롭고 시의적절한 경영지침서.

비영리단체의 경영

피터 드러커 著
현 영 하 譯
〈신국판 / 406면 / 8,000원〉

선진국에서는 학교, 자선단체 등 비영리단체의 경영혁신이 선풍을 일으키고 있다. 이 책은 필자가 교수생활을 하면서 비영리단체에서 봉사했던 경험을 바탕으로 조직관리, 예산 등 경영전반에 대한 문제점을 심도있게 분석하고 개선방안을 제시했다. 전문가들과의 대담을 통해 경영의 효율성을 높이기 위한 여러가지 방안이 눈길을 끈다.

트러스트

프랜시스 후쿠야마 著
구 승 회 譯
〈양장 / 500면 / 12,000원〉

한 나라의 경제는 규모만으로는 설명될 수 없고 문화적 요인이 중요하다. 이 문화적 요인이 사회적 자본이며 가장 중요한 덕목이 바로 신뢰다. 저자는 이 책에서 개인주의, 가족주의에 기반을 둔 저신뢰 사회의 특성을 혹독하게 비판하면서 건강한 사회가 되려면 공동체적 연대와 결속의 기술을 터득해야 하며 신뢰는 경제와 사회, 문화를 아우르는 놀라운 가치라고 강조한다.

코피티션

배리 J. 네일버프 · 아담 M. 브란덴버거 著
김 광 전 譯
〈양장 / 384면 / 9,000원〉

비즈니스 게임은 끊임없이 변하므로 전략도 당연히 변해야 한다. 경쟁(competition)과 협력(cooperation)에 관한 과거의 법칙들을 넘어서서 양자의 장점을 결합한 코피티션 전략은 기존의 비즈니스 게임을 혁신할 혁명적인 신사고다. 저자들은 게임 자체를 변화시켜서 이득을 최대화하는 방법을 보여주는 5가지 요소(전략의 PARTS)의 비즈니스 전략을 체계적으로 제시했다.

지구의 변경지대

로버트 케이플런 著
황 건 譯
〈양장 / 582면 / 12,000원〉

베일에 가려져 있던 서아프리카에서 중동을 거쳐 러시아의 외곽지대인 중앙아시아, 중국, 인도를 거쳐 캄보디아, 태국, 베트남에 이르는 대장정을 끝내고 저자가 내린 결론은 한마디로 암울하다는 것이다. 이 책은 저자가 새로운 분쟁지역으로 떠오르고 있는 지구 곳곳을 다니면서 문제점을 지적하고 혼란에 빠진 이들에게도 따뜻한 시선을 보내자고 제안하고 있다.

회사인간의 흥망

앤소니 샘슨 著
이 재 규 譯
〈양장 / 490면 / 9,800원〉

이 책은 17세기 동인도회사에서 현재의 마이크로소프트사에 이르기까지 기업의 변화과정과 직장인들의 문화변천사를 통해 회사인간이란 무엇인가를 규명했다. 생생한 인물묘사와 인터뷰, 사례를 곁들이면서 전혀 도전받을 일이 없을 듯이 보였던 「기업관료들」이 어떻게 레이더스, 모험기업가, 일본의 경쟁자들, 컴퓨터, 여자회사인간들에 의해 차례차례 공격당했는가를 밝히고 있다.

금융시장 예측

김 성 우 著
〈양장 / 452면 / 12,000원〉

주식, 금리, 상품 등의 현물시장은 물론 선물 및 옵션 등의 파생상품시장에서도 생존할 수 있는 방법을 다양하게 제시하고 있다. 20여년간 외환시장 등 다양한 시장에서 딜러, 투자가, 분석가로 활동하며 풍부한 현장경험을 가지고 있는 저자가 시장상황에 따른 기술적 지표의 요령과 심리적 동요의 극복방안을 현장사례 중심으로 상세히 설명하고 있다.

21세기 중국

박 정 동 編著
〈양장 / 362면 / 9,000원〉

덩샤오핑이 사망함에 따라 곳곳에서 그 기반이 흔들리는 조짐이 나타나고 있다. 그의 체제를 이어받은 장쩌민 체제는 안정과 성장을 지속시켜 나갈 수 있을까. 과연 중국은 어떻게 변할 것인가. 아시아의 안정과 발전을 저해하는 군사대국으로 비화할 가능성이 큰 중국의 현재와 미래를 철저히 진단한 중국탐구서.

팝 인터내셔널리즘

폴 크루그먼 著
김광전 譯
〈신국판 / 276면 / 7,000원〉

산업위축과 실업증가, 실질소득 향상의 둔화를 비롯해 소득격차의 확대, 산업시설의 유출 등 선진 경제가 지닌 문제점을 상세히 분석하고 그 원인이 개발도상국과의 교역에 있는 것이 아니라 선진국의 산업구조 변화와 기술발전에 있다고 밝히고 있다. 레스터 서로에 필적하는 20세기 최고의 40대 경제학자인 저자가 지적하는 개도국 성장 비결은 우리에게 시사하는 바가 크다.

2020년

해미시 맥레이 著
金光田 譯
〈양장 / 408면 / 9,000원〉

다양한 인종만큼이나 상이한 정치·경제체제와 독특한 문화양식을 지니고 있는 세계 각국은 저마다의 주무기를 앞세워 미래를 설계하고 있다. 경제평론가인 저자는 앞으로 국가경쟁력을 결정짓는 요인은 기술이 아니라 문화라고 강조한다. 현재 세계 각국이 처해 있는 상황을 바탕으로 치밀하게 전망한 2020년경의 세계 각국의 모습에서 우리의 진로는 어떻게 모색해야 할 것인가?

제 4 물결

허먼 메이너드 2세
수전 E. 머턴스 共著
韓榮煥 譯
〈양장·4×6판 / 240면 / 5,000원〉

21세기의 범세계적 기업을 위한 낙관적 비전을 제시하고 있는 이 책은 한마디로 앨빈 토플러의 《제3물결》을 넘어 장기적 미래의 비전에 집중하고 있다. 지금 우리가 공업화를 상징하는 「제2물결」에서 탈공업화적인 「제3물결」로 전이하고 있지만, 머지 않은 곳에서 새로운 차원의 「제4물결」이 밀려오고 있다고 진단하고 있다.

株式市場 흐름 읽는 법

浦上邦雄 著
朴承源 譯
〈신국판 / 200면 / 5,500원〉

언뜻 보기에 무질서하고 예측이 불가능해 보이는 주식시장도 장기적으로 보면 특정한 네 개의 국면을 반복하고 있다는 것을 알 수 있다. 이 책은 이 네 개의 국면이 어떤 요인에 의해 순환되고 각각의 국면에서 어떤 종목이 활약하는가를 숙지할 수 있는 안목을 제시해주고 주식투자시 리스크를 피하는 방법에 대해서도 설명하고 있다.

유머人生 1～6

韓國經濟新聞社 出版部 編
〈4×6판 / 244면 / 4,500원〉

많은 독자들이 1980년 12월부터 본지에 연재되고 있는 「海外유머」를 책으로 출판했으면 어떨지, 그런 계획은 없는지 물어왔다. 이 책은 독자들의 그러한 성원에 보답하자는 취지로 출판되었으며 우스갯소리 가운데서 인생의 묘미도 느끼고 영어공부도 할 수 있게끔 어려운 단어나 語句에는 주석을 달아 독자들의 이해를 돕고자 노력했다.

성공적인 점포경영 33選

류광선 著
〈신국판 / 368면 / 9,000원〉

5,000만원 정도의 소자본으로, 심지어 무자본으로도 사업을 시작할 수 있는 아이디어를 담았다. 저자가 현장을 발로 뛰면서 바로 개업하기에 유망한 33개 업종을 선별, 입지선정부터 개업절차·경영 비법까지 최신 노하우를 총집결시켰다. 경영지침이나 사업의 성패진단법은 물론 직접 점포를 운영하는 사람들의 현장 목소리를 담아 차별화를 꾀했다.

부동산 경매를 잡아라

전 철 著
〈신국판 / 248면 / 6,500원〉

법원경매든 성업공사 공매든 경매는 이제 누구나 쉽게 배우고 참여할 수 있게 되었다. 경매물건에 대한 마음가짐을 얼마나 유연하고 객관적인 자세로 평가할 수 있느냐가 성공의 지름길이다. 이 책은 부동산 경매에 대한 전반적인 원리를 누구나 알기쉽게 배울 수 있도록 설명했다. 특히 실전사례중심으로 실패없는 부동산 경매 방법을 체계적으로 정리한 실전 가이드다.

임대주택을 잡아라

최문섭 著
〈신국판 / 230면 / 6,500원〉

최근 다양한 부동산개발 유형이 쏟아져 나오고 있지만 자신이 소유하고 있는 땅에 가장 어울리면서 수익을 많이 올릴 수 있는 방법을 찾는 것은 쉬운 일이 아니다. 이 책은 자신이 소유하고 있는 땅의 위치, 교통 여건, 주변 생활환경 등을 따져 본 후 높은 수익을 올리고 미래 발전 가능성이 있는 최적방안을 여러 사례별로 제시, 임대주택으로 투자에 성공하는 방법을 담고 있다.

일본 쪼개보기

황인영 著

〈신국판 / 336면 / 7,500원〉

일본이 거론하고 있는 독도문제나 잇따른 우익 망언에 대해 논리적이고 설득력 있게 대응해야 한다. 이 책은 일본의 본질을 이해하기 위해 한일관계의 역사적 배경을 추적하면서 그들의 독특한 문화와 사고방식, 행동양식을 105가지의 짧은 얘기로 분석하고 있다. 특히 역사적으로 형성된 일본 특유의 무사도 정신과 장인정신, 직업 세습풍토의 배경과 그 실체를 벗기고 있다.

대기업을 이기는 벤처비즈니스

마키노 노보루·강동우 著
유세준 譯

〈신국판 / 212면 / 5,500원〉

첨단 기술력과 재빠른 정보수집력을 갖춘 모험심 강한 중소기업이 대기업보다 훨씬 더 유연하게 시장상황에 대처하고 있으며 성공해 가고 있다. 마이크로소프트, 인텔 등이 그 예다. 이 책은 재편되고 있는 경제구조 속에서 앞서 나가고 있는 일본 벤처기업들의 사례와 실리콘밸리의 성공전략을 살펴보고 틈새시장을 공략하는 요령과 아이디어, 국제적 제휴전략 등을 다루고 있다.

시간이동

스테판 레트샤픈 著
형선호 譯

〈신국판 / 380면 / 9,000원〉

사람들에게 있어서 시간은 객관적인 것이 아니라 주관적인 것이다. 이 책에서 저자는 시간에 대한 사고방식을 바꿈으로써 자신의 인생에 대한 통제를 되찾을 수 있다고 강조한다. 그 과정을 통해 우리는 인생을 최대한 즐길 수 있으며 많은 시간을 우리 자신과 가족과 함께 더 한층 고양된 삶의 의미를 느낄 수 있다. 이 책은 명상서로서 자신의 삶을 컨트롤하는 방법을 제시한다.

소명으로서의 기업

마이클 노박 著
김진현 監譯

〈신국판 / 280면 / 7,000원〉

실업과 빈곤의 해결책은 무엇일까. 마이클 노박은 종교적 윤리 기반위에 선 민간기업만이 그 해결책이 될 것이라고 명쾌하게 주장한다. 민주자본주의 하에서 신학적·윤리적 기초를 갖는 기업이야말로 이윤창출기관인 동시에 민주주의와 인권을 증진시키는 기관이며 사회공동체를 만드는 기관이다. 기업의 위치, 정신의 설정과 사회관계 정립에 등불이 될 내용들이 가득하다.

마음을 치유하는 79가지 지혜

레이첼 나오미 레멘 著
채선영 譯

〈신국판 / 390면 / 7,500원〉

정신분석학자로서 영혼의 연금술사로 평가받는 저자는 보다 큰 평화를 가져다주는 것은 우리가 서 있는 바로 이곳, 또 이곳에서 만나는 사람들을 있는 그대로 받아들일 수 있게 해줄 치료제, 즉 영혼을 위한 약이 필요하다는데 초점을 맞추고 있다. 저자의 따뜻한 식탁의자에 영혼이 충만한 의사와 환자, 그리고 동료들이 둘러앉아 나누는 그들의 삶은 무한한 가능성의 목소리로 들린다.

복잡계란 무엇인가

요시나가 요시마사 著
주명갑 譯

〈양장·4×6판 / 284면 / 7,000원〉

세계는 복잡계(Complex System)열풍에 휩싸여 있다. 『무수한 구성요소로 이루어진 한덩어리의 집단으로 각 부분의 움직임이 총화이상으로 무엇인가 독자적인 행동을 보이는 것』으로 정의되는 복잡계, 복잡계 과학은 「잃어버린 세계로의 여행」이 될 것이다. 복잡계의 과학은 그 꿈을 현실화시킬지도 모른다. 21세기를 주도하게 될 최첨단 키워드, 복잡계의 모든 것을 담았다.

複雜界 경영

다사카 히로시 著
주명갑 譯

〈양장 / 224면 / 6,500원〉

복잡계 이론이 예언하는 21세기적 경영의 모든 것이 여기 있다. 복잡계는 세기말의 혼돈 속에 지식의 최첨단 이론으로 등장, 구미지역에서 폭발적인 관심을 끌고 있다. 이 이론은 세계를 몇 개의 단순한 요소로 환원할 수 없는 '부분 이상의 총화' 자기조직화의 동적 프로세스로 이해한다. 또 세계관의 근본적인 변화를 통해 탈근대시대의 새로운 경영, 경영자를 위한 경영학의 혁명을 꿈꾼다.

밀레니엄 −지난 1000년의 인류역사와 문명의 흥망−

펠리프 페르난데스-아메스토 著
허종열 譯

〈전2권 / 양장 / 560면 내외 / 각권 12,000원〉

지난 1000년을 마감하고 다음 1000년을 준비하기 위해 한 시대를 평가하기 보다는 새로운 시대를 창조하려는 의도로 문명의 운명에 대해 쓴 이 책은 유럽 중심적인 위장된 세계사가 아닌 진정한 세계사 정립을 위해 역사 이면을 자리매김하려고 노력했다. 인류역사의 주도권, 주 민족의 힘은 태평양 주변국가에서 대서양으로 다시 태평양으로 옮아가고 있다고 주장하고 있다.

21세기를 여는 7가지 키워드

오마에 겐이치 著
임 승 혁 譯
〈양장·4X6판 / 254면 / 6,500원〉

다가오는 21세기에는 서구 선진국의 뒤만을 쫓을 수는 없다. 그들을 앞서나가기 위해서는 지금까지와는 다른 창의적인 발상, 새로운 전략, 확실한 준비가 필요하다. 21세기를 능동적으로 맞이하려는 사람들에게 띄우는 오마에 겐이치의 독특한 키워드. 1. 시간축 발상 2. 신커뮤니케이션론 3. 자유재량시간 4. 글로벌경쟁시대 5. 정보발신시스템 6. 이미지전략 7. 네트워크의 힘

김삼오 박사의 알짜배기 유학 가이드

김 삼 오 著
〈신국판 / 264면 / 7,000원〉

이 책은 단순하고 개략적인 유학안내서가 아니다. 유학을 궁리하거나 이미 가기로 결정한 학생, 그들의 부모가 함께 읽는다면 참신한 아이디어를 얻을 수 있다. 유학행정을 맡은 공무원, 대학 실무자, 교수들이 읽는다면 실질적인 도움을 얻을 수 있다. 왜 유학을 가야 하는가, 무엇을 배우려 하는가, 공부는 어떻게 해야 하는가, 외국과 국내 교육의 차이에 대해 알기 쉽게 설명하고 있다.

알기 쉬운 M&A와 주식투자

제 해 진 著
〈양장 / 336면 / 10,000원〉

M&A관련 주식투자는 위험이 높은 반면에 정확한 투자를 할 경우에는 수익도 막대해진다. 따라서 과학적 분석이 필수적이다. M&A에 조금이라도 관심있는 사람을 대상으로 기본적인 M&A이론과 유의사항을 설명하면서 국내외 사례를 통해 M&A전략과 주식시장에서의 M&A관련 주식투자 방안을 알기 쉽게 소개하고 있다.

X파일 비망록 Ⅰ, Ⅱ

N. E. 가인즈 著
한 경 훈 譯
〈크라운판 / 380면 / 7,500원〉

X파일 TV드라마는 오락성과 더불어 정보를 제공하는 극으로서의 역할을 충분히 하고 있듯이 이 책은 그러한 정보에 깊이를 더해주는 역할을 한다. TV극에서 못다한 X파일에 등장하는 배우들의 신상을 상세히 소개하고 멀더와 스컬리 두 요원이 펼쳤던 이론을 해부하며 퀴즈게임으로 X파일에 대한 소양을 체크한다. X파일 매니아를 위한 신세대 책이다.

드래곤 스트라이크

험프리 헉슬리·사이먼 홀버튼 著
박 병 우 譯
〈신국판 / 540면 / 8,500원〉

2001년 2월, 중국은 〈드래곤 스트라이크〉라는 암호명 아래 베트남 공습을 시작으로 세계 패권전쟁에 돌입한다. 치밀한 자료수집과 정밀한 분석을 기초로 집필한 이 책은 재미와 미래예측서로서의 장점을 겸비한 소설아닌 소설이다. 각국의 군비태세, 외교전, 세계 외환석유시장에서의 책략이 손에 잡힐 듯 생생하게 그려졌다. 정교하고 사실에 기초를 둔 예측을 했다는 평가를 받고 있다.

칭기즈칸 일족(전 4 권)

진 순 신 著
서 석 연 譯
〈전 4 권 / 신국판 / 각권 7,000원〉

전설 속에 묻혔던 칭기즈칸을 생생한 역사적 인물로 되살려 냈다. 3년여 동안 아사히 신문에 연재되어 일본열도를 열광시킨 진순신의 최신작이다. 가장 짧은 시간에 가장 넓은 영토를 차지한 칭기즈칸과 그 일족의 세계제국 건설사가 유장하게 펼쳐진다. 치열한 권력투쟁, 끊임없는 배신과 모반…… 그러나 강인한 투쟁력과 야성으로 세계경영에 성공한 칭기즈칸과 일족의 투쟁사는 위기를 맞은 우리에게 청량한 자극이 될 것이다.

안자(상·중·하)

미야기타니 마사미쓰 著
신봉승·김하중 譯
〈양장·4X6판 / 384면 내외 / 각권 6,500원〉

열국의 제후들이 대륙의 패권을 놓고 싸우는 춘추 시대를 배경으로 격동의 역사를 헤쳐나가는 명재상 안자의 일대기를 그리고 있다. 난세 속에서도 안자는 충(忠)과 의(義)를 지키며 정도(正道)만을 걷는다. 국가 경영의 참다운 모습, 인간관계의 원형을 보여주는 그의 독특한 철학을 통해 당시의 시대정신과 사회상을 조명한다.

창궁의 묘성(上·中·下)

아사다 지로 장편소설
이 주 영 譯
〈신국판 / 380면 내외 / 각권 6,500원〉

하늘보다 더 깊고 푸른 창궁(蒼穹), 그 한가운데 빛나는 숙명의 별 묘성(昴星)에 소망을 얹고 그 운명을 개척하는 청조말 풍운의 인물들의 권력과 야망을 그린 대하장편소설. 묘성을 수호성으로 태어난 가난한 말똥주이 소년 춘아는 천하의 보배를 손에 넣는다는 점쟁이의 거짓예언을 믿고 스스로 환관이 되어 천하의 여걸 서태후 자희의 측근이 되어 권력의 정점에 오른다.

20대에 사장이 되자

다나카 신스케 著
신동설 譯
〈신국판 / 280면 / 7,500원〉

지금 젊음과 패기로 무장한 20대 사장들의 창업 신드롬이 일고 있다. 현대는 정보화사회로 뉴비즈니스, 벤처비즈니스가 각광을 받는 시대이다. 이 시대는 유연한 발상, 번뜩이는 아이디어, 강한 실천력을 가진 젊은 세대가 이끌고 있다. 이 책은 20대에 사장이 되는 구체적인 성공전략이 담겨 있다. 특히 20대에 회사를 세운 40명의 다양한 성공사례를 들어 독립의 꿈을 실현하는 데 실제적인 도움이 되도록 했다.

21세기 오디세이

마이클 더투조스 著
이재규 譯
〈양장 / 496면 / 12,000원〉

20년 동안 기술 전도사, 기업가, 경영 컨설턴트로서 정보혁명을 이끌어온 마이클 더투조스는 농업혁명과 산업혁명을 밀어낼 제3의 정보혁명에 대해 보다 폭넓은 관점을 제시한다. 저자는 21세기 글로벌 정보시장의 생생한 모습을 보여 주는 한편, 그 기술적인 문제점들을 폭로하고 한편으로 해결책을 제시하여, 영감에 가득찬 미래의 청사진을 제공한다. 보디넷, 전자 코, 촉각 인터페이스의 미래를……

여성 인재파견 시스템 100% 활용하기

정용섭 著
〈신국판 / 225면 / 6,000원〉

기업은 여성인재를 찾고, 여성인재들은 일자리를 찾아 헤매는 것이 현실이다. 취업난과 고용난을 동시에 해결하는 통쾌한 해법이 바로 여기 있다. 인재파견 시스템이 바로 그것이다. 하고 싶은 일을 원하는 시간에 원하는 회사에서 마음껏 할 수 있는 파견스태프가 되는 방법이 잘 나와 있다. 이제 기업도 능숙한 외국어에 막강한 사무능력을 갖춘 여성인재를 적절히 활용할 수 있을 것이다.

BQ창업시대 –중소기업 창업가이드

이치구 著
〈신국판 / 190면 / 6,000원〉

학교공부를 잘 한다고 사업을 잘 하는 것은 결코 아니다. 지능지수(IQ)가 높다고 사업능력이 뛰어난 것은 더욱 아니다. 사업재능은 지능지수와는 다른 또 다른 능력, 바로 실천능력을 갖춰야 한다. 믿음과 목표의식이 따라줘야 한다. 그렇다면 이 사업능력을 평가하는 방법이 없을까. 사업을 하려는 사람은 비즈니스 IQ, 즉 사업지수(Business Quotient : BQ)가 좋아야 한다. BQ 항목에 세 가지만 해당되면 사표를 써도 좋다!

신을 거역한 사람들

피터 번스타인 著
안진환 외 譯
〈양장 / 540면 / 12,000원〉

세계적인 경영 컨설턴트인 저자가 리스크의 역사와 발전과정을 담았다. 탁월한 통찰력으로 현재의 시점에서 미래를 다루는 방법을 밝혀낸 여러 사상가들의 이야기가 담겨 있다. 리스크를 이해하고 측정하며 그 결과를 가늠하는 방법은 주목받을 만하고, 그리스시대부터 현재까지 인류의 다양한 위기의 순간들과 이를 헤쳐나가는 과정을 역사와 철학, 경제학 관점에서 돌아본다. 투자나 선택이 일상인 경영자들을 위한 책이다.

기업 최후의 전쟁 M&A

정규재 著
〈양장 / 518면 / 12,000원〉

이 책은 국내시장에서 치열하게 전개됐던 실제 기업전쟁을 실감 있게 그리고 있다. 이들 전쟁은 기업지배권의 탈취나 내부의 형태로, 외부의 공격자들과 기존 소유자들 사이에서 벌어진 것이다. 한국 대표기업 간 M&A의 실상과 이면사를 상세히 분석한 이 책은 때마침 한국기업의 위기와 금융산업 개편에 대한 논란이 진행 중이어서 특히 눈길을 끈다. 기업 M&A 이면사가 한 편의 소설처럼 박진감 있게 펼쳐진다.

월가 천재소년의 100가지 투자법칙

멧 세토 著
형선호 譯
〈신국판 / 344면 / 8,500원〉

10대 천재소년 멧 세토가 세운 뮤추얼 펀드의 연간 수익률은 단연 압도적이다. 이 소년은 〈월 스트리트 저널〉의 표지인물로 등장한 바 있으며, 전세계 투자자들이 조언을 듣기 위해 애쓴다. 17세에 억대 부자가 된 멧 세토가 100가지의 성공적인 주식투자 비법을 소개한다. 신선하고 반짝이는 그의 투자전략은 초보자들도 아주 쉽게 이해할 수 있으며 폭락과 반전을 거듭하는 우리 주식시장에서 성공을 보장할 것이다.

〈개정판〉
알기 쉽게 풀어쓴 새노동법 해설

윤욱현 著
〈신국판 / 588면 / 13,000원〉

1997년 3월 노동법이 전면 개정되었다. 개정 노동법은 개별적 노동관계법의 대명사인 근로기준법상의 변형근로시간제, 정리해고제 등을 도입하고 집단적 노동관계법에서 금지됐던 복수노조, 제3자개입, 정치활동 등을 허용했다. 이 책은 저자가 현장에서 직접 느끼고 체험한 노사간의 문제점들을 살펴보고 개정 노동법 전반을 알기 쉽게 해설한 책이다. 해당 법의 예시, 판례, 행정해석을 풍부히 들어 이해를 돕고 있나.

추락하는 일본경제

이 봉 구 著
〈신국판 / 364면 / 8,500원〉

일본이 미래에 대한 자신감을 잃고 있다. 일본경제는 물가, 부동산, 주가 등이 동반하락하는 디플레이션 현상까지 나타나는 대변혁기를 맞고 있다. 개인이나 기업의 자산이 줄고 경제성장률도 제자리걸음을 면치 못하는 사면초가의 상황에서 일본은 초조하다. 저자는 90년대 초 한국과 80년대 말 일본을 비교하면서, 일본경제의 위기와 이를 헤쳐나가려는 일본기업의 몸부림을 타산지석으로 삼으라고 제언한다.

트랜스포메이션 경영

－IMF시대의 기업생존전략－

이성용(Sunny Yi) 著
〈신국판 / 352면 / 9,500원〉

한국 유수의 기업들도 트랜스포메이션을 알고 있으며, 트랜스포메이션을 했다고 주장하는 기업도 있다. 그러나 제대로 된 트랜스포메이션을 수행한 기업은 거의 없다. 이 책은 트랜스포메이션의 필요성, 그 방법과 대상, 수행도구, 외부의 적절한 도움에 대한 정보를 망라했다. 전문용어를 극도로 자제하면서 기업경영뿐 아니라 한국경제가 나아갈 길, 제대로 된 트랜스포메이션의 방법을 요령 있게 제시했다.

열린 세계와 문명창조

기 소르망 著
박 선 譯
〈양장 / 428면 / 13,000원〉

기 소르망은 서로 다른 문화가 충돌하는 유럽, 러시아, 중국, 일본, 아프리카, 라틴아메리카의 국경으로 우리를 이끈다. 이 책은 서양인의 독백이나 나르시시즘이 아니라 바로 한반도에 대한 진단이며 치료제가 될 수 있다. 통독 이후의 문제, 북한의 실상(본문의 「아홉번째 여행」 참조)과 우리의 미래, 미국화로 상징되는 맥몽드(McMonde)의 악몽 속에서 나름대로의 대응법을 찾을 수 있기 때문이다.

신창조론

이 면 우 著
〈신국판 / 312면 / 8,000원〉

미증유의 경제위기를 맞은 한국, 한국인, 한국기업은 어디로 가야 하는가? IMF는 변화를 모르는 기업전통, 말만 많은 우매한 현자들의 득세, 재벌의 출혈경쟁, 모방으로 날새는 제조업, 부서 이기주의에 찌든 얼무절차 등 우리의 불치병을 진단하고, 국가비전, 중소기업 활성화 등 21세기 한국, 한국인의 방향을 완벽 치료하고 있다.

편집광만이 살아남는다

앤드류 그로브 著
유 영 수 譯
〈양장 / 270면 / 10,000원〉

과거와 현재의 성공에 안주하는 순간 미래의 생존근거를 잃게 된다. 경쟁에서 이겨나가는 키워드 "편집광"을 주목하라. 지루함을 모르는 직장, 도전정신으로 꽉찬 편집광 직원들, 그리고 인텔에 대한 진솔한 이야기가 담겨 있다. 예리한 판단력과 관찰력을 겸비한 그로브는 첨단산업을 경영하는데 필요한 「전략적 변곡점」을 정립·설명하고 있다.

호메로스와 테레비

데이비드 덴비 著
황 건 譯
〈양장 / 556면 / 13,000원〉

호메로스, 플라톤, 니체, 단테, 루소, 버지니아 울프까지 내노라 하는 세계적 문학·철학자들의 대표적 저서와 중요 사상을 입문서로 집필했다. 이 책은 미디어시대의 혼란속에서 삶의 지표를 찾아가는 방편으로, 독서의 순수한 즐거움을 더해주는 지적인 가이드 형식으로 구성되었다. 특히 교양쌓기에 여념이 없는 학생들도 고전을 친근하게 접할 수 있게 구성, 대학생은 물론 논술시험에도 최적이다.

진짜 장사꾼만이 살아남는다

나카지마 다카시 著
이 선 희 譯
〈신국판 / 236면 / 7,500원〉

너나 할 것 없이 불경기 속에서도 왜 다른 상점은 잘 굴러갈까? 기발한 판매전략으로 불황을 극복해가는 기업, 손님들이 언제나 북적대는 점포, 그들의 숨겨진 비밀은 무엇인가? 이 책은 IMF시대에 살아남을 수 있는 길은 오직 상품판매뿐임을 강조하고, 에스키모에게도 냉장고를 파는 판매비법 100가지를 소개했다.

실록 외환대란

이 사람들 정말 큰일내겠군

〈신국판 / 396면 / 9,500원〉

아시아 통화경제위기와 한국경제의 위기, 그 연쇄반응은 불가피해야만 했던가? 이 책은 외환위기가 우리를 덮쳐오는 가장 긴박한 순간을 현장에서 직접 지켜본 특별취재팀이 가감없이 쓴 글이다. 어떻게 외환위기를 맞았는지, 그 책임은 누구에게 있는지, 무엇이 잘못되었는지, 밝혀지지 않은 권력의 심장부와 우리의 치부를 낱낱이 공개한 경제청문회 보고서이다. 전국민을 도탄에 빠뜨린 외환대란의 실체와 진실 최초공개.